国家社科基金
GUOJIA SHEKE JIJIN HOUQI ZIZHU XIANGMU
后期资助项目

思想政治教育价值取向转型的理论研究

The Change of Value Orientation in
Ideology and Politics Education

王 颖 著

上海交通大学出版社
SHANGHAI JIAO TONG UNIVERSITY PRESS

内容提要

　　人们通常从阶级统治、社会控制的手段来认识和理解思想政治教育。而对于如何通过思想政治教育发展人的思想政治素质,培养合格人才,进而实现和巩固思想政治教育"生命线"价值、"中心环节"地位、"政治优势"传统,理论上缺乏明确论证。

　　本书在明确思想政治教育价值取向基本理论框架的基础上,通过分析工具性思想政治教育的工具主义、功利主义和机械适应性所成的困境,根据时代价值取向的总体性变迁,揭示了思想政治教育价值取向变迁的外部动力和内部动因,论证了本体性思想政治教育的时代适应性,并对本体性思想政治教育的实施和推行提出理论上具有建设性的意见。

图书在版编目(CIP)数据

　　思想政治教育价值取向转型的理论研究／王颖著
. —上海:上海交通大学出版社,2022.12
　　ISBN 978 - 7 - 313 - 25809 - 0

　　Ⅰ.①思⋯　Ⅱ.①王⋯　Ⅲ.①高等学校—思想政治教育—研究—中国　Ⅳ.①G641

　　中国版本图书馆 CIP 数据核字(2021)第 273922 号

思想政治教育价值取向转型的理论研究
SIXIANG ZHENGZHI JIAOYU JIAZHI QUXIANG ZHUANXING DE LILUN YANJIU

著　　者:王　颖

出版发行:上海交通大学出版社　　　　　　　地　　址:上海市番禺路 951 号
邮政编码:200030　　　　　　　　　　　　　电　　话:021 - 64071208
印　　制:上海万卷印刷股份有限公司　　　　经　　销:全国新华书店
开　　本:710 mm×1000 mm　1/16　　　　　印　　张:14
字　　数:242 千字
版　　次:2022 年 12 月第 1 版　　　　　　　印　　次:2022 年 12 月第 1 次印刷
书　　号:ISBN 978 - 7 - 313 - 25809 - 0
定　　价:68.00 元

国家社科基金后期资助项目
出版说明

后期资助项目是国家社科基金设立的一类重要项目,旨在鼓励广大社科研究者潜心治学,支持基础研究多出优秀成果。它是经过严格评审,从接近完成的科研成果中遴选立项的。为扩大后期资助项目的影响,更好地推动学术发展,促进成果转化,全国哲学社会科学工作办公室按照"统一设计、统一标识、统一版式、形成系列"的总体要求,组织出版国家社科基金后期资助项目成果。

全国哲学社会科学工作办公室

前　　言

　　思想政治教育是普遍存在的政治现象,其发生和发展可以上溯至阶级社会,是阶级社会的人类学事实,具有阶级性和普遍性特点,"古今中外,概莫能外"。尽管它在不同时代和不同社会中名称不尽相同,实质上都是统治阶级论证其统治合法性,并开展一系列宣传教化的意识形态活动,是"具有政治目的性的意识形态教育"[①]。这种人类学事实显然不只是某一个阶级的专利,而是所有阶级都非常重视的一项活动,只是占统治地位的统治阶级、政治集团的思想政治教育事实更容易得到关注和总结而已。作为国家统治和社会治理的重要手段和资源之一,在现实政治生活中,思想政治教育通过理论教育和生活实践发展人的思想政治素质,使人们适应、参与社会政治生活;引导人们认同、拥护现有政治体系,实现其自身的政治社会化。思想政治教育的这种性质和特点决定了我们不能从某种原则、假设或逻辑推理出发进行理论推演,而应当从实际情况和经验事实出发,研究思想政治教育实践中的现实问题,把握思想政治教育的发展方向。

　　思想政治教育的终极目的和最高诉求是提高人民群众的思想政治素质,通过心理感应、情感皈依和理性印证,把统治阶级的思想转变为占统治地位的思想,最大限度地掌握群众,使统治阶级在意识形态上获得不容动摇、毋庸置疑的支配性地位。如何实现这一教育目的,决定了思想政治教育内容、方法、手段等方面的价值取向,由此也形成了不同的思想政治教育价值取向。其中,历史最为长久、影响最为深远的是灌输式、工具主义取向的思想政治教育,其通常被称为工具性思想政治教育。关于道德教育的工具性问题,相关学者认为:"强烈的生存理性瓦解了古典德育的命运感,在这种生存理性的驱使下,学校德育变成解决社会问题,维护学校秩序的实用工具。道德教育必须为自己建构一种精神的境界,站在历史与命运的中心,占

[①]　贾未舟:《马克思主义理论与思想政治教育专业的学科合法性命题》,《江汉论坛》2008 年第 1 期。

有终极性的道德资源,并回到精神生活的内在性上,这样的道德教育才能真正找到自己的道德根基和存在理由。"①

改革开放以来,工具性思想政治教育在理论上遭到了层层解构,在实践中也愈发困难,既有的思想政治教育模式与变化的环境和教育对象也愈发不适应;与此同时,中国特色社会主义建设和思想政治教育实践的推进、思想政治教育理论自身的发展,都向我们提出了一个无法回避的重要问题,即在改革发展关键时期,在我国"经济体制深刻变革,社会结构深刻变动,利益格局深刻调整,思想观念深刻变化"②的新境遇中,本质在于做人的工作的思想政治教育,如何能够真正发挥推动社会的观念进步与实现人的全面发展的双重功能。在新的历史条件下,思想政治教育要奋起直追,以人为本,实现全面协调可持续发展,为我国经济社会的既好又快发展提供服务,为实现中华民族伟大复兴的中国梦提供有力保证。

思想政治教育对于经济社会发展的服务能力直接影响思想政治教育有效性的实现和增强。有效性是"思想政治教育活动得以真实开展,继而保证其合法性实现的理论基础和实践依据"③。思想政治教育有效性直接影响其价值和地位。在这种压力和挑战下,新时期的思想政治教育理论和实践呈现一种总体性的反思意识:普遍地反思既有思想政治教育价值取向与时代要求、社会环境的适应性和匹配性问题;密切关注人的发展和人本身的建设,根据人全面发展的本质规定,自觉实现思想政治教育个人价值与社会价值具体的、历史的统一,恢复思想政治教育世界中工具理性与价值理性之间的平衡。思想政治教育价值取向问题逐渐成为思想政治教育理论探讨的核心论题之一。

正确的价值取向能把对事物发展趋势的预见和对价值成果的追求有机地统一起来,使活动既沿着事物的发展趋向,又沿着主体自身的需要指向发展,从而获得成功。调整思想政治教育价值取向不只是思想政治教育内容、方法、措施、形式等方面的改革,还要进一步深刻理解思想政治教育的依据、价值与功能。"一个事物只有当它被判定为同主体的需要和价值目标密切相关的时候,它才被确定为深入观察和加以改造的对象。"④本体性思想政

---

① 薛晓阳:《学校德育道德境界的构成与问题》,《教育学报》2005 年第 5 期。

② 《中共中央关于构建社会主义和谐社会若干重大问题的决议》,《人民日报》2006 年 10 月 19 日。

③ 王葎:《思想政治教育的黄金规则:论"人的根本就是人本身"》,《当代教育论坛》2006 年 第 1 期。

④ 袁贵仁:《价值学引论》,北京,北京师范大学出版社,1991 年版,第 354 页。

治教育的提出,意味着重新理解思想政治教育的本体价值,从存在本体的角度追问思想政治教育究竟为何而存在。不认真思考、回答这个问题,即使把思想政治教育置于社会的"中心环节",它也会因为找不到内在尺度与价值标准而缺乏自信,丧失建设性批判意识与反思精神,不知不觉地被"边缘化",觉得只有被"充分利用"的价值。

思想政治教育不仅仅是理论性的范畴,更是实践性的范畴。它关注价值导向,争取达到价值理性与科学性的统一;它关注实践理性,要努力实现实践理性与理论理性的统一。思想政治教育兼具知识教育和价值教育的双重性特质,充满价值色彩并为实现一定的价值追求而存在的现实要求,使得它不能回避价值取向问题。那么,思想政治教育如何确立自己的价值追求?思想政治教育应该追求什么、实现什么? 作为承担着思想政治教育任务和使命的各级各类企事业单位的思想政治教育者,如何确定自己的实践方向?这是比"思想政治教育有哪些价值"更为重要的问题。如何确立科学的思想政治教育价值取向,提高思想政治教育实效性,成为当代中国思想政治教育所面对的现实问题。

思想政治教育实践中的偏差和种种不尽人意之处,都可以在价值取向上找到原因。重塑思想政治教育的形象,也应该从重建思想政治教育价值取向开始。研究思想政治教育价值取向,有助于我们对思想政治教育实践做出准确的价值判断和选择,探索符合人的发展和社会发展规律的、切实有效的思想政治教育活动,从事实性和规范性两方面增强、巩固思想政治教育的实效性,提高思想政治教育的学科认同度和社会认同度。

本书为笔者 2017 年立项国家社科基金后期资助项目"思想政治教育价值取向转型的理论研究"的最终成果。中国特色社会主义进入新时代以来,党中央高度重视思想政治工作。党的二十大报告中"建设具有强大凝聚力和引领力的社会主义形态""健全用党的创新理论武装全党、教育人民、指导实践工作体系"等重要论述,是我们今后开展思想政治工作的遵循,也是笔者下一步研究的重要依据。

目　　录

导　论

一、国内外研究现状综述

（一）国外研究现状综述

国外学者关于思想政治教育价值取向的研究散见于其政治文化、道德教育、公民教育、政治教育的有关论著中。20世纪以来，西方道德教育理论界对其道德教育的价值取向进行了全方位的反思与总结，新论迭出，理论上和实践上呈现出如下特征：普遍地反对传统的道德灌输；主知主义成为道德教育的主流；道德相对主义在理论上被普遍接受；形式主义道德教育理论由盛及衰；道德教育理论研究趋向多学科整合①。随着社会分层和分化的加剧，西方国家越来越重视教育的整体性和一致性。杜威认为："威胁着学校工作的巨大危险，是缺乏养成渗透一切的社会精神条件；这是有效的道德训练的大敌。"②西方国家还十分重视"舆论、公共设施、社会文化、社会风气等因素所表现出来的价值目标的一致性，使得'井位分散，浇灌集中'，强化了受教育者对该目标的认同、接受和内化"③。如美国把教育社会功能的实现程度作为衡量学校教育包括学校道德教育价值的标准，通过政府、学校、工作单位、党团组织、大众传媒等正式途径和家庭、社区、同伴群体等非正式途径相结合，从不同的方面参与教育，形成合力，尤其是学校和社会的一致性，使学校本身成为一种社会生活，实现思想政治教育的目的。

除了在一般意义上对思想政治教育价值取向问题进行探讨之外，不少西方学者还对中国共产党的思想政治教育价值取向问题进行了探讨④，探

---

① 戚万学：《冲突与整合：20世纪西方道德教育理论》，济南，山东教育出版社，1995年版，第20~62页。

② 〔美〕约翰·杜威：《民主主义与教育》，北京，人民教育出版社，1990年版，第375页。

③ 戴焰军：《增强思想政治工作实效性的对策研究》，北京，中国民主法制出版社，2007年版，第86~87页。

④ 〔美〕约翰·布莱恩·斯塔尔：《毛泽东的政治哲学》，北京，中国人民大学出版社，2006年版。

讨中国共产党思想政治教育的历史、经验和教训,并对改革开放之后中国共产党思想政治教育面临的新情况及中国共产党的对策①进行了不同程度的分析。国外部分学者开始实事求是地研究中国思想政治教育,但是落实到在对实践的认识和判断上,他们又常常否认马克思主义教育的合理性和可行性,或认为当前中国的思想政治教育"形式大于内容",且不时冠以"灌输""洗脑""宣传"等指摘词语。在涉及中国思想政治教育内容及成效方面,多数西方学者认可中国思想政治教育的效果,对中国思想政治教育的历史文化和制度措施等深层次因素更加关注,评价较为积极客观。

(二)国内研究现状综述

思想政治教育价值取向问题在当前有着强烈的现实意蕴,比较突出的研究成果有三。孙其昂认为现代思想政治教育本身就已经出现了转型的特征:由社会主题向思想政治教育主题转变,由人是工具向人是目的转变,中心点由立足于思想政治教育者向立足于思想政治教育对象转变②。陈新汉、冯溪屏认为社会转型期思想政治教育的价值取向应该实现四个根本性转变:从革命批判型向建设借鉴型的根本转变;从伦理政治型向经济文化型的根本转变;从封闭型向开放型的根本转变;从模仿型向创造型的根本转变③。这两篇文章比较明确地以思想政治教育价值取向为主题进行学术论述。此外,张澍军认为随着社会进入常规性稳态运行时期,德育思维的价值取向应该"从服从、服务于革命运动转向服从、服务于社会建设和人自身的建设"④。在学校道德教育领域,刘黔敏通过对中小学德育课的课程标准分析发现,2011 年新一轮课程改革后中小学德育课的价值取向有如下变化:强调为了生活的价值取向;淡化"人民教育",强调"合格公民"培养取向的价值取向;摒弃"知性德育",强调"践行模式"的价值取向。从内容要点来看,新的变化体现在私德与公德并重,强调道德的底线要求;关注网络信息化时代信息道德的培养⑤。刘建军认为在社会主义市场经济条件下思想政治工作面临着全面的系列转型:"从实施领导向注重服务转变;从'以事为本'向'以人为本'转变;从泛政治化到以政治为核心的综合文化转变;从孤立地解决思想问题向把解决思想问题与解决实际问题相结合转变;从单纯

①　Won, Jaeyoun: *The making of post-socialist individuals in China*, http://proquest.calis.edu.cn.

②　孙其昂:《论思想政治教育的现代转型:基于社会、历史、系统视野的考察》,《思想教育研究》2007 年第 8 期。

③　陈新汉、冯溪屏:《现代化与价值冲突》,上海,上海人民出版社,2003 年版,第 193~198 页。

④　张澍军:《德育哲学引论》,北京,人民出版社,2002 年版,第 59 页。

⑤　刘黔敏:《道德人的生成与流变》,北京,中国社会科学出版社,2014 年版,第 9 页。

工作视野向工作与生活的视野融合转变；从超功利教育向关照物质利益与引导精神追求相结合转变；从单纯增动力向增动力与减压力相结合转变；从集中型、运动式思想政治工作为主向日常性、渗透式思想政治工作为主转变；从单向灌输式向双向对话转变；从常规被动型向创造型转变；从自外部实施教育向发动群众自我教育转变；从权威指令式向平等商量式转变；从政治优势向政治优势与专业优势相结合转变；从只允许一种道理向引领各种不同思想的转变；从注重说理向情理交融转变；从只讲大道理向大小道理相结合转变；从主要依靠传统媒体和渠道向更多地利用新兴媒体转变。"①王习胜认为这些转变是在设定了思想政治教育究竟是"为什么""为了谁"的前提下而论的，不存在思想政治教育价值取向方面的理念差异问题。人在思想政治工作者那里究竟是完成"事"的要素，还是其所要关心的、服务的对象才是思想政治教育价值取向的理念问题②。

我们以"价值取向"为关键词对中国期刊全文数据库进行检索，再以"思想政治教育"为关键词进行二次检索，以"思想政治教育价值取向"为主题、篇名进行检索，相关成果寥寥③。这些研究成果不同程度地涉及思想政治教育价值取向的特征、思想政治教育价值的历史变迁与社会适应性等问题，从不同层面揭示思想政治教育价值取向变化的原因，探讨了确立思想政治教育价值取向的基本原则，却都没有对思想政治教育价值取向这一概念本身做出界定。什么是思想政治教育价值取向这个问题被无意识地遮蔽和忽略了。国家民族命运要求和具体社会发展阶段的任务目标决定了思想政治教育的历史责任和价值取向。刘爱莲认为思想政治教育思想的价值取向呈现出明显的时代特色，"中国共产党思想政治教育思想价值取向的演进，与每个阶段的社会存在密切相关。从新中国成立到改革开放，中国共产党思想政治教育思想总体上是政治本位的价值取向；改革开放初期，是主张以经济建设为中心的价值取向；改革开放新时期，则是坚持以人为本的价值取向"④。党的十八大以来，以习近平同志为核心的党中央升华了以人为本、执政为民的理念，提出了一系列举措，凸显了以人民为中心的思想政治教育价值取向。

---

① 刘建军：《论思想政治工作的十八个转变》，《思想政治教育研究》2010年第4期。
② 王习胜：《思想政治教育人文关怀的理论与方法研究》，北京，人民出版社，2018年版，第18页。
③ 很多论文虽然没有明确使用价值取向一词，但其实探讨的都是思想政治教育价值取向的问题。
④ 刘爱莲：《新时代思想政治教育思想研究》，南京，江苏人民出版社，2018年版，第64页。

思想政治教育价值取向研究似乎耳熟能详却又鲜有人专门研究；好像人人都能理解这个概念却又没有人予以准确的理论界定；概念本身涵盖性较广却没有明确的指涉对象。这些情况表明，人们在反思既有的思想政治教育理念和实践的时候，在根据思想政治教育环境和教育对象变化进而预设和阐发思想政治教育理想模态的时候，并没有意识到他们所从事的工作其实就是关于思想政治教育做什么好和怎么做才好的研究，就是思想政治教育价值取向研究，也没有意识到自己是处于一种局部的、自发的研究状态。当然，这种自发的局部研究是我们深化研究的起点，具有开拓意义。

（三）国内外研究现状简评

除了研究成果少、缺乏基本概念的理论界定等主要问题之外，上述研究就整体而言，还存在以下不足。

第一，研究视角有待进一步拓展。研究大多选取党的思想政治教育价值取向中的某一方面，如思想政治教育的具体方法、教育目标、教育理念等进行研究，没有在党的思想政治教育的整体层面做出深入探讨。研究大多就高校思想政治教育或高校德育展开论述，探讨大学生价值取向、高校思想政治教育价值取向的变迁，并提出改进意见。许多文章大多把"思想政治教育价值取向"作为一个约定俗成的概念，不予界定和分析就直接使用，其使用范围也只针对几个具体问题展开，如"社会转型时期的思想政治教育价值取向""思想政治教育价值取向的偏斜""思想政治教育价值取向评析及应对""政治认同是思想政治教育的目标取向"。这种研究思路和研究方法，导致了思想政治教育价值取向研究中发散性论述和片面性强调居多，使得研究徘徊在局部化、个别化的层面。

第二，研究中充斥着浓厚的教育学尤其是道德教育学色彩，思想政治教育的学术理性不足。由于教育学和德育学对于价值取向的关注较早，基本概念、理论体系、研究范围相对成熟，有些思想政治教育学的研究者往往会以其理论成果和基本论断为依据，人云亦云地分析思想政治教育价值取向的现状和发展趋势，缺乏深刻的思想政治教育问题意识和理论自觉。

第三，研究缺乏历史意识和现实感。这些研究一方面缺乏历史意识，没有系统分析党的思想政治教育价值取向的历史性变迁和生成动力；另一方面也缺乏现实意识，没有对我们社会主义初级阶段的思想政治教育价值取向做调研和分析。此外，还存在着以应然置换实然，抛开现实孤立地研究思想政治教育，从想象出发而不是从现实出发来思考问题的弊端，充满浓重的理论唯美色彩，反映出一种盲目乐观主义。

　　第四,研究方法相对单一,多为定性研究和单学科探讨,缺乏科际整合视野,限制了分析深度。在上述研究中,还存在着部分值得商榷的观点和做法。如有人认为传统思想政治教育是"与计划经济体制相适应,以'灌输'为主要手段,以为执政党和国家的利益以及社会发展服务的工具性目的为唯一目的,以培养无个性的'服从型'的'听话人'为主要特征的思想政治教育"①。也有人不承认思想政治教育是一门治党、治国的学问,贬低思想政治教育学科的学术地位,呼吁尽快转型为其他教育;有的论著中在行文中交替使用"思想道德教育学"和"思想政治教育学",或主张更名为"思想教育学"。这些观点都试图淡化思想政治教育的政治色彩,对思想政治教育悄然进行"去政治化""非政治化"处理,毁钟为铎、不足为取。这些观点的存在和蔓延,直接影响了人们对党的思想政治教育价值取向和发展趋势的认识。

　　综上所述,从整体上来看,目前学术界对新时期思想政治教育价值取向的理论研究没有把握住思想政治教育的价值特征和发展趋势,难以满足全面加强和改进思想政治教育、提高思想政治教育有效性的需要,还没有上升到理论层面,难以发挥推动思想政治教育实践科学化、完善思想政治教育价值理论体系、加强思想政治教育学科建设的作用。思想政治教育价值取向研究的这种现状,进一步显示了思想政治教育价值取向研究的重要性和紧迫性。

二、选题意义

　　社会转型和价值取向多元化已经成为思想政治教育的现实语境,教育者职业倦怠和教育对象兴趣枯竭也是不争的事实②。这些都呼唤着合理的

---

① 雷骥:《传统思想政治教育人性基础的哲学反思》,《河南师范大学学报(哲学社会科学版)》2007 年第 2 期。

② 由教育部社政司委托孙蚌珠教授主持的"普通高校'两课'青年教师(45 岁以下)队伍状况研究"课题调研表明,高校"两课"青年教师"自我感觉的职业社会评价比较低""对职业的社会感觉并不好""有 7.9%的人在寻找机会,想早日离开"。对"您是否坦然地告诉别人自己是'两课'教师"这一问题,11.2%的人回答不能,26.4%的人视情况而定;在与学校同行专业课老师的受尊重程度上,1.7%的人觉得更受尊重,14.4%的人觉得一样,83.9%的人觉得被轻视;在学生对自己与对专业课老师的尊重程度上,3.6%的人觉得更受尊重,30.7%的人觉得一样,65.5%的人觉得被轻视;在社会对自己与对专业课老师的尊重程度上,1.3%的人认为更受尊重,8.9%的人认为一样,89.2%的人认为有些被轻视。
　　丁俊萍教授在湖北地区高校的调研也发现"两课"教师中普遍存在这样的感受,即认为"'两课'教师的前景和发展条件不怎么样,申请课题、项目困难,教学任务太多,责任又大,既无经济效益又被人们瞧不起,没有什么地位,个人的劳动和价值得不到应有的承认"。参见孙蚌珠:《普通高校"两课"青年教师队伍状况分析》,《高校理论战线》2002 年第 12 期;丁俊萍:《关于湖北地区高校"两课"教育教学实效性问题的调研报告》,《学校党建与思想教育》2003 第 6 期(上半月)。

思想政治教育价值取向来给予保障,为思想政治教育的发展辨明方向:追求何种价值? 向着何种方向发展? 如何改善思想政治教育才能提高思想政治教育实效性? 漠视这些问题,思想政治教育实践容易迷失方向。对这些问题不深入思考,也容易导致盲目跟风,不能深刻地把握思想政治教育的未来。在价值多元的时代,自觉地反思、合理地界定当代中国思想政治教育的价值取向,已经成为思想政治教育实践者和研究者不得不面对的问题。

(一)廓清思想政治教育观念的混乱

目前,针对思想政治教育实效性不强的困境和现实,思想政治教育理论工作者和实践工作者都提出了许多建设性意见和策略,形成了多种价值取向的思想政治教育形态和理论主张[1]。总体来看,不外乎两种观点,一种观点主张跳出思想政治教育框架,发展其他教育,我们称之为"思想政治教育转型论"。该观点认为思想政治教育应该积极、主动地实现向公民教育的转型,才能适应时代和社会;或视公民教育为新时期思想政治教育常规化与稳定性的内在要求;或认为只有主动地向公民教育靠拢才能够消除社会对于思想政治教育的"误解"和"偏见"[2]。也有部分学者认为思想政治教育应该实行"软性"灌输,走隐形化、个体化、心理咨询化道路等。

另外一种观点主张改善思想政治教育理念,发展符合时代精神的思想政治教育,我们称之为"思想政治教育改良论"。该观点包括以下几种价值取向比较突出的思想政治教育形式:从思想政治教育作为满足人的生存和发展需要的主体性活动出发,构建一种活动思想政治教育实践模式[3];从时

---

[1]　不可否认,在具体的思想政治教育实践中,由于工作者的素质以及其他一些方面的原因,存在着对人尊重不够、主体性发挥不够等情况,但这并不是思想政治教育的全部,也不能简单地将之概括为思想政治教育的总体特征。"在倡导一种理论的时候,往往惯于将我们的历史和现实作为所倡导理论的对立面予以批判,似乎批判得越深入,所倡导的理论越有价值,越有生命力,这是当下理论宣传和研究中的一种时弊。思想政治教育要获得科学发展,应该摒弃这种时弊。"参见沈壮海:《实现思想政治教育学科的科学发展》,《思想·理论·教育》2004 年第 1 期。

[2]　参见李萍、钟明华:《公民教育:传统德育的历史性转型》,《教育研究》2002 年第 10 期;苗伟伦:《公民教育:高校思想政治教育的历史转型》,《浙江海洋学院学报(人文科学版)》2004 年第 1 期;高峰:《公民·公民教育·思想政治教育》,《东北师范大学学报(哲学社会科学版)》2002 年第 4 期;雷骥:《我国公民教育的基本内涵、特点和作用:兼论公民教育与思想政治教育的关系》,《郑州大学学报(哲学社会科学版)》2004 年第 3 期;张彦:《思想政治教育主体性研究》,广州,广东人民出版社,2006 年版。

[3]　褚凤英:《活动视野中的思想政治教育》,华中师范大学 2004 届博士论文。

代对于主体性的呼唤着手,强调主体性思想政治教育①;以人文精神为思想内核,以充分尊重人、理解人、肯定人、丰富人、发展人、完善人,即建设人本身、促进人的全面发展为内在尺度的人文关怀式思想政治教育②;实现思想政治教育从工具化到人本化的范式转换,推行人本化思想政治教育③。上述思想政治教育的理论主张和实践模式的价值取向是比较明显且一致的:注重思想政治教育的个体性和实效性,强调思想政治教育的个体价值,同时寄希望于通过思想政治教育对个人价值的实现进而实现思想政治教育的社会价值。

　　"转型论"和"改良论"这两种普遍性的思潮和实践客观上都会造成对于思想政治教育社会价值的直接冲击,不利于全面认识和实现思想政治教育价值,需要系统、深入地予以认识和总结。孙喜亭认为,"不同的价值取向,对教育实践的发展具有直接的影响,在一定时期内,它可以使教育向着一定倾向发展。甚至在特定的意义上,可以说,人们按照一定的教育价值取向,通过主体的能动作用,可以创造出具有特定价值模式的教育。人们要教育发挥什么功效,要新生一代朝着什么方向发展,即创建什么类型的教育和培养什么类型的人,这些教育的根本问题,无不受教育价值观决定"④。就思想政治教育而言,"思想政治教育者的价值理论是否正确及其正确的程度,直接关系到其对思想政治教育事业的信念、信心以及在思想政治教育实践活动中的理论自觉"⑤。所以,系统研究、全面总结当前思想政治教育理论和实践模式中所呈现出来的各种各样的价值取向,批判错误思潮,引导并规范新观点和新思想,明确思想政治教育发展的正确方向,保证思想政治教育价值实现的正确舆论氛围和社会生态,是亟待完成的理论课题和现实任务。

---

① 参见王忠桥、张国启:《从学科建设的视野看主体性思想政治教育的价值》,《思想·理论·教育》2006 年第 7~8 期(上半月);徐志远、曹杰、王咏梅:《社会化与主体化:思想政治教育的发展趋势》,《当代教育论坛》2006 年第 4 期;柳俊杰、张冬冬:《浅议主体性思想政治教育》,《河北农业大学学报(农林教育版)》2006 年第 4 期;陈金明:《论主体性思想政治教育的现代建构》,《山西高等社会科学学报》2004 年第 5 期;潘玉腾:《现代思想道德教育要发展人的主体性》,《福建师范大学学报(哲学社会科学版)》2002 年第 1 期;卞桂平:《弘扬主体性:当代思想政治教育的价值取向》,《南通大学学报(教育科学版)》2006 年第 1 期。

② 王东莉:《论思想政治教育人文关怀价值建构的现实背景》,《浙江社会科学》2004 年第 6 期;王东莉:《德育人文关怀论》,北京,中国社会科学出版社,2005 年版。

③ 陈国杰:《论思想政治教育的"人本发展观"》,《中国农业教育》2006 年第 2 期;吴琼:《"文本"到"人本":高校思想政治教育范式转换研究》,复旦大学 2007 届博士论文。

④ 孙喜亭:《教育原理》,北京,北京师范大学出版社,1993 年版,第 136 页。

⑤ 张耀灿等:《思想政治教育学前沿》,北京,人民出版社,2006 年版,第 74~75 页。

在思想政治教育理论和实践的创新过程中，各种观念、思潮纷纷登台亮相，部分思想政治教育理论研究成果往往热衷于从某一概念、范畴（如"生活世界""主体性""主体间性"等）出发"嫁接"出一套绝对的、超时空的、"纯粹"的思想政治教育理论。这些思潮和理论在思想政治教育界风行一段时期后就自行归于沉寂，这隐约地显示了思想政治教育观念和思想政治教育实践的混乱与无序。对于这样一种复杂的状况，思想政治教育界在积极吸纳各种优秀思想资源的同时，也应当对多元的价值观念加以整合，从思想政治教育学的角度予以澄明和纠正，以保证思想政治教育活动的正确方向，使思想政治教育实践不至于面对理论的狂欢而手足无措。

（二）保持党的思想政治教育优势

列宁指出："我们是未来的党，而未来是属于青年的。我们是革新者的党，而总是青年更乐于跟着革新者走。我们是跟腐朽的旧事物进行忘我斗争的党，而总是青年首先投到忘我斗争中去。"①高度重视思想政治教育，是中国共产党的优良传统和政治优势。毛泽东曾称赞中国共产党对"政治工作的研究有第一等的成绩，其经验之丰富，新创设之多而且好，全世界除了苏联就要算我们了，但缺点在于综合性和系统性的不足"②。这一优良传统和政治优势的继承和强化，要始终坚持党的思想政治教育正确价值取向为前提，以卓有成效地展开党的思想政治教育实践活动为基本保障。进入新时期以来，由于一些领导人重视不够，党的思想战线曾出现过局部的软弱和涣散状态，导致了严重的后果。邓小平多次严厉地指出这些问题③。由于党的工作重心转移到经济建设上来，一些领导忙于发展经济，认为只要经济上去了，一切问题都会迎刃而解，使其出现了一些错误："现在有些同志整天埋头具体事务，见物不见人，忽视做人的工作和做思想政治工作的领导责任。这种情况必须从根本上加以扭转。"④随着时代的变迁，思想政治教育模式也做了相应调整："新中国成立以来，思想政治教育模式有一个形成和发展过程，改革开放以前，思想政治教育形成了以全面主义、社会本位和权

---

① 《列宁全集》第 14 卷，北京，人民出版社，1988 年版，第 161 页。

② 《毛泽东选集》第 2 卷，北京，人民出版社，1991 年版，第 554 页。

③ 1989 年 3 月 23 日，邓小平同志会见乌干达共和国总统穆塞韦尼时谈到："我们最近十年的发展是很好的。我们最大的失误是在教育方面，思想政治工作薄弱了，教育发展不够。我们经过冷静考虑，认为这方面的失误比通货膨胀等问题更大。""十年最大的失误是教育，这里我主要是讲思想政治教育，不单纯是对学校、青年学生，是泛指对人民的教育。对于艰苦创业，对于中国是个什么样的国家，将要变成一个什么样的国家，这种教育都很少，这是我们很大的失误。"《邓小平文选》第 3 卷，北京，人民出版社，1993 年版，第 306 页。

④ 《十四大以来重要文献选编》下，北京，人民出版社，1999 年版，第 2085 页。

威主义为特点的教育模式,这种模式既有优点也存在局限,但'文化大革命'期间将这种模式的局限性推向极端。改革开放以后,在拨乱反正的过程中,思想政治教育举起了科学化旗帜,形成以科学化、规范化、专业化为特点的思想政治教育模式,这种模式有长足的优势,但在推行过程中也出现了具体化、局部化、部门化的问题。党的十八以来,思想政治教育模式构建既吸收改革开放以前思想政治教育模式积极成果,又对改革开放以后思想政治教育模式发展中的问题纠偏,形成了整体化、融入式和多样化的思想政治教育模式,这种模式顺应新时代发展要求,实现思想政治教育模式变迁,要根据新时代思想政治教育要求,推动思想政治教育模式转变。"①坚持思想政治教育正确发展方向,保持党和社会主义思想政治教育的政治优势,是义不容辞的时代使命。思想政治教育学的理论和实践都要密切联系时代背景和社会发展态势,为思想政治教育学寻求一种现代学术的深度发展,充分发挥对思想政治教育实践真正的理论指导和建设作用,以免出现三种不适应现象:"与社会主义市场经济的运行机制不够适应,与企事业单位的运行机制不够适应,与个人争取事业成功和人生幸福的人生实践不够适应。"②再者,"思想政治教育如果不与成才得失、事业兴衰、利益关系联系起来,则缺乏生命力"③。思想政治教育要密切关注青年群体。习近平在党的十九大报告中提出在21世纪中叶把我国建成富强民主文明和谐美丽的社会主义现代化强国,实现中华民族伟大复兴的中国梦,对青年人寄予厚望:"青年兴则国家兴,青年强则国家强。青年一代有理想、有本领、有担当,国家就有前途,民族就有希望。"④"青年的价值取向决定了未来整个社会的价值取向,而青年又处在价值观形成和确立的时期,抓好这一时期的价值观养成十分重要。"⑤与此相适应,从理论上深刻探讨党的思想政治教育价值取向的内容和规律,富有针对性地提出切实加强和改进党的思想政治教育,增强党的思想政治教育有效性的基本举措,确保思想政治工作的"生命线"地位和政治优势传统不动摇,便成为思想政治教育理论研究和学科建设中所必须面对的重大课题。

---

①　佘双好:《新中国70年思想政治教育模式发展的内在理路》,《南京师大学报(社会科学版)》2019年第4期。

②　陈秉公:《思想政治教育学原理》,沈阳,辽宁人民出版社,2001年版,第2页。

③　张世欣:《思想政治教育接受规律论》,上海,上海三联书店,2005年版,第322页。

④　习近平:《决胜全面建成小康社会 夺取新时代中国特色社会主义伟大胜利》,北京,人民出版社,2017年版,第70页。

⑤　习近平:《青年要自觉践行社会主义核心价值观:在北京大学师生座谈会上的讲话》,《人民日报》2014年5月5日。

（三）完善思想政治教育价值理论体系

思想政治教育价值取向不是无意识行为，也不是强制下的被动选择，它是建立在深刻理解思想政治教育本质、目标基础上的价值自觉。张澍军认为，"德育活动主要有三种理论指向和三重本质形态：一是，以社会哲学的视野揭示德育的工具性本质。二是，以人学哲学的视野揭示德育的目的性本质。三是，以文化哲学的视野揭示德育的载体性本质"①。思想政治教育有着类似德育的多重本质，至少，思想政治教育具有工具性和目的性二重本质。其中，思想政治教育的目的性本质是最为深层、最为根本的本质，是终极性本质。思想政治教育的工具性本质是"次级"本质，这二者之间的关系在不同时期会有相当大的差异，对此既要予以准确认识，给出明确结论，又要避免引发"社会价值"与"个体价值"、"社会本位"与"个人本位"、"工具理性"与"价值理性"之间孰重孰轻的争论。

思想政治教育价值取向是思想政治教育实现其本质和价值的确定性追求和方向性规划。从思想政治教育活动的实际操作过程来看，客观上也存在一个明确的价值目：确立价值取向——开展教育活动——反思实践效果——深化价值体系——形成价值导向的过程。研究思想政治教育价值取向，可以进一步深化关于思想政治教育本质的认识，对思想政治教育本质及其价值实现做出科学、正确的界定和选择，在理论上明确思想政治教育的科学性和先进性，进而探索思想政治教育在促进人的发展和社会发展过程中的具体价值。

就学术研究的问题域而言，思想政治教育价值取向问题应该从属于思想政治教育价值理论，而且，思想政治教育价值问题成为近年来我国思想政治教育理论与实践工作者关注的学术焦点问题之一②。但是，近年来专门从事思想政治教育价值理论研究的学者也没有把思想政治教育价值取向纳入其研究范围和理论视野。目前已经出版的《思想政治教育价值论》《德育价值论》中均没有相关内容。梁建新认为思想政治教育价值系统包括"观念系统、目标系统、标准系统、实现系统、评价系统等基本的相对稳定的子系统"③，同样没有谈到思想政治教育价值取向问题。这不能不说是思想政治教育价值论的缺失环节。这种缺失，在很大程度上意味着思想政治教育价值论仍停留于理论建构阶段，难以走向分析现实和指导实践的应用领域。

---

① 张澍军：《德育哲学引论》，北京，人民出版社，2002 年版，第 89 页。

② 整体而言，近年来思想政治教育的理论研究是以思想政治教育价值理论、思想政治教育有效性、思想政治教育学科建设、高校辅导员专业化建设为核心议题而展开的。

③ 张耀灿等：《思想政治教育学前沿》，北京，人民出版社，2006 年版，第 105 页。

关注并研究思想政治教育价值取向,探讨思想政治教育价值取向的内在逻辑,增强思想政治教育价值论的应用性,有助于丰富和完善思想政治教育价值理论体系。

（四）创新新时代思想政治教育话语体系

时代是思想之母,实践是理论之源。党的十九大报告提出,中国特色社会主义进入了新时代,这是我国发展新的历史方位。习近平新时代中国特色社会主义思想是 21 世纪的马克思主义和当代中国马克思主义,是马克思主义中国化时代化的最新理论成果。新的历史条件下,中华民族迎来了从"站起来""富起来"到"强起来"的历史性跨越,中国发展迈向社会主义现代化新征程。国际国内局势的深刻变化对思想政治教育提出了新要求。当今世界正处于百年之未有大变局,经济全球化、政治多极化、社会信息化、文化多元化等深入发展,世界不稳定性、不确定性因素增多,思想政治教育面临新的机遇和挑战。新时代的社会主要矛盾发生新转变,以习近平同志为核心的党中央坚定"四个自信",统筹推进"五位一体"总体布局,协调推进"四个全面"战略布局。思想政治教育的成长发展离不开具体的时代背景和社会现实,它始终坚持赶上时代,与时代同步前进。新时代新变化新情况催生和丰富了思想政治教育内容,为探索思想政治教育规律提供了巨大平台和实践基础,思想政治教育具有更加鲜明的时代特征。

党的十八大以来,习近平总书记高度重视思想政治工作在坚持和发展中国特色社会主义中的地位和作用,总书记先后在全国宣传思想工作会议、2014 年全军政治工作会议、2016 年全国高校思想政治工作会议、2018 年全国教育大会、2019 年学校思想政治理论课教师座谈会等多个会议上发表重要讲话,这些重要论述蕴含着丰富科学的理论内涵,体现了深邃广博的思想精髓,深刻揭示了新时代思想政治教育的内在规律。《中国共产党宣传工作条例》《军队政治工作条例》《关于新时代加强和改进思想政治工作的意见》等文件着眼于新时代思想政治工作的整体创新,对思想政治教育和思想政治工作做出了重要部署,为新形势下加强和改进思想政治工作提供了科学指导和理论指南。

进入新时代,习近平总书记从战略定位、目标任务、优良传统、价值立场等不同视角对思想政治教育做出了重要论述,提出了一系列新理论新思想新观点,系统回答了高校思想政治教育的方向性、根本性、战略性、全局性问题,明确了思想政治教育的重要领域和关键环节,为新形势下高校加强大学生思想政治教育明确了重要指向,提供了基本遵循。习近平总书记指出:"高校思想政治工作关系高校培养什么样的人、如何培养人以及为谁培养人这个根本问题。"①这一重要论述着眼于新时代高校思想政治教育的全局,表达了高校思想政治教育的理论精髓和核心要义。从立足于"两个一百年"和中华民族伟大复兴的高度、从确保中国特色社会主义事业后继有人和兴旺发达的角度,描绘了高校思想政治教育的宏伟蓝图,并以此为基点对高校思想政治教育做出了全面部署,对大学生思想政治教育提出了更高的战略定位。习近平总书记强调:"思想政治工作从根本上说是做人的工作,必须围绕学生、关照学生、服务学生,不断提高学生思想水平、政治觉悟、道德品质、文化素养,让学生成为德才兼备、全面发展的人才。"②高校思想政治教育坚守为党育人的初心和为国育才的立场,要始终做到"以学生为中心",这是为人民服务、为民情怀和人民至上的价值取向在教育领域的重要体现。立德树人的目的在于"培养德智体美劳全面发展的社会主义建设者和接班人"和"努力培养担当民族复兴大任的时代新人","五育并举"和"时代新人"的提出使得高校思想政治教育目标任务更加全面,育人体系更加完善。习近平总书记在全国教育大会上指出:"思想政治工作是学校各项工作的生命线,各级党委、各级教育主管部门、学校党组织都必须紧紧抓在手上。"③走进新时代,面对新形势和新任务、新情况和新变化,高校思想政治教育只能加强不能削弱,只能前进不能停滞,只能积极作为不能被动应对。切实加强和改进思想政治工作,必须将其贯穿于教育教学和人才培养的全过程,实现全员育人、全程育人和全方位育人。

坚持和发展新时代中国特色社会主义,从决胜全面建成小康社会和全面建设社会主义现代化强国伟大进程的高度、从新时代思想政治工作整体上,深化对新时代思想政治教育重要地位和根本方向的认识,坚持马克思主义指导地位,全面贯彻党的教育方针,坚持为人民服务、为中国共产党治国理政服务、为巩固和发展中国特色社会主义制度服务、为改革开放和社会主义现代化建设服务,培养一代又一代拥护中国共产党领导和我国社会主义制度,立志为中国特色社会主义奋斗终身的有用人才。新时代思想政治教育要遵循"四服务"和"三培养"的方向和要求,要紧密结合党的教育方针,实现新时代"两个一百年"奋斗目标;紧密结合思想政治教育的发展方向,处理好新时代社会主要矛盾;紧密结合思想政治教育历史使命和时代担当,坚定新时代思想政治教育的发展方向和根本目标、现实任务和发展趋势,进一步贯

---

① 《习近平谈治国理政》第二卷,北京,外文出版社,2017年版,第376页。
② 《习近平谈治国理政》第二卷,北京,外文出版社,2017年版,第377页。
③ 《习近平在全国教育大会上强调 坚持中国特色社会主义教育发展道路 培养德智体美劳全面发展的社会主义建设者和接班人》,《人民日报》2018年9月11日。

彻落实习近平总书记新时代中国特色社会主义思想,实现民族复兴伟大梦想。

三、主要概念

（一）价值

准确理解价值概念是理解价值取向和引导多样化的价值取向形成正确价值导向的前提。价值哲学对价值的本质、价值的基础和来源、价值形态与价值类型等问题形成了一些系统论述和理论体系,但是仍然存在着较大的分歧和混乱,对一些重要问题各持己见,众说纷纭。思想政治教育学界倾向于认为价值"是主体在实践活动中建立起来的,以主体的尺度为尺度的一种客观的主客体关系,是客体的存在及其性质是否与主体的本性、目的和需要等相一致、相适应、相接近的关系。在这里,主体是价值的体现者,客体是价值的载体,实践是价值的确定者"①。但这也是值得进一步探讨的问题。

理论的价值和任务在于通过对生活和常识的批判性反思和规范性预设,使人们突破熟知达到真知。价值问题是理论联系实际的重要话题,在价值概念的哲学内涵和哲学意义的解读上,呈现出繁多的异质性的解读模式和解读路径。如何理解"思想政治教育价值"？在怎样的思想意境中把握思想政治的"价值问题"？这是值得深思的问题。透过诸多的哲学解读模式,思想政治教育学界也试图对思想政治教育价值做出一种应用性诠释,高度关注思想政治教育价值的"概念"问题。如何从概念入手,在概念的意义上理解思想政治教育价值,识读思想政治教育价值的真实意蕴,破解包括怀疑论、主观主义、虚无主义等相对主义思潮,成为这种解读模式的核心关切点。思想政治教育价值研究在这个意义上,为我们认识和把握思想政治教育的独特价值提供了相对清晰的理论图景和知识架构,也为我们呈现了一个复杂而又富有活力的话题。

思想政治教育是为了满足人的素质发展和社会文明进步需要的合目的性和合规律性相统一的社会实践活动,"思想政治教育价值论的研究从无到有、从宏观到微观开辟了一些基本的论域,把握了主要的研究细节,取得了比较丰硕的研究成果,形成了思想政治教育价值理论体系的雏形图景"②。思想政治教育价值研究在短暂的理论繁荣之后便裹足不前,有些重要的论域尚未涉及,既有的研究领域也未能深化。究其根本系囿于"国内价值论研

---

① 项久雨:《思想政治教育价值论》,北京,中国社会科学出版社,2003 年版,第 38 页。
② 张耀灿等:《思想政治教育学前沿》,北京,人民出版社,2006 年版,第 90 页。

究长期存在的价值的工具性定义和本体论承诺之间的矛盾"①,导致思想政治教育价值研究的思维方式、研究方法以及问题意识等方面确实存在诸多缺陷,但这些都还不是问题的真正所在,关键在于思想政治教育价值"定义具有明显的缺陷"②,未能从概念上说透自身。因此,调整思路,重新理解思想政治教育价值概念本身,是思想政治教育价值研究再出发的锚点。只有这样,我们才能有意识、有意义地拓展新的研究领域。反思"思想政治教育价值"研究之蔽短,在新的思想意境中把握思想政治的"价值问题",目的不在于重建思想政治教育价值,而是把价值问题作为内在于思想政治教育的研究主题,实现思想政治教育之为思想政治教育的意义。思想政治教育学使用"价值"概念究竟要解决什么问题? 除了说明思想政治教育价值与思想政治教育功能、作用之间的区别和联系,我们到底要借助思想政治教育价值这个概念完成什么重大的理论任务? 这是我们研究思想政治教育价值论应该深思的重要问题。

　　思想政治教育价值的研究,基本上遵循着以一定理解水平上的价值哲学为前提的研究路径。我们既要克服"价值哲学"的理论范式可能导致的思想政治教育价值概念抽象化,避免失落思想政治教育与人本身,更要对价值论的研究路径和哲学前提进行深刻反思。我们倾向于采用宋希仁的回到马克思和黑格尔的论证方法和理论表述:"价值不过是表达事物所获得的社会意义的逻辑术语。"③"价值作为人的活动的一定的社会存在方式,可以通过不同范围的主体活动体现出来。……人按照自己的需要赋予外界物的价值只是主观价值,并不等于就是对价值客观性的认识。价值是人与物、人与人的关系。人的需要、物的效用,以及二者的关系,这都是价值形成的环节和必要条件,但还必须通过人的社会关系才能形成完整的、全面的价值观。价值是实然与应然的统一。"④有学者指出:"价值哲学的研究往往因其蔽于'价值'而失落哲学。这种所蔽失的思想根源,主要是忽略了价值哲学所强调的思想观念更新与哲学观的变革,一味地执着于'价值'语词的认知;更为重要的是这种认知是在西方传统哲学的主观与客观关系的框架中得出的伦理性观点。"⑤思想政治教育价值作为学科概念,主旨并不在于实际的需要

---

① 张曙光:《价值论研究:问题与出路》,《华中科技大学学报(人文社科版)》2004 年第 4 期。
② 梁建新:《现代思想政治教育价值论体系完善的着力点》,《理论探讨》2005 年第 2 期。
③ 宋希仁:《价值概念的哲学意义》,《党政干部学刊》2010 年第 3 期。
④ 宋希仁:《黑格尔论价值》,《高校理论战线》2002 年第 2 期。
⑤ 胡海波:《哲学就是哲学:"价值哲学"的哲学观批判》,《吉林大学社会科学学报》2003 年第 5 期。

及其满足,而在于我们评价人的关系与人的世界时,应肯定人的地位、价值和尊严,追求并实现人之本性的生成和完善。

(二)价值取向

目前价值哲学关于价值取向的定义较多,没有统一的说法,总体而言,不外乎以下四种类型。

第一,用"倾向"界定价值取向。"一定主体价值选择的总趋向和价值追求的一贯性倾向。……一定社会的价值取向,是由人们的实际利益所决定,是人们实现其利益的总体倾向。"①"价值取向是指主体在价值选择和决策过程中的一定倾向性。"②"价值取向就是一定的主体以某种价值观为指导,根据一定的价值标准,对价值目标和价值手段等进行价值选择和价值决策的行为倾向。"③"价值取向就是人们在一定场合以一定方式采取一定行动的价值倾向。"④

第二,用"价值标准"界定价值取向。"价值取向,指某一个人所信奉的,而且对其行为有影响的价值标准。价值取向同价值标准的区别在于价值取向是针对个人,而价值标准是针对群体而言的。当人们说一个群体的很多成员都信奉某种价值标准时,这种价值标准对每一个成员的意义并不相等。当谈到某一个成员特别信奉的某一种价值标准时,亦即是着重点在于某一个人的观点而不是整个群体的观点时,就称之为价值取向。但也有把两者混用而不加区分的。"⑤我们认为价值标准是价值的价值,也就是本位价值,价值标准不能和价值取向混为一谈。

第三,用"行动取向"界定价值取向。"价值取向是价值选择过程中决定采取的方向。"⑥"价值取向就是最终决定做什么好或怎么做好,或者说,从价值、好坏的角度决定做什么和怎么做。"⑦价值取向"就是人们在一定场合以一定方式采取一定行动的价值倾向。它来自主体的价值体系、价值意识,表现为政治取向、功利取向、审美取向、道德取向等不同的方面。人的每

---

①　李淮春:《马克思主义哲学全书》,北京,中国人民大学出版社,1996年版,第281页。

②　李德顺:《价值学大词典》,北京,中国人民大学出版社,1995年版,第286页。

③　唐日新、李湘舟、邓克谋:《价值取向与价值导向》,长沙,中南工业大学出版社,1996年版,第16页。

④　袁贵仁:《价值学引论》,北京,北京师范大学出版社,1991年版,第350页。

⑤　中国社会科学院文献情报中心、重庆出版社:《社会科学新辞典》,重庆,重庆出版社,1988年版,第401页。

⑥　马志政等:《哲学价值论纲要》,杭州,杭州大学出版社,1991年版,第339页。

⑦　王玉樑、〔日〕岩崎允胤:《中日价值哲学新论》,西安,陕西人民教育出版社,1995年版,第403页。

一具体行为的取向或定向,都是各种具体价值取向综合作用的结果"①。

第四,用"行为"界定价值取向。价值取向"代表了一个民族,一个阶级或一个人群在评价事物价值高低时,所表现出的客观尺度和某种特定心理倾向,在对客观事物的评价过程中,做出准确的判断和选择,依此促进事物可能转化为现实状态的行为"②。"人的活动,都带有在人与对象关系中所形成的爱憎、取舍、抑扬和褒贬等价值色彩的价值活动。"③活动主体的价值取向直接决定着人们的价值选择和价值判断。

尽管在定义上有些分歧,但是他们基本上都肯定了价值取向是一种行为取向,是价值观念和行为的中间环节,是价值主体在价值选择和决策过程中对于行为方向的选择和把握。我们比较认同"倾向性"的定义方式,即价值取向是主体价值选择的总体性趋向和确定性追求。

（三）思想政治教育

科学、准确、严肃地使用学科概念和理论术语是思想政治教育研究走向新阶段的新要求和新任务,逐步重视、规范思想政治教育概念,提高研究者的概念使用意识和概念分析意识。"真正的思想和科学的洞见,只有通过概念所作的劳动才能获得。"④只有形成普遍自觉的概念分析习惯,才有可能得到科学的自我训练,形成严谨的学术风格,提高学科的学术水准。"什么都能解释的理论或概念往往是什么也解释不好。以普适性为标准判断一个概念或理论的价值不但会把这个概念或理论引向错误的发展方向,而且也明显不符合马克思对旧形而上学的超越和批判。追求超时空的普适性恰恰是马克思批判的传统哲学思维(尤其是黑格尔),也是恩格斯批判的杜林式思维的特点。"⑤在设立马克思主义理论一级学科和思想政治教育二级学科之后,思想政治教育学最紧迫的理论课题是科学、准确地界定思想政治教育这一概念的内涵和外延。作为思想政治教育学的学科名称和核心概念,对思想政治教育这一概念的不同理解和解释是不同的思想政治教育观的反映。由于人们通常是按照一种预设的理论去看待一切事物的,所以这种不同理解可能会对思想政治教育学理论产生不同性质的深刻影响。而且,思想政治教育概念内涵和外延的清晰、准确和完整,让人们从思想政治教育

---

① 袁贵仁:《价值哲学引论》,北京,北京师范大学出版社,1991 年版,第 350 页。
② 王邦余:《略论道德教育价值取向的偏斜及对策》,《汉中师院学报(哲学社会科学版)》1993 年第 3 期。
③ 唐日新、李湘舟、邓克谋:《价值取向与价值导向》,长沙,中南工业大学出版社,1996 年版,第 4 页。
④ 〔德〕黑格尔:《精神现象学》上卷,北京,商务印书馆,1979 年版,第 48 页。
⑤ 刘森林:《辩证法的社会空间》,长春,吉林人民出版社,2006 年版,第 20 页。

这一概念本身就直观地领会该学科的对象、内容、实践领域和实践方式，更有利于从事实性和规范性两方面扩大、巩固思想政治教育学的学科认同度和社会认同度。

概念作为系统描述事物的一种方式，是经验事实的结晶。这种结晶包含着人们对日常事实较为稳定的自然的理解图式。人们对耳熟能详的事实的日常理解会形成相应的日常概念。夏佩尔认为"至少作为一种工作假说，我们必须假定科学概念来自日常概念"①。随着学科的发展和成熟，学科或科学概念将逐步取代日常的经验概念，学术本身也通过学科概念间的互相定义而获得理论上的严格性和科学性。海德格尔曾指出："一门科学的所有老问题对象都以事情区域为其基础，而基本概念就是这一事情区域借以事先得到领悟（这一领悟引导着一切实证探索）的那些规定。所以，只有同样先行对事情区域本身做一番透彻研究，这些基本概念才能真正获得证明和'根据'。但只要任何一个这样的区域都应该从存在者本身的领域赢得，那么，创造基本概念的先行研究无非就意味着：按存在者的基本存在法相来解释存在者。"②所以，我们的分析从思想政治教育的表现形态，即思想政治教育事实入手，考察人们对于这种事实的认识和看法，进而考察思想政治教育概念的解释力度和发展可能性。

1. 思想政治教育事实的阶级性和普遍性

广泛存在于社会生活中的真实、具体的思想政治教育事实和现象是我们关于思想政治教育观念性认识的事实前提和最终根据。思想政治教育的发生和发展应该上溯至阶级社会，而且是普遍存在的，"古今中外、概莫能外"（王树荫语）。它在各个时代和社会中尽管名称不同，实质是一致的，都是统治阶级维护自身统治所经营的政治合法性、统治合法性的自我论证和宣传教化等意识形态活动，所以思想政治教育事实具有阶级性和普世性特点。关于这一点，学界已经达成基本共识，为方便行文，笔者姑且把思想政治教育现象称为一种阶级社会的人类学事实。这种人类学事实显然不只是某一个阶级的专利，它是所有阶级都非常重视的一项活动，只是占统治地位的统治阶级、政治集团和既得利益集团的思想政治教育事实更容易得到关注和总结而已。

当我们谈及思想政治教育的时候，所指称的应该是首先是某种客观的

---

① 〔美〕达德利·夏佩尔：《理由与求知》，上海，上海译文出版社，2001年版，第154页。
② 〔德〕海德格尔：《存在与时间》，北京，生活·读书·新知三联书店，1987年版，第12～13页。

事实(历史的或现实的),即"这一个"和"那一个"思想政治教育活动,而不是某种先验的主观观念。现在一般认为,"这一个"和"那一个"思想政治教育活动包括思想教育、政治教育、道德教育、法纪教育、心理教育等教育形式。这些思想政治教育活动最显著的特征是由自上而下地行政推动、"德育工作者"予以贯彻,强调政治性和方向性,意识形态色彩鲜明(心理教育比较例外,虽然它比较强调价值中立,但是在实际操作中也仍然被归入思想政治教育范畴)。

要达到对于这种教育事实的真真切切的理解,最方便的是从其从业者及其工作内容着手。所谓"思想政治工作,各个部门都要负责任。共产党应该管,青年团应该管,政府主管部门应该管,学校的校长教师更应该管""思想工作是全党的工作,不仅宣传部门要做,各级党委和企业、农村、学校、街道等基层党组织要做,各级行政部门和工会、共青团、妇联等也都有做群众思想工作的责任"①。由此我们便能够理解什么是现实的思想政治工作和思想政治教育,那就是党、政各级组织所从事的针对党员和群众的思想工作,推而广之,思想政治教育就是统治阶级维护自身统治所进行的政治合法性、统治合法性的宣传和教化活动。这种工作的基本内容和主要目的是管好"思想文化阵地"。对于马克思主义和无产阶级而言,"思想文化阵地,马克思主义、无产阶级的思想不去占领,各种非马克思主义、非无产阶级的思想甚至反马克思主义的思想就会去占领。从上到下的一切思想文化阵地,包括理论、新闻、出版、报刊、小说、诗歌、音乐、绘画、舞蹈、戏剧、电影、电视、广播、网络等等,都应成为我们宣传科学理论、传播先进文化、塑造美好心灵的阵地,决不能给违反四项基本原则、违反改革开放政策、违反党的方针政策的错误观点,以及危害人民特别是青少年身心健康的东西提供传播渠道。……各级党委都要增强阵地意识,切实加强对思想文化阵地的领导。每一个思想文化单位的党组织都要认真执行党的方针政策和国家的法律法规,真正做到守土有责",资产阶级在对待"思想文化阵地"的态度上也是如出一辙,只有这样才能保证"统治阶级的思想在每一时代都是占统治地位的思想"。

可见,思想政治教育肩负着将"统治阶级的思想"转换成"占统治地位的思想",使统治阶级在物质力量和精神力量两方面都占据统治地位的光荣而艰巨的任务,所以思想政治教育列位于政治上层建筑,以看守住观念上层建筑的发展变动和精神文明领域主导价值体系的维系为职志,通过合理设

---

① 《十四大以来重要文献选编》上,北京,人民出版社,1996年版,第655页。

计教育内容来表达和贯彻自己的意志,培养建设者和接班人。这样的阐述在一定程度上表明思想政治工作和思想政治教育的工作领域是非常广泛的:因为主体是涉及各个层面的,那么其工作和教育内容及其表现形式自然也是多种多样的。这是一种常识层面习以为常的对思想政治教育事实的泛化理解。

2. 日常理解中关于思想政治教育的"生命线"隐喻

隐喻作为特定文化背景下对外在事物和内心世界的独特表达方式,虽不能像逻辑的方法那样能很好地揭示事物的"真",却可以为人们描述事物最形象的外部特征和内在品格。在思想政治教育研究的语境中,不难发现,许多学者经常准确、形象地使用各种象征性的词汇去描述思想政治教育,关于思想政治教育的隐喻性概括应运而生。譬如西方国家有学者将其思想政治教育比喻为"社会水泥",而我国有学者把思想政治工作比喻为"传家宝""生命线"(人们普遍接受的比喻是"生命线")。尽管对思想政治教育的功能曾有过"万能论"和"无能论"的讨论,思想政治教育学界也会有意无意地以"生命线"自喻。

"生命线"一词非常形象地刻画了中国共产党发展壮大的历史过程中思想政治教育所发挥的重要作用以及在现实中的战略地位。它一方面表明思想政治教育在党的工作系统中起着关键作用,是非常关键的"生命工程"。另一方面,"生命线"同时也喻示着思想政治教育本身的依附性和脆弱性。作为"生命线"的思想政治教育既重要又脆弱,它为其他领域的工作提供思想指导,为党和国家的其他工作提供思想基础,但又不能取代其他工作。

"生命线"的隐喻表明思想政治教育的"生命线"在于其说服力,思想政治教育说到底就是说服人的工作,只有能说服人,先进的理论和精神才能转化为改造世界的实践的、物质的力量,才能促进其他各项工作,把理论和思想的可能性力量转化为现实的力量。思想政治教育自身的生命力就在于其具有说服力的实效性和有效性。没有说服力的思想政治教育是一种自我否定。为增强说服力,人们往往会集思广益地动用宣传教育资源,开展运动式的教育活动和教育形式,也会泛化人们对于思想政治教育的理解。

3. 学科发展中关于思想政治教育的若干定义

马克思认为事物及其相互关系是发展变化的,所以"它们在思想上的反映、概念,会同样发生变化和变形;我们不能把它们限定在僵硬的定义中,而是要在它们的历史的或逻辑的形成过程中来加以阐明"。也就是说,"考察每个问题都要看到某种现象在历史上怎样产生,在发展中经过哪些主要阶段,并根据它的这种发展去考察这一事物现在是怎样的"。经典作家注重概念形成和问题发展历史性背景的论述具有方法论上的指导意义,但是,鉴于思想政治教育学术思想史的研究尚未真正形成通史,我们姑且先紧扣住思想政治教育概念,针对那些真正使用过这个概念并有所阐发的学者,考察他们所给出的思想政治教育的具体含义。

首先,我们认为,思想政治教育概念的形成与思想政治工作概念的形成有着密切的关联。它是出于思想政治教育学学科创制的需要,在"思想政治工作"一词已然成型后直接截取"思想政治工作"一词的核心成分的水到渠成之举。

其次,我们尽可能地列举出目前比较具有代表性的对思想政治教育概念的定义,比较这些定义的相似点和不同点。通过直观的比较,我们不难发现,这些定义虽然有细微的差别,但基本思路都是一致的,凝练起来就是:思想政治教育就是统治阶级培养被统治阶级为统治阶级所需要的思想品德的实践活动的总和。而且,这些定义基本上都持"转化"论观点(强或弱,强则曰灌输,弱则曰引导、训导),也有持"受政治制约的思想教育和侧重于思想理论方面的政治教育"的"交叉"论观点(张耀灿),稍微周延一点的也只是强调要"遵循人们思想品德形成发展规律"(周琪)。有新意的是认为思想政治教育就是政治教育(王瑞荪、孙其昂、邱柏生,邱柏生更强调政治认同),至于教育的主体、内容、目的,看法则基本一致。

从这些定义中,我们看到的仅是一种极为宏观的描述,抽象力度不是很强,它有两点明显的不足:一是没有具体说明思想政治教育的内容主要包括哪些方面,仅笼而统之地说是"一定的思想观念、政治观点、道德规范",仿佛思想政治教育就是"大德育",值得肯定的是从教育内容的角度界定思想政治教育为"受政治制约的思想教育和侧重于思想理论方面的政治教育"的"交叉"论观点,但是又浅尝辄止,没有深入下去,这种交叉到底体现为什么形式,落实为何种内容。二是没有告诉我们如何理解思想政治教育的过程,仅凭"转化""引导"寥寥几字显然是无法解释目前复杂的思想政治教育。

所以,这种定义方式是基于常识的,它首先强化了既成的对思想政治教育概念和事实理解的泛化,没有明确地把思想政治教育同思想政治工作和道德教育区分开来,使得思想政治教育在面对低效性指责时表现软弱和近乎失语(因其广泛所以几乎所有的社会问题仿佛都可以归咎于它了)。这种定义方式还赋予思想政治教育一种浓厚的工具论色彩,忽略了思想政治教育作为阶级社会人类学事实的一种本体存在,将思想政治教育视为实现外在的"社会要求"的工具。这种单一传承性的偏执不仅忽视了教育主体存在的多样性和内容转化的层次性和过程性,也忽视了人的思想政治教育需要(思想政治教育需要这个概念尚有待探讨,但不可否认我们都有一种求知、求证、实现自我的需要),还忽略了在后单位时代的"现代政治经济和文化条件下,以自上而下的政治性强迫和一厢情愿的政治输入进行思想政治工作,即缺乏有效的组织渠道,也缺乏与之相应的政治文化条件"①。不难理解,现实的、成功的、有效的思想政治教育必然是教育主体和教育对象双方对于理论、规范乃至行为的一种共同选择和确证的共享过程,在这种共享过程中,思想政治教育的主要特征是教育性,而真正的教育意味着要"通过现存世界的全部文化导向人的灵魂觉醒的本源和根基"②。所以,我们应更重视和挖掘思想政治教育的人文教化品格,充分营造和利用社会文化氛围来完成意识形态的教育任务,并以此为前提确立理解思想政治教育的新框架。

对于思想政治教育概念的探讨是值得我们深思的大问题,因为"日常语言中的词,就像这些词所表达的概念一样,始终是模棱两可的;学者们如果按照他们所接受的惯用法来使用这些词,而不给这些词另作详细的说明,就可能陷于最严重的混乱。不仅词的含义不受什么限制,根据谈话的需要随便改变,而且由于词的分类不是产生于某种有系统的分析,而只是说明民众的各种模糊不清的印象,所以不断发生这样的情况:某些不同范畴的事实被不加区分地归入同一个类别,或者性质相同的事实被冠以不同的名称。因此,如果我们听凭自己被固有的词义所支配,我们就可能把应该合在一起的事物区别开来,或者把应该区别的事物混在一起,以致看不出这些事物之间的真实关系,从而误解它们的性质"③。我们必须系统地清理日常理解中对思想政治教育概念的误解,达到学科概念的基本认同。伊斯顿认为:"一切成熟的科学知识都是理论上的,……概括的水平越高,解释和了解的水平也就越广。"④由思想政治教育的定义所引申的问题是如何进一步提高思想政治教育概念的概括范围和抽象水平,从人的存在和发展的角度论证"思想政治素质是最重要的素质"和"人的思想政治教育需要"命题;同时还要思

---

① 孟伟:《新时期思想政治工作的内涵和功能定位》,《理论前沿》2002 年第 8 期。

② 毛亚庆:《清理教育地基:对教育若干理念的重新认识》,《北京师范大学学报(人文社会科学版)》2000 年第 3 期。

③ 〔法〕埃米尔·迪尔凯姆:《自杀论:社会学研究》,北京,商务印书馆,1996 年版,第 6 页。

④ 〔美〕戴维·伊斯顿:《政治体系》,北京,商务印书馆,1993 年版,第 4 页。

考,如果说思想政治教育不是大德育,那么思想政治教育是否就是政治教育,区别思想政治教育概念广义与狭义的内在依据又是什么,这些问题与思想政治教育的本质是密切相关的,值得我们进一步深入探讨。

(四) 概念分析

1. 思想政治教育概念的形成

理解概念、选择概念、运用概念是学术研究的起点和基本功。概念泛滥和语义困扰是主张进行思想政治教育概念分析的主要原因。思想政治教育研究曾经出现过"论题越来越大,越来越空;概念越来越多,越来越抽象;论证越来越繁,越来越玄"①的现象,这一方面是因为思想政治教育的实践基础、研究对象、研究方法、理论性质的特殊性,表现在思想政治教育现象的复杂性、学科基础的横断性、知识来源的多元性、要素构成的异质性,在学科建设和学术研究过程中必然会发展老概念、出现新概念。另一方面是因为学位点多、研究生多、研究者众,不断产生新的研究思路和表述方法。这是思想政治教育学科吸收消化知识、生产增量知识、输出展示知识的必然环节,是学科发展的正常现象,只需要加以必要的自觉规范就能提高学术水准。

提出一个概念尤其是新概念目的是为了进行更加深刻的研究,理想的概念应该能够直接体现学科基本理念的概念化意向和功能性价值,让人一下子就能领会该学科的对象、内容、实践领域和实践方式,那些在经验上得不到可靠的检验和合理假设的概念一般都是很玄的概念,由这些思维空洞的概念组建起来的解释系统也是空心化的,往往在论证和表述上生硬成文,知识贡献方面鲜有实质内容。之所以出现很多新概念或者玄而又玄的概念,不是因为概念不足或者不够用,而是对思想政治教育现象理解不足②,对思想政治教育事实③和事理分析不透造成的。思想政治教育学要从理论

① 沈壮海:《论思想政治教育理论研究的独立品性》,《国家教育行政学院学报》2005 年第 2 期。

② 刘书林教授认为,思想政治教育现象纷纭复杂,往往会从社会思潮、思想道德状况、理想信念、党的思想组织建设、互联网信息、青年群体六个方面表现出来,具有不断发展变化的动态性特点。参见《思想政治教育学原理》编写组:《思想政治教育学原理》,北京,高等教育出版社,2016 年版,第 80~84 页。

③ 孙其昂教授认为,目前的研究缺乏对真正属于思想政治教育事实和思想政治教育实际的研究,应当用科学方法去探究思想政治教育事实本身的事实状态及其相关的因果关系,追问它们背后的原因,找到本质。思想政治教育事实包括思想政治教育系统及其存在的实际、思想政治教育领域发生的思想政治教育事件和其他领域发生的具有思想政治教育意义的事实。参见孙其昂:《思想和政治教育现代转型研究》,北京,人民出版社,2013 年,第 407 页。

上对思想政治工作解释得彻底、全面,离不开概念的精准提炼和逻辑统一。

思想政治教育学概念的形成有经验取向和理论取向两种途径:经验取向来自思想政治教育学科对错综复杂的思想政治教育现象的反映和抽象,理论取向来自于思想政治教育学科理论体系建设的需要直接建构。源自理论建构体系的思想政治教育概念因为进入了思想政治教育学科的理论框架,其学科背景、理论背景、运用路径发生改变而产生了新的意义。这些概念往往存在着内涵必然属性不充分、区分度不足、边界模糊、外延指涉不明和隶属关系含糊等定义不精确不充分的问题。提出缜密的概念有四项基本要求:"第一,阐述内涵;第二,在概念的内涵和命名概念的术语之间建立能够提供富有成效的信息的联系;第三,定位其在相关概念和术语构成的族群中的位置;第四,廓清概念之间的层级关系,包括类别层级关系。"①坚持"历史与逻辑的统一",不能简单套用现在的理论范畴、知识体系和实践逻辑去解释历史现象和历史事实。概念、命题和原理的科学性要通过对实际思想政治教育问题的分析解答予以检验,在解析现象、剖析成因、拟制对策中接受检验并予以发展。

2. 思想政治教育概念分析的主要方法

概念使用是严肃的,既不能把标签当作概念,也不能把概念标签化②。马克思主义一贯反对标签化,"愚蠢的唯物主义"把唯物主义"这个套语当作标签贴到各种事物上去,再不做进一步的研究,就是说,他们一把这个标签贴上去,就以为问题已经解决了"③。概念的建立和使用要从本体论、认识论和方法论三个层面开展工作,进行细致的区别、分析、捕捉和限定④。成熟的学科能够经受住概念变迁的考验,"真正的科学'运动'是通过修正基本概念的方式发生的……一门科学在何种程度上能够承受其基本概念的危机,这一点规定着这门科学的水平"⑤。概念随着思想创新、理论转型、实践发展而调整内涵乃至发生性质上的变化,这是时代要求和理论自身发展的必然趋势,学术研究的主要任务是要进行严肃的概念分析工作,认真对待概念本身,在概念准确的基础上做出知识判断、提出学术命题、展开学术研究。

习近平总书记在哲学社会科学工作座谈会上的讲话指出:"每个学科都

---

① 〔美〕戴维·科利尔·乔迪·拉波特·詹森西奈特:《使类型学更有效:概念形成、测量与精确分析》,载高奇琦、景跃进主编:《比较政治中的概念问题》,北京,中央编译出版社,2014年版,第161页。

② 要尽可能戒除"孔子思想政治教育思想""柏拉图思想政治教育思想"的表述方式。

③ 《马克思恩格斯选集》第4卷,北京,人民出版社,1995年版,第691页。

④ 唐世平:《社会科学中的概念》,《中国社会科学报》2011年7月21日。

⑤ 〔德〕海德格尔:《存在与时间》,北京,生活·读书·新知三联书店,1987年版,第12页。

要建构成体系的学科理论和概念。"①概念作为知识单元要考虑体系性,只有单元性的概念清晰、准确,判断和命题才有可能正确。概念分析对概念尤其是"本质可争议性概念"②,要从学理上进行一番正确的解释性说明,这有助于消除语义上的模糊和歧义,避免理解失误,帮助人们清晰地思考、表达和交流,有助于思想政治教育理论体系的构建,提高学术研究质量。概念分析还有助于澄清思想政治教育实践工作者的思想,让他们真切地理解思想政治教育实践本身,保证实践工作正确有序。概念分析意味着仔细探究一个概念的历史,从词源学的角度寻找概念的思想文脉,基于关键作者、权威学者和原始资料,评估它在当前理论体系和学科框架、基本文献中的使用情况,予以文本分析和系统表述,分析、解释概念的丰富含义、彼此关系和使用条件,使之成为一个改良概念。

对于思想政治教育学原理中的任何一个概念,我们都应该完全了解它的属性、特征和本质,搜集具有代表性的权威定义并从定义中筛选出属性特征,按照有意义的价值标准,形成概念属性矩阵。相对完整的概念分析工作包括三个基本步骤:"1.依照属性建立概念的内涵定义。2.确定它的指称对象(即指涉性定义)。3.确保概念对应的术语能被明确无歧义地理解(陈述性定义)。"③学界对"思想政治教育""灌输""生命线"三个概念的分析最透彻,成果最丰富,不仅有本质主义的分析和探讨,也有要素主义的深入阐发,以思想政治教育概念为例,学界基本完成了对思想、政治、教育以及思想教育、政治教育、道德教育等概念要素的具体分析和深入研究④。概念分析的基本思路、原则性要求和路径方法尤其在"思想政治教育的语义分析"⑤中得到了充分体现和卓越示范:从思想政治教育的概念发展、相关概念分

① 习近平:《在哲学社会科学工作座谈会上的讲话》,北京,人民出版社,2016年版,第24页。

② 高奇琦、景跃进:《比较政治中的概念问题》,北京,中央编译出版社,2014年版,第201页。

③ 〔意〕乔万尼·萨托利:《概念分析指南》,载高奇琦、景跃进主编:《比较政治中的概念问题》,北京,中央编译出版社,2014年版,第12页。

④ 参见王玄武、骆郁廷:《思想教育·政治教育·道德教育比较研究》,武汉,武汉大学出版社,2002年;张澍军:《论"政治"在思想政治教育中的规范规约作用》,《东北师范大学学报(哲学社会科学版)》2015年第1期;郑芸、孙其昂:《论思想政治教育学视角中的"思想"》,《河海大学学报(哲学社会科学版)》2010年第2期;刘取芝、孙其昂:《思想政治教育中"思想"概念的再思考》,《教学与研究》2016年第6期;钱广荣:《思想政治教育之"思想"论析:关涉思想政治教育学科核心范畴的一种学理分析》,载艾四林、王明初主编:《社会主义主流意识形态与当今中国社会思潮》,北京,人民出版社,2014年版,第341页;王颖:《思想政治教育学学科名称争论之于学科发展的价值意蕴分析》,《思想理论教育》2003年第9期。

⑤ 倪愫襄:《思想政治教育元问题研究》,北京,中国社会科学出版社,2014年版,第34~61页。

析、定义分析、语义构成、逻辑构成等角度,遵循概念的明确性、使用的通适性、表述的逻辑性、语义的一致性、理解的可靠性原则,结合思想政治教育的形式逻辑结构和特色逻辑内涵深入分析、探讨和理解工作。"生命线"是对思想政治教育价值的隐喻,是以隐喻形式展现的重要学术命题,在不同时期得到扩充和发展,获得了广阔而又深邃的内涵,也具有一定的思想价值和研究价值。

　　3. 巩固思想政治教育的概念基础

　　思想政治教育的理论发展通过近 40 年的学术积累储备而步入发展转型期,"实现从依附性发展向自主发展、从依托式发展向独立发展的转变"①。这种转型一方面回应社会转型和思想政治教育发展的现代转型,另一方面是由于思想政治教育基本概念、主要范畴和基本原理的变化和增长。习近平总书记在全国高校思想政治工作会议上的讲话强调"做好高校思想政治工作,要因事而化、因时而进、因势而新"②,要着眼于"大思政""强思政"开展工作。思想政治教育的理论与实践是相辅相成的关系,"思想政治教育的实践主要依托理论展开其实践活动,而思想政治教育的理论活动在很大程度上就是一项实践活动。这种相互生成的关系理应给思想政治教育学科知识带来巨大的实践效应"③。实践领域的发展变化提出新的工作要求和理论任务,新的思想政治教育实践形态和工作样态需要理论的认可和支持,思想政治教育学理论要不断消化解决实践领域的新问题,吸收实践新成果,用新的概念和理论框架分析思想政治工作,从理论上、学术上实践创新。发展思想政治教育理论不仅体现在理论平台、研究范式的调整上④,更体现在概念表达的意义和概念的使用条件上。从完整的"思想政治教育概念"出发,从思想政治教育的各种概念表达出发,区分概念间的位阶和层次,梳理基本概念间的内部结构和逻辑关系,加强思想政治教育学核心范畴体系和话语体系建设,巩固概念基础。概念和术语是保证理论稳定和知识积累的载体,"只有当我们提出了清晰的、专门化的问题并把相关问题同时解

---

① 佘双好:《关于思想政治教育学科发展的战略思考》,《学校党建与思想教育》2014 年第12 期。

② 《把思想政治工作贯穿教育教学全过程 开创我国高等教育事业发展新局面》,《人民日报》2016 年 12 月 9 日。

③ 金林南:《经验科学、意义理解与实践批判:思想政治教育学科知识的三重维度》,《江西师范大学学报(哲学社会科学版)》2015 年第 2 期。

④ 参见何志敏、卢黎哥:《建立"宏观思想政治教育学"与"微观思想政治教育学"的思考》,《思想教育研究》2011 年第 1 期;沈壮海:《宏观思想政治教育学导论》,《思想理论教育导刊》2011 年第 11 期;戴锐:《面向行动的思想政治教育学原理体系擘划》,《思想理论教育》2017 年第 2 期。

决时我们才能获得知识"。提出问题和解决问题的过程也是思想政治教育学科基本理念主题化和概念化的过程,在避免理论空壳、理论旅行和理论移植的同时,巩固建构全面、合理、简洁的学科概念基础至关重要①。概念构建是熟悉、音韵、简约、一致、差异、深度、理论功效、现实功效八个标准的动态折中过程,通过这一八点标准框架可以快速评估不同备选概念的优点和缺点,具体框架内容见表0-1②。

表 0-1　八个概念构建标准

熟　悉	(门外汉或学术观众)对概念的熟悉程度?
音　韵	所选的词(term)的发音是否洪亮(共鸣)?
简　约	词的长度和属性的多少?
一　致	实例(instances)与属性(attributes)的内在一致(逻辑相关)程度如何?
差　异	实例与属性和其他类似概念差别何在? 概念界定是否清晰? 能否操作化?
深　度	定义后的实例有多少相似的性质?
理论功效	在更广的领域内,概念用于推论的有用程度?
现实功效	在相关实例与属性的领域内,概念的有用程度?

目前在思想政治教育学科发展和转变过程中产生了对思想政治教育知识形态的焦虑不满和一种展示实力并"构建特殊知识的持续冲动",这种冲动"一方面源自一种小环境的生成,如学科地位在教育体系、政治结构中的确立,因为思想政治教育作为高等教育培养高层次人才传授高深专门学问的分类指导体系中的一个部分,必须迅速展示出自己的实力和价值。否则,环境的改变甚至会使它的这种地位消失,思想政治教育学术群体中的前辈都清楚在这一培养和研究分类体系中学科曾经的历史波动。另一方面源自一种成就焦虑。思想政治教育研究者与在这个领域中正在确立自己角色的思想政治教育者,普遍感觉到一种因学科困境带来的身份焦虑,因为在现代

---

① 〔德〕沃尔夫冈·布列钦卡:《教育知识的哲学》,上海,华东师范大学出版社,2006年版,第20页。

② 〔美〕约翰·吉尔林:《怎么才算个好概念? 一套帮助我们理解社科概念构建的标准》,载高奇琦、景跃进主编:《比较政治中的概念问题》,北京,中央编译出版社,2014年版,第251页。

知识和科学概念中,思想政治教育知识似乎不被承认"①。我们认为,学科知识焦虑是学科加速发展和健康发展的动力,破解这种焦虑的唯一办法是坚持思想政治教育本质任务,"坚持主流意识形态的主导和灌输"②,从现实的社会正义出发,通过政治社会化的方式提升统治阶级和上升阶级的思想政治素质,培养高起点的人,培养又红又专、德才兼备、全面发展的中国特色社会主义事业的积极参与者、合格建设者和可靠接班人。同时,结合思想政治教育自身学科定位,以职业的心态、专业的理性、学术的精神达成一种学术追求上的默契,把高度自信与深刻自省结合起来,坚持体系导向和问题导向,坚持一脉相承和与时俱进,推进马克思主义中国化、时代化、大众化的理论和实践的中心任务,积极建构主流意识形态,吸收思想理论建设成果并将其内化为人们的思想理论素质,开展理论普及宣传,加强思想理论教育和价值引领,培养马克思主义理论人才,逐步完成学科规划任务,实现学科科学发展。

四、基本思路、理论创新与研究方法

（一）基本思路

设定严整、科学、缜密的理论框架和内涵逻辑,有助于研究遵循学术逻辑、获取整体视野、逐步展开深入论证。由于缺乏严整的理论框架,造成目前思想政治教育价值取向研究缺乏历史分析和现状调研而局部化和零散化;由于缺乏严整的理论框架,研究者不能准确地把握思想政治教育价值取向研究的逻辑起点,不能从整体上全面把握应该涉及的、不可或缺的理论问题,而只能从既有问题和经验出发,从局部研究思想政治教育价值取向问题。这种局部研究不可避免地流于浅表和模糊,既不深刻,也不准确。

思想政治教育价值取向研究要想得到全面深化,必须设定科学、严整的理论分析框架。这种分析框架的确立,在于对核心概念、核心范畴及问题域全面、准确的理解和把握。界定思想政治教育价值取向的内涵,分析思想政治教育价值取向的类型,明确影响思想政治教育价值取向形成和确立的因素,是研究思想政治教育价值取向必要的理论铺垫和分析工具。

在明确思想政治教育价值取向基本理论框架的基础上,我们拟讨论工具性和本体性这两种思想政治教育价值取向。通过分析工具性思想政治教

---

① 孙其昂:《思想和政治教育现代转型研究》,北京,人民出版社,2013年版,第380页。
② 《思想政治教育学原理》编写组:《思想政治教育学原理》,北京,高等教育出版社,2016年版,第94页。

育的工具主义、功利主义和机械适应主义品质造成的举步维艰的困境,根据时代价值取向的总体性变迁,说明思想政治教育价值取向变迁的外部动力和内部动因,论证本体性思想政治教育的现实合理性和时代适应性,并对本体性思想政治教育的实施和推行提出理论上的建设性意见,努力阐明和澄清思想政治教育的本质属性和价值归宿,进一步明确思想政治教育与个人发展和社会发展之间的正确关系,为实现思想政治教育本质和增强思想政治教育有效性探索一条理论通道。

综上所述,本书以"思想政治教育价值取向"这一核心概念为逻辑起点,通过对思想政治教育目标、方法和途径的分析,建构思想政治教育价值取向问题研究的基本理论框架。从这一框架出发,对思想政治教育价值取向所涉及的诸多问题进行深入探讨,最后回归到思想政治教育本质的探讨,为进一步探索思想政治教育价值取向形成和发展的基本规律,增强思想政治教育价值取向的正确性和科学性提供学理依据。

(二)理论创新

首先,对思想政治教育价值取向的概念做了理论概括。思想政治教育价值取向是思想政治教育主体以特定的思想政治教育价值观为指导,选择并确定思想政治教育价值目标及实现手段的总体倾向、方向性规划和确定的价值追求。简而言之,思想政治教育价值取向是思想政治教育实现其本质和价值的确定性追求和方向性规划。明确思想政治教育价值取向概念的基本内涵,有助于深化对新时期思想政治教育价值取向的理论思考。

其次,对思想政治教育价值取向做了类型区分:工具性思想政治教育和本体性思想政治教育。工具性思想政治教育有三个主要特征:一是缺乏基本的价值基础;二是忽视自身相对独立性;三是被动的机械适应性。工具性思想政治教育的依附性、中介性地位与文化工具主义角色决定了它很难生成本体性思想政治教育所特有的自教自律、主体性品质。本体性思想政治教育的直接价值意义和根据表现在许多方面:奠定人生理想追求的深层根基,确定个人行为规范的价值准则,激活主体德行修养的自我需要,塑造健全人格的自我意识,形成全面发展的自觉导向等。

最后,准确分析思想政治教育的目标和人的思想政治需要是本书研究的重要理论支撑。一般而言,对于思想政治教育价值取向及其表现的认知与评判,最初的感知点和最终的评判对象,不是思想政治教育活动别的方面,而是思想政治教育的目标。思想政治教育应该以思想政治素质作为整个思想政治教育实践的实质性追求,使思想政治需要成为人们基于生存而生发出来的一种本体性需要,从激发、满足和实现人们的思想政治需要出发,使思想政治教育与人们的现实生活相融通,让思想政治教育成为人们自我担当的一部分。思想政治需要成为本书分析的一个重要概念和范畴,当然,思想政治需要也不是从来没有人讨论过,本书把思想政治需要置于本体性思想政治教育框架中,分析它对于作为人的一种存在状态和自我担当的思想政治教育的始源性价值,这具有理论上的逻辑合理性。

（三）研究方法

本书对思想政治教育价值取向问题的研究,在坚持马克思主义立场、观点、方法的基础上主要运用如下方法。

第一,坚持系统科学的研究方法。一方面,将思想政治教育视为一个完整的系统来探讨思想政治教育价值取向的变化。另一方面,将思想政治教育系统视为更大的社会系统中的子系统或要素来看待,分析其间的相互影响作用,从而对思想政治教育价值取向问题进行整体性的多层面、多视角的探讨。

第二,坚持辩证思维方法,避免形而上学。在理论研究中我们常常会不自觉地陷入形而上学的思维方式:首先,不把对象事物和感性世界看作“一种处在不断的历史发展中的物质”和一种处于不断生成和转化中的过程性存在,而是看作“永恒不变的东西”。正如恩格斯指出:“旧的研究方法和思维方法,黑格尔称之为‘形而上学的’方法,主要是把事物当作一成不变的东西去研究。”①其次,坚持“在绝对不相容的对立中思维”,遵循“是就是,不是就不是”的思维公式,认为“一个事物要么存在,要么就不存在”“一个事物不能同时是自身又是别的东西”②。恩格斯指出,初看起来,形而上学思维方式是“合乎所谓常识的”“似乎是极为可信的”。然而,“它一跨入广阔的研究领域,就会碰到极为惊人的变故”③,因此,要认真清理、反省理论研究中的形而上学思维方式,坚持发展、联系、转化等辩证思维方式,为思想政治教育价值取向研究奠定坚实的方法论基础。

第三,坚持历史与逻辑相统一的方法。在对思想政治教育价值取向问题的历史考察中,注重分析其内在的逻辑性。在构建思想政治教育价值取向基本理论的同时,注重分析思想政治教育价值取向的历史性。要尊重中国共产党思想政治教育历史的发展规律,寻找历史进步的方向。“不要忘记基本的历史联系,考察每个问题都要看某种现象在历史上怎样产生,在发展

①　《马克思恩格斯选集》第4卷,北京,人民出版社,1995年版,第244页。
②　《马克思恩格斯选集》第3卷,北京,人民出版社,1995年版,第360页。
③　《马克思恩格斯选集》第3卷,北京,人民出版社,1995年版,第360页。

中经过了哪些主要阶段,并根据它的这种发展去考察这个事物现在是怎样的。"①通过研究中国共产党思想政治教育价值取向,总结历史经验,联系现实情况加以合理应用:"一是历史上的成功经验也适合于现实需要;二是当年正确但已经不适用于今天的实际情况;三是虽不符合当时实际但确有先见之明,为今日之用;四是历史证明是错误的东西在今天也必须引以为鉴。"②研究中国共产党思想政治教育史,总结思想政治教育优良传统中的宝贵经验,是服务现实需要,解决现实问题,推进新时代思想政治教育的创新发展的客观要求。在对理论的逻辑建构和对历史进行系统考察的统一中,提炼、概括思想政治教育价值取向的基本原理。

---

① 《列宁全集》第 37 卷,北京,人民出版社,1986 年版,第 61 页。
② 王树荫:《深化中国共产党思想政治教育历史研究》,《思想理论教育》2015 年第 1 期。

第一章　思想政治教育
价值取向的概念

　　系统深入研究思想政治教育价值取向问题,首先必须对思想政治教育价值取向概念本身有一个清晰的认识,界定研究对象的内涵和外延。正如在哲学史上曾经创造大量概念的黑格尔指出的那样:"真正的思想和科学的洞见,只有通过概念所作的劳动才能获得。"但是,这种概念劳作所产生的普遍知识,必须不仅"既不带有普通常识所有的那种常见的不确定性和贫乏性""又不是因天才的懒惰和自负而趋于败坏的理性天赋所具有的那种不常见的普遍性"[①]。我们将从对思想政治教育价值取向内涵及特征的分析入手,逐步达到对思想政治教育价值取向的正确理解。

第一节　思想政治教育价值取向释义

(一)思想政治教育价值取向的定义

　　按照上文的理解,价值取向是主体价值选择的总体性趋向和确定性追求,思想政治教育价值取向是思想政治教育主体以特定的思想政治教育价值观为指导,选择并确定思想政治教育价值目标及实现手段的总体性倾向、方向性规划和确定性追求。简而言之,思想政治教育价值取向是思想政治教育实现其本质和价值的确定性追求和方向性规划,是关于创建何种类型的思想政治教育和培养什么样的人的问题。具体来讲,思想政治教育价值取向内含着以下问题:我们需要何种价值的思想政治教育?这种思想政治教育是为谁服务的?我们希望思想政治教育往什么方向发展,通过什么方法,实现哪些目标?

(二)思想政治教育价值取向的基本特征

　　思想政治教育价值取向作为思想政治教育主体对思想政治教育价值的

---

① 〔德〕黑格尔:《精神现象学》上卷,北京,商务印书馆,1962年版,第48页。

总体性倾向和确定性追求,在思想政治教育实践中具体表现为理念与行为的统一。它直接关系到思想政治教育目标、过程和结果是否能够达到科学化、合理化与规范化的要求,这为认识思想政治教育价值取向的基本特征提供了逻辑线索。

第一,选择性。"人的每一具体行为的取向或定向,都是各种具体价值取向综合作用的结果。……价值取向最主要、最直接的用途是对于人类活动的定向作用,它帮助人们进行价值选择。"[1]作为一种价值选择,价值取向建立在理智地做出的价值判断基础上,即先确定相应的利害关系,做出相应的价值判断,然后再决定做什么好和怎么做好。"目标明确的行为正是在价值取向的基础上产生的,这种价值取向是具有自我意识的主体的自觉的、有目的的倾向性的结果。"[2]价值取向的正确与否,直接关系到人们行为的性质及成败。思想政治教育价值取向作为一种价值设定、价值预期,实际上也就是一种价值选择,即思想政治教育主体在若干价值方案中,选择某一种或几种方案,在一定程度上满足自身和社会的思想政治需要。思想政治教育价值取向的选择性不仅体现在对于现存思想政治教育活动及其价值属性的选择,还包括对思想政治教育目标、教育内容和教育方法的选择和确定。

第二,主体差异性。思想政治教育主体具有多重性,不仅包括以国家、政党等本体性主体,还包括具体推行思想政治教育实践活动的实践主体,接受思想政治教育的社会各阶层群众(即教育对象)也是思想政治教育的主体(自我教育主体)[3]。不同的社会主体由于个人所处的社会环境、基本立场、社会地位等不同而具有明显的差异性和个体性特征,他们都会形成自己的思想政治教育价值取向,由此形成思想政治教育价值取向的个体性特征。不言而喻,思想政治教育价值取向是多样的。而且,随着社会的转型,思想政治教育价值本身也会发生相应变迁,产生多种多样的思想政治教育价值取向,这种多样性的思想政治教育价值取向尤其需要加以整合,以形成主导性的价值取向。

第三,观念性与倾向性并存。思想政治教育价值取向是人们关于思想政治教育价值选择和价值追求的规范性见解,它直接影响着思想政治教育的目的、内容和方法。所以,思想政治教育价值取向的倾向性同时也就是一种观念性的见解和判断,具有倾向性和观念性特征。

---

① 袁贵仁:《价值学引论》,北京,北京师范大学出版社,1991 年版,第 350~354 页。
② 〔捷〕弗·布罗日克:《价值与评价》,北京,知识出版社,1988 年版,第 171 页。
③ 王颖:《试析思想政治教育主体的三重形态及其特征》,《思想教育研究》2003 年第 4 期。

第四,实然与应然相统一。思想政治教育价值取向是抽象的思想政治教育观念具体化为现实的教育实践活动的过程,是关于思想政治教育实践的总体性价值规定和价值选择,指引着思想政治教育价值实现的整个过程。思想政治教育价值取向既包括要付诸行动的思想政治教育价值观念(应然),也包括已经对思想政治教育实践活动产生影响的思想政治教育价值观念(实然),体现了实然与应然的统一,在此基础上树立明确的价值追求。

（三）思想政治教育价值取向的影响因素

价值论认为:"价值取向归根到底受主体的社会存在和根本利益所决定。……在具体的价值选择中,主体又必然受到自身能力和条件以及客体和环境的诸多因素的制约。"①思想政治教育价值取向本身也受到许多因素的影响。它一方面受制于具体的社会总体价值取向,另一方面受制于人们对思想政治教育的需求强度以及思想政治教育者的价值信念。

第一,社会总体价值取向及其变化。目前,我国正处于社会转型时期,社会结构、社会制度、社会阶层、社会关系等发生了剧烈而又迅速的变化,理想的冲突、价值的冲突、规范的冲突弥漫在社会生活的各个层面。与此同时,人们的价值观念相应也发生了变化:人们从对社会整体和政治利益的单纯依附关系中摆脱出来,注重个体的需要和个体的利益,将其作为自己价值取向的定位基础和本位标准,从个体需求的满足出发确立价值标准,价值取向的个体性特征更为鲜明。有德育学者认为:"学校德育在这种以市场经济为龙头的整体社会转型期和人的价值观念变革期……只有深化改革才能与社会转型和人的转型同步前进,获得新的生机。"②思想政治教育也要务实,努力做到理论联系实际,通过解决教育对象的实际问题实现教育目的。

第二,主体的思想政治需要强度。思想政治教育理论和实践容易让人造成一种误解:思想政治教育再重要,也是国家和社会的事情,与民众本身无关。所以我们要搞清楚"思想政治教育究竟对谁有好处? 是对搞思想政治教育的人有好处,还是对接受思想政治教育的人有好处?"③如果国家和社会发动和推行的思想政治教育,在教育对象眼里是外在的、异己的活动,与人的利益和需要、人的发展关联度很低,甚至是相悖的。那么,思想政治教育显然缺乏基本的价值基础,丧失相对独立性,陷于被动境地,使本应该

① 李德顺:《价值学大词典》,北京,中国人民大学出版社,1995 年版,第 286 页。
② 鲁洁、王逢贤:《德育新论》,南京,江苏教育出版社,2002 年版,第 153~154 页。
③ 刘建军:《论思想政治教育的个人价值》,《教学与研究》2001 年第 8 期。

充满生机和活力的思想政治教育缺乏力量。

在一定程度上,我们强调思想政治教育是"生命线""中心环节""传统优势"和"根本保证",没有反映出个人对于思想政治教育的需求状态。每个人都有求知、求证和人生意义生成的基本需要和诉求,也有实现人生课题的愿望,这些需求和愿望在某种程度上就是思想政治需要。它与国家宏观层面思想政治教育的宏大叙事和话语系统有时候并不一定能够完全吻合。在思想政治教育主体的价值选择方案中,二者有时候会发生竞争和选择,体现为不同的价值取向,需要予以引导和平衡。

第三,思想政治教育者的价值信念。"思想政治教育者的价值理论是否正确及其正确的程度,直接关系到其对思想政治教育事业的信念、信心以及在思想政治教育实践活动中的理论自觉。"[1]思想政治教育价值信念是教育者对某种思想政治教育价值现实或观念抱有深刻信任感的精神状态,它一定是教育主体在价值实践经验基础上的情感皈依和理性印证,一旦形成就会产生鼓舞和激励力量。思想政治教育价值信念包含一定的情感成分,正是这种情感成分使教育者把思想政治教育价值逐渐转化为思想政治教育价值信念。在思想政治教育实践中,如果没有抱一定情感成分的教育实践主体的参与,主体的思想政治教育价值认识没有转化为信念,很难做出正确的思想政治教育价值选择。

第二节　思想政治教育价值取向的基本类型

广泛存在于社会生活中的真实、具体的思想政治教育事实和现象已经为我们呈现了不同类型的思想政治教育价值取向:一种主要倾向是从工具的角度,来探讨和阐释思想政治教育的本质、功能、方法与价值;另一种主要倾向则从本体的角度,诸如从人的思想政治素质、思想政治需要、思想政治教育的个体价值等角度,探讨与阐释思想政治教育的主要问题[2]。而且,这两种看法往往非此即彼:要么将其作为阶级统治工具,漠视它对人的发展的促进作用;要么单纯强调它促进人的发展的教育性,忽视其政治教育特

---

① 张耀灿等:《思想政治教育学前沿》,北京,人民出版社,2006年版,第74~75页。

② 把思想政治教育分为工具主义和本体主义两种价值取向固然有简单化的缺陷,还是能够反映思想政治教育的基本状况,有助于我们从总体上把握思想政治教育价值取向的主要问题。当我们深入到具体的价值取向中时,我们不难发现在许多问题上二者也并不是"泾渭分明"的,还需要从动态角度,即从这两种价值取向的发展趋势和基本走向上看问题,从动态上去审视各种价值取向之间潜在的或已经表现出来的融合趋势。

性。尽管人们承认思想政治教育承担着促进人的发展和社会的发展的双重任务,也注意到了思想政治教育能够有效促进人的全面发展。但是,人们往往还是更多地从阶级统治、社会控制的手段来理解和认识思想政治教育,导致"思想政治教育的属人性、目的性备受冷落,甚至被遗忘,而完全沦为工具,成为统治阶级维护统治的伪装。也正是工具性的表征,使部分人认为思想政治教育的本质就是工具,就是上层建筑"①。这种极大的误解使得本体性思想政治教育处于朦朦胧胧的模糊状态。

这种误解和谬见在一定程度上强化了思想政治教育向工具取向的偏移,注重思想政治教育为阶级、社会服务的功能,忽略思想政治教育价值的全面性和完整性,忽略其"建设人自身"的根本属性,缺乏对人与思想政治教育关系的深入细致研究。如果仍然仅仅把思想政治教育看作是统治阶级进行统治和管理的工具,看作统治阶级意志之体现,不努力"廓清思想政治工作的功利性和人本属性"②,同时明确思想政治教育的最终目的是为了满足人的多方面需要,促进人的全面发展,那么,在当前改革开放和社会主义市场经济充分发展、社会成员权利和义务关系发生重大调整、人的主体性意识日益彰显的时代背景下,这种理论指导下的实践也会愈发显得软弱无力。这种方法论指导下的思想政治教育研究也是不深刻、不彻底的。

（一）工具性思想政治教育

工具性思想政治教育实践最突出特点是"工具论"意识:多数思想政治教育者把思想政治工作看成是实现党的路线方针政策的政治工具,在具体工作中又把思想政治教育视为系统灌输理论知识的"工具"。有学者不无夸张地写道:"经验主义的教育方法和严重异化的工具价值观支配和指导的思想政治教育实践依然在延续着其并不旺盛的生命力,'魂不附体'的'两张皮'现象严重削弱了新时期思想政治工作的吸引力、凝聚力、说服力和感染力。"③工具价值观支配和指导下的思想政治教育其实就是工具性思想政治教育,它包含两层意思:一是思想政治教育被工具化运用,这是被动工具化;二是思想政治教育实践中的自我工具化倾向,这是主动工具化。所谓思想政治教育被工具化运用,主要是指思想政治教育直接地被当作意识形态宣传教育和社会舆论控制的工具来实施和运用(这是理所当然、天经地义的)。所谓思想政治教育实践中的自我工具化,指的其实就是思想政治教育在

---

① 李合亮:《思想政治教育探本:关于其起源及本质的研究》,北京,人民出版社,2007 年版,第 232 页。
② 高云:《构建"人本思想政治工作"的良好格局》,《长白学刊》2000 年第 4 期。
③ 张耀灿等:《思想政治教育学前沿》,北京,人民出版社,2006 年版,第 72 页。

社会价值与个体价值的平衡问题上更倾向于社会价值。思想政治教育在特定历史时期曾僭越了其特有的功能边界和有效范围,造成了深远的负面影响。

观念的说教、规范的灌输、行为的约束、消极被动性成为工具性思想政治教育的主要特征。"从思想政治教育发展进程中的相关历史事实来看,无论其以何种形式展现,均表现为政治思想、政治价值观念等内容的灌输与教育。正是这种浓厚的政治性以及其在稳定社会秩序方面的重要效能,使得思想政治教育有可能甚或必然成为工具。"①教育对象被动接受社会规范,在一定程度上丧失了选择性和主体性。思想政治教育变成实现政治统治或政治控制的舆论工具,成为统治阶级灌输意识形态的工具。在思想政治教育学界,对思想政治教育概念的界定也是"工具论"和"转化论"思维方式占主导地位。我们不妨考察一下目前具有代表性的思想政治教育概念释义方式(见表1-1)②。

表1-1　思想政治教育概念释义方式

作　者	关于思想政治教育的定义	年度
陆庆壬	一定的阶级或政治集团,为实现一定的政治目标,有目的地对人们施加意识形态的影响,以期转变人们的思想,进而指导人们行动的社会行为	1991
陈百君	思想政治教育从本质上可以说是社会成员逐步实现社会要求的过程	1988

---

① 李合亮:《思想政治教育探本:关于其起源及本质的研究》,北京,人民出版社,2007 年版,第 120~121 页。

② 引文依序分别参见:陆庆壬:《思想政治教育原理》,北京,高等教育出版社,1991 年版,第 129 页;陈百君:《思想政治教育学》,大连,大连工学院出版社,1989 年版,第 119 页;王瑞荪、竹立家:《思想政治教育学》,北京,北京师范学院出版社,1989 年版,第 111 页;杨生平:《关于思想政治教育概念的理解问题》,《首都师范大学学报(社会科学版)》1998 年第 6 期;王礼湛、余潇枫:《思想政治教育学》,杭州,浙江大学出版社,1999 年版,第 67 页;陈立思:《当代世界的思想政治教育》,北京,中国人民大学出版社,1999 年版,第 2 页;刘书林、陈立思:《青年思想政治教育学原理》,北京,中国青年出版社,1999 年版,第 20 页。张耀灿、郑永廷、刘书林等:《现代思想政治教育学》,北京,人民出版社,2000 年版,第 5~6 页;陈秉公:《思想政治教育学原理》,大连,辽宁人民出版社,2001 年版,第 3 页;孙其昂:《党的思想政治教育的实质是政治教育》,《南京林业大学学报(人文社会科学版)》2001 年第 6 期;邱柏生:《思想政治教育新解》,《思想教育研究》2002 年第 9 期;余亚平:《思想政治教育学新探》,上海,上海人民出版社,2004 年版,第 26 页。秦在东:《思想政治教育管理论》,武汉,湖北人民出版社,2003 年版,第 17 页;李辽宁:《当代中国思想政治教育意识形态功能研究》,武汉,武汉大学出版社,2006 年版,第 38 页;张耀灿等:《思想政治教育学前沿》,北京,人民出版社,2006 年版,第 50 页。李合亮:《思想政治教育探本:关于其起源及本质的研究》,北京,人民出版社,2007 年版,第 236 页。

续表

作　者	关于思想政治教育的定义	年度
王瑞荪	把社会统治阶级或政党的系统化或理论化的政治意识转变为群众日常生活的政治意识或政治实践的过程	1989
杨生平	一个阶级或集团为了建立或巩固其政治统治而进行的、符合本阶级或集团根本利益的、包括一定的政治、法律、哲学、道德、艺术和宗教思想的意识形态理论的教育	1998
王礼湛	社会有组织地定向引导人们形成符合特定社会和时代以及人类自身发展要求的思想政治观点和行为品格的教育工程	1999
陈立思	在统治阶级领导下进行社会主导思想意识（或称"主流文化"）的灌输和规范行为的训导	1999
刘书林	把社会的要求规范灌输到人们头脑中去，使它转化为人们的认识、情感、意志、信念，并体现在人们的行动中。思想政治教育不是干别的，正是专门做这个"灌输"的。所以，它的本质是"灌输"	1999
张耀灿	是受政治制约的思想教育和侧重于思想理论方面的政治教育。是指一定的阶级、政党、社会群体用一定的思想观念、政治观点、道德规范，对其成员施加有目的、有计划、有组织的影响，使他们形成符合一定社会、一定阶级所需要的思想政治素质的社会实践活动	2000
陈秉公	一定阶级或政治集团，为了实现其政治目标和任务而进行的，以政治思想教育为核心和重点的，思想、道德和心理综合教育实践	2001
孙其昂	党的思想政治教育实质就是政治教育	2001
邱柏生	是指在一定的思想政治的统制下开展的、意在达成社会成员的政治认同和政治拥护、影响社会成员的心理与行为的社会实践活动的总和。它的具体内容、表现形式、特点是随着对政治的不同诠释即政治观的差异而变化的	2002
余亚平	可以把思想政治教育的本质概括为，推进一定社会人的全面发展的社会化过程	2004
秦在东	一定的社会政治集团或政治组织机构，为实现其特定的政治目标，通过一定的精神方式和相应的物质载体，对所辖区域内的民众施加有计划和有组织的意识形态影响，使之具备较高思想政治素质的社会教育活动	2003
李辽宁	教育者（通常是统治阶级）通过对教育对象进行思想观念和价值体系上的灌输、说服和引导，使之在思想和行动上按照教育者的意图和目的进行思考和行动，最终实现教育目标	2006

作　者	关于思想政治教育的定义	年度
周琪	一定的阶级、政党、社会群体遵循人们思想政治素质形成发展规律,用一定的思想观念、政治观点、道德规范,对其成员施加有目的、有计划、有组织的影响,使他们形成符合一定社会、一定阶级所需要的思想政治素质的社会实践活动	2006
李合亮	一定阶级或集团为实现或巩固统治,保障社会的有序发展,有目的地向社会成员施加意识形态影响——由人的发展需要出发,采用思想教育的柔性手段,满足人的政治化需要,实现对人的精神引导与塑造——以形成全体社会成员共同的政治意识水平和政治觉悟程度,"规约"并促进人的发展的社会教育活动	2007

不难发现,这些定义虽然有细微的差别,但基本思路都是从过程的角度来界定思想政治教育: 思想政治教育就是要通过教育者向教育对象灌输既定思想观念、理论、政治观点和道德规范,改变教育对象原有状态,使教育对象服从社会需要。有学者以此推定:"这样的思想政治教育是一种工具主义教育,受教育者不是被作为主体加以发展,而是被视为工具进行训练。"[1]在思想政治教育具体实践过程中,也存在视教育对象为教育者"塑造"和"刻画"的客体;重服从社会规范的工具性价值,轻促进个体个性自由发展的目的性价值的偏差,过于强调人的"工具性",忽视人的"目的性",很少讲实现人的"自由而全面发展"这一根本性价值目的[2]。这既不符合马克思主义的基本精神和最高命题,也不符合社会主义的本质要求。既要看到人的工具性,也要看到人的目的性;既要强调人的工具性价值,也要重视人的目的性价值。只有这样,思想政治教育才能更好地服务于社会实践和个人发展的需要。

(二)本体性思想政治教育

张志伟指出:"西方哲学中的'本体'概念在汉语学术界虽然耳熟能详,但却是使用最混乱的哲学概念之一。"[3]马克思主义哲学往往在"认识论"的

---

① 张彦:《思想政治教育主体性研究》,广州,广东人民出版社,2006年版,第27页。

② 有学者鉴于社会上存在着视思想政治教育为强力压服或宣传的误读现象,提出要发展思想政治教育概念的教育内涵:"首要的是要用教育的理念整合思想政治教育活动,使思想政治教育活动的方式回归教育并指向个体思想道德素质的养成和践行。"参见张耀灿、郑永廷、刘书林等:《现代思想政治教育学》,北京,人民出版社,2006年版,第52页。

③ 张志伟:《〈纯粹理性批判〉中的本体概念》,《中山大学学报(社会科学版)》2005年第6期。

意义上使用"本体"概念,其基本内涵是探讨物质与精神二者何为"本原"问题。近来人们又倾向于在"存在论"的意义上使用"本体"概念,含有"核心内容""基本组成部分"和"基本出发点"之意。据邓晓芒考证,中国古代的"本体"一词是由"本"和"体"两个字合成的。"体"首先与人对自身身体的体验有关。与体的直接性相对的概念是"用"。"用"是功用、作用的意思。"用"无论如何重要,也是依附于"体"的。"本体"二字的连用多出现在宋明理学中。之所以将"本""体"二者连用,意在强调事物具体的"体"还不是根本的"体"("本体"),而只是本体所表现出来的一种形态。如张载认为"阴阳"还只是"两体"(两种形态),而"气"是比阴阳更高的统一范畴,它不再是两体,而是唯一的"本体"。可见,在中国传统哲学中,"本体"一词的提出意在表达区别于单个"本"或"体"的"作为根本的体"①。虽然各种哲学派别对本体概念的理解不尽相同,但本体概念有两个较普遍的含义是很清晰的:首先,本体是运动、变化、发展的载体、支撑者或依托物。本体理论诞生的重要原因之一就是为了确定运动、变化的载体从而避免"诡辩论"。其次,本体是事物变化、发展的基础。也就是说,本体是具有决定性的那种存在,本体在事物的变化、发展中居于基本的、核心的地位,它的变化决定事物的质、量、状态、性质等方面的变化。本体在事物的变化、发展过程中核定事物其他部分的价值和意义。在这个意义上,我们提出本体性②思想政治教育的概念。

本体性思想政治教育关注思想政治教育本身存在的相对独立性,以此说明思想政治教育不是一项外在的、依附性工作,它具有相对独立性、自主性和专业性。"思想政治教育的目的并不是解决一个人要'做什么'的'行'的问题,而是解决人的一生应如何度过的本体论问题。"③我们不能因为思想政治教育要服务于党在一定时期的中心工作,具有某种附属性,就觉得它似乎没有独立存在的价值;更不能觉得文件已经规定思想政治工作是"生命线""中心环节""传统优势"和"根本保证",就高枕无忧,放弃推动思想政治

① 参见邓晓芒:《论中西本体论的差异》,《世界哲学》2004年第1期。

② 需要说明的是,笔者在这里使用"本体性"一词,是针对"工具性"的外在性、附加性、异己性,借用哲学中"本体论"的意象,而强调思想政治教育作为人的成长和发展过程的必要环节的内在性,突出思想政治教育的内在性和属人性,明确思想政治教育对人所具有的那种类似本体论"安身立命"的意义。海德格尔曾指出,"本体论"可以在"广义上"使用,但"并不具体地涉及本体论的方向和倾向"。"在这种情况下'本体论'意指那种要把'在'摆到语词上来的努力,并且这种努力是指通过提出'在(而不只是在者本身)是怎么回事这个问题'来实现。"〔德〕海德格尔:《形而上学导论》,北京,商务印书馆,1996年版,第41页。

③ 冯凡彦:《人心价值秩序:思想政治教育的本体之维》,《思想教育研究》2008年第9期。

教育事业进步和发展的反思和努力。经验告诉我们："教育从整体上说不过是使受教育者做好准备，去迎战生活中的各种直接经历，用有关的思想和恰当的行动去应付每时每刻出现的情况。"①忽视人的发展需要，忽视思想政治教育的针对性，教育对象感受不到思想政治教育的价值，思想政治教育的价值和功用便很容易遭到怀疑。

本体性思想政治教育直接指向教育对象。如果没有教育对象思想政治素质的提高，思想政治工作的价值也就无从谈起。提高人的思想政治素质是思想政治教育的本质特征，也是实现其工具价值的基本途径。高清海认为："人是一切问题的根本，国人现代人格的形成是我们一切事业成功的根本保证。忽略这一点，可能会因失去根本而致使一切走样、变形甚至落空。"②既然思想政治教育的对象是人，那么，"高度重视人的因素，是思想政治教育的本质所规定的，也是思想政治教育所必须遵循的基本逻辑。偏离这个基本逻辑，必然导致忽视人的因素、见物不见人的错误，从而在实质上取消思想政治教育"③。有学者甚至认为思想政治教育的根本目的"就不应该只是传授一定的思想观念、政治观念和道德规范，也不应是培养'驯服工具'，而应培养自我发展和社会历史发展的主体"④。本体性思想政治教育是着眼于人的本质特征，高度关注教育对象，培养自我发展和社会发展主体的思想政治教育。

习近平总书记在十八届五中全会中对坚持以人民为中心的思想做出了深刻论述："以人民为中心的思想，反映了坚持人民主体地位的内在要求，彰显了人民至上的价值取向。"⑤坚持以人民为中心，是开展一切工作的基本原则，也是思想政治教育的出发点。习近平总书记强调，坚持以人民为中心，就是要坚持人民主体地位，充分尊重人民所表达的意愿、所创造的经验、所拥有的权利、所发挥的作用。在具体的思想政治教育过程中坚持以人民为中心，就是要秉持以人民为中心的理念，尊重人民需要，理解和关心广大人民群众生存和发展的问题，突出人文关怀，拉近与人民的思想感情距离，从群众中汲取智慧和力量。习近平总书记还进一步强调，坚持以人民为中心的思想，不能只停留在口头上，止步于思想环节，而是要体现在社会实践

---

① 〔英〕怀特海：《教育的目的》，北京，生活·读书·新知三联书店，2002 年版，第 65~66 页。
② 《高清海哲学文存》第 2 卷，长春，吉林人民出版社，1997 年版，第 84~86 页。
③ 陆庆壬：《人的发展和社会发展：思想政治教育学基础理论研究》，上海，同济大学出版社，1994 年版，第 40 页。
④ 张彦：《思想政治教育主体性研究》，广州，广东人民出版社，2006 年版，第 61 页。
⑤ 中共中央宣传部：《习近平总书记系列重要讲话读本》，北京，人民出版社，2016 年版，第 128 页。

的各个环节,不能停留在空洞的道德说教,关键是要切实维护人民利益。思想政治教育要把实现、维护、发展好最广大人民根本利益作为出发点和落脚点,坚持以人为本,树立以人民为中心的工作导向,把服务群众同教育引导群众结合起来,把满足需求同提高素养结合起来,丰富人民精神世界,增强人民精神力量,满足人民精神需求。只有坚持以人民为中心的价值理念,思想政治教育的目标、内容和形式、方法和手段才能契合思想政治教育对象的客观实际,得到人民的支持与信任。

(三)工具价值与本体价值的关系

价值有着本体价值和工具价值之分。工具价值是因为这些价值对于某种事物有用处而有价值。本体价值指不是因为它们对于另外某些事物有用处,而是它们本身就具有的价值。理论上我们可以对工具价值和本体价值进行相对明确的区分,实际上二者是相互依赖、彼此支撑的,不存在根本矛盾,只是本体价值处于更基础的地位,更难以察觉。在价值论研究中曾有"工具论"与"目的论"、"物"与"人"之间的矛盾之争,但它们并不是不可以调和的,将其关系绝对化且各执一端是不足取的。"物"与"人"、"目的"与"工具"在一定时期内必然会出现矛盾,甚至会尖锐化。但从思想政治教育发展的总进程来看,"物"与"人"、"工具"与"目的"的对抗又一定会表现为对对抗的克服。当然这种克服不会是在观念中,而是在充满活力的、丰富多彩的思想政治教育实践中。

在现代社会,思想政治教育工具价值和本体价值的统一和协调程度在日益提高。思想政治教育的本体价值是工具价值实现的前提和基础,思想政治教育的工具价值要通过思想政治教育培养个人来实现,个人的良好发展能为社会的进一步发展做出更多更好的贡献;思想政治教育的工具价值是其本体价值实现的充分体现和外化,促进其本体价值的实现,社会的发展能为生活于其中的个人的良好发展创造优越的条件。但是,从人类社会发展至今的情况来看,二者之间常常陷于矛盾状态。在一定的社会历史条件下,为了促进社会的整体发展和满足大多数人发展的需要,会出现超越思想政治教育本体价值而只重视其工具价值的现象,思想政治教育的工具价值在长时间内处于支配地位,思想政治教育的本体价值没有得到完全实现。

在思想政治教育实践中,普遍存在着工作实效性不强的困难。在理论界,也存在着强调思想政治教育本体价值但又无从下手的困惑。着眼于重建思想政治教育形象,着眼于转换思想政治教育思维方式,确立新的思想政治教育价值取向,必须扭转和改变思想政治教育工具论的逻辑与实践,促进工具论和本体论的统一和协调①。习近平总书记认为虚功实做是思想政治教育的重要途径:"虚与实的工作,好比人多大脑和心脏,你说哪个重要,哪个不重要;哪个需要,哪个不需要? 大脑和心脏都重要、都需要,缺一不可。所以,干工作必须虚实结合,尤其是虚功一定要实做。精神文明建设特别是思想道德建设一定要通过看得见、摸得着的方式,创造实实在在的载体,寓教于乐,入耳入脑,深入人心,潜移默化。道理要说清楚讲明白,但任何道理要深入人心,都不能光靠说教,要有一个好的载体,通过积极探索更多更加贴近实际贴近群众、贴近生活的有效载体,使精神文明建设活动开展得有声有色、富有成效。"②思想政治教育的本体价值在于培养受教育者的思想政治素质,使其形成高尚的人格。轻视思想政治教育、历史知识教育和人格培养,会产生影响人一生的很大的片面性。它的工具价值在于指导个体的社会化,为社会的稳定、发展服务,满足社会对国民思想政治素质的需要。思想政治教育的工具价值要通过本体价值的实现而实现。"思想政治教育不仅要为现代化建设事业服务,也要为人的发展服务,而且只有做到为人的发展服务,才能更好地为现代化建设服务。"③人是思想政治教育的对象,培养人的品德,发展思想政治素质(本体价值之所在)是思想政治教育促进社会稳定和发展的途径④。总的说来,思想政治教育的工具价值不是直接的(我

---

① 吴潜涛指出,道德教育理念应体现规范性和德性的统一。道德产生的根源在于人类的德性和规范性需求,这二者都是"人为的",同时也都是"为了人的"。因此,道德教育应该把规范性道德教育和德性道德教育两者紧密地结合在一起,明确道德教育的目标,实现个人身心完善和社会关系和谐的统一;完善其运行的机制,即实现社会外在的调控和主体自觉的统一。道德教育的规范性与德性,无论是在理论逻辑上,还是在现实生活中,都是密切关联、不可分离的。大量事实证明,只有那些自觉追求德性的人,才真正有能力理解规则,并在具体的境遇中践履准则,也就是说,道德规范只有在拥有德性品格的人那里,才能真正有效地发挥其规约和劝诫作用。没有德性支撑的道德规范,只能是离开了主体性需求的毫无价值的道德教条;没有德性支撑的道德规范性教育,也只能是苍白无力的道德说教。参见吴潜涛、杨峻岭:《改革开放以来我国青少年道德教育理念变迁的主要特点》,《道德与文明》2008 年第 5 期。

② 习近平:《之江新语》,杭州,浙江人民出版社,2007 年版,第 96 页。

③ 刘建军:《实现科学发展:思想政治教育新的历史使命》,《学校党建与思想教育》2007 年第 12 期(上)。

④ 胡锦涛指出:"思想政治工作说到底是做人的工作。"[参见《十六大以来重要文件选编》(中),北京,中央文献出版社,2006 年版,第 655 页。]"坚持以人为本,服务群众,把人民群众的利益和要求作为宣传思想工作的根本出发点和立足点。"[参见《十六大以来重要文件选编》(上),北京,中央文献出版社,2005 年版,第 525 页。]贴近实际、贴近社会、贴近群众是实现思想政治教育以人为本的基本途径。不难理解,提倡思想政治工作应该坚持以人为本有其现实社会背景:改革开放以来我国社会的价值追求凸显了以人为本的重要性和必要性;社会成员身份的转换要求思想政治教育要以人为本;社会成员思想意识的复杂性也要求思想政治教育要以人为本。"以人为本"为思想政治教育新明确了新的价值标准,意味着思想政治教育价值取向的初步转变。但是,"以人为本"只是指出了思想政治教育所应遵循的方针,指出了思想政治教育增强针对性、实效性的突破口,还没有触及本体性思想政治教育的事实和追求。

们现在的问题是心太急,迫切地想立竿见影地看到思想政治教育效果),必须通过培养人、提高人的思想政治素质才能实现。

在马克思主义转化思想的辩证思维看来,那种二元论框架中"纯粹"的、不受任何一方影响的工具价值或本体价值只能存在于以直观思维为基础的理论假设之中。思想政治教育的工具价值和本体价值不是既定不变的,而是处于相互生成与彼此转化的过程性存在。工具价值和本体价值间的相互生成、相互转化,决定了思想政治教育社会价值和个体价值之间相辅相成。因此,思想政治教育既是"工具"的又是"本体"的,既是社会教育又是个人自我教育。思想政治教育理论界正在试图将这两种价值取向结合起来,从非此即彼的二元对立中跳出来,但目前尚未取得一个令人满意的结果。把思想政治课的工具价值与本体价值统一起来,实现个人与社会的协调发展至今仍是一个亟待解决的难题。

后单位时代的中国,社会的组织结构、社会关系、意义基础都已经发生了深刻的变迁,思想政治教育赖以发挥作用的前提发生了变化。必须对思想政治教育功能进行重新定位,反思思想政治教育价值取向,关注社会成员的精神困惑,把握时代精神,达到新的境界。"让人们认识到思想政治教育不是一种外来的甚至是强加于人的东西,它并不与人自身的需要和利益相违背,而是相一致的……人不仅需要接受实用的知识技能的教育,而且也需要思想精神方面的教育,这对人的成长和发展是同样重要的,甚至可以说更为重要。"[①]思想政治工作者通过理论研究和实践探索,形成思想政治教育价值取向的新思路:把实现本体价值放在首位,并创造条件促进个体价值的社会化,工具价值才能得以顺利实现。

思想政治教育工具价值与本体价值的关系是一个涉及思想政治教育之"根"的矛盾,每一个从事思想政治教育理论研究和实际工作的人都曾感受过这对矛盾的普遍性与复杂性。强调思想政治教育的本体价值并不意味着否定其工具价值,思想政治教育的工具价值是其在社会中存在的外在根据,本体价值是思想政治教育的内生要求。思想政治教育正是在不断克服和超越这些制约的过程中促进人和社会的发展。

---

① 刘建军:《论思想政治教育的个人价值》,《教学与研究》2000 年第 8 期。

第二章　传统思想政治教育的现实境遇

在现实社会生活中,思想政治教育之所以常常被轻率地对待,其本质和宗旨之所以常常被漠视或忽视,其本真目的和价值之所以常常遭遇人为的异化和遮蔽,其信念和信仰之所以常常被扭曲乃至亵渎,之所以人们常常对它抱有一种爱恨交加、过犹不及的态度与感情,主要是因为工具性思想政治教育导致思想政治教育面目笼统、功能单一、价值单调。这种单向传承性的偏执不仅忽视了教育主体存在的多样性,忽视了思想政治教育基本矛盾转化的层次性和过程性,也忽视了人的思想政治需要,使得思想政治教育陷入困境,面对低效性的指责几无还手之力,近乎失语(因其外延广泛所以几乎所有的社会问题仿佛都可以归咎于它了)。党中央一直坚持、强调"党的思想政治工作,是经济工作和其他一切工作的生命线,是团结全党全国各族人民实现党和国家各项任务的中心环节,是我们党和社会主义国家的重要政治优势。"①但是,"本体的贫乏不可能由工具的扩展来替代"②。思想政治工作未能充分发挥其应有的优势和功能。

第一节　思想政治教育"生命线"理论的形成与发展

"党的思想政治工作是经济工作和其他一切工作的生命线",这是我们党总结思想政治工作长期历史经验得出的一个重要结论。它非常形象地刻画了思想政治教育在中国共产党发展壮大的历史过程中所发挥的重要作用,表明思想政治教育在党的工作系统中起着关键作用,是非常关键的"生命工程。"这和中国古代德育首位思想有着深厚的历史渊源。每一理论的产

---

① 纪玉祥:《加强和改进党的思想政治工作的纲领性文件》,《光明日报》2020 年 7 月 25 日。
② 〔德〕彼得·科斯洛夫斯基:《后现代文化》,北京,中央编译出版社,1999 年版,第 203 页。

生,都具有历史的延续性,都是历史发展的产物。毛泽东曾指出:"我们是马克思主义的历史主义者,我们不应当割断历史。"①成功的道德教育成为中国传统文化得以延续的动力之一。重视道德教育,把道德教育置于一切教育工作的首位和核心地位,是中华民族千百年来的优良传统,也是以儒家伦理道德为核心的中华民族传统文化的一大特色。这一传统和特色反映于中国古代思想家和教育家们的教育思想和主张中,也体现在他们各自的教学实践和自身的道德实践中。中国传统伦理道德思想中的德育首位思想为中国共产党思想政治教育"生命线"理论的形成和发展提供了丰富的理论资源。一方面以儒家伦理道德为核心的中国古代思想教育高度重视道德教化对个体成长发展和社会稳定的重要意义,把道德和道德教化放在首要位置;另一方面突出道德教化与政治的紧密联系,把道德教化作为治国的原则,注重道德教化对社会成员思想控制和政治统治秩序维持的重要作用。

中国古代的思想家和教育家们高度重视道德教化在促进个体成长发展和维护社会稳定中的重要地位和作用。首先,中国传统德育思想强调把"德行"放在培养人的首位,认为道德教化能够激发人本身固有的道德潜能,促进和推动人的至善本性的完善。作为儒家学派的创始人,孔子根据学生们的各人所长,将教学内容分作四科,其中德行赫然列于首位。孔子指出:"弟子,入则孝,出则悌,谨而信,泛爱众,而亲仁。行有余力,则以学文。"②他认为教育应首先培养学生的孝、悌、谨、信、仁等伦理道德,其次才是教授文化知识。中国传统德育思想还强调用既定的社会基本伦理规范引导、教育感化民众的同时,促使人们树立正确的道德价值观念,矫正自身的不良行为,自觉地遵守社会各种道德原则和道德规范,实现个体的社会化,促成社会化道德人格的完善。孟子以"性善"为基础,认为教育的首要任务和目的就是"明人伦",即"教以人伦——父子有亲,君臣有义,夫妇有别,长幼有序,朋友有信"③。促使人的天赋恻隐之心、羞恶之心、辞让之心、是非之心的四种善端在后天的教化与学习中发展成为仁、义、礼、智四种道德品质,在这一意义上孟子提出"人皆可以为尧舜"④。荀子出于人性恶的认识,认为"不教无以理民性"⑤,强调必须通过思想教育改造、矫治人的本性,突出强调了教化的重要性和必要性。

---

① 《毛泽东选集》第 2 卷,北京,人民出版社,1991 年版,第 534 页。
② 杨伯峻:《论语译注》,北京,中华书局,1980 年版,第 4~5 页。
③ 杨伯峻:《孟子译注》,北京,中华书局,1960 年版,第 114 页。
④ 杨伯峻:《孟子译注》,北京,中华书局,1960 年版,第 255 页。
⑤ 章诗同:《荀子简注》,上海,上海人民出版社,1974 年版,第 302 页。

道德教化能使人们懂得并遵守既定的道德准则,使人们的行为符合一定的社会秩序,调整人与人之间的关系,维护社会的稳定。作为儒家论"大学之道"的一篇专著,《大学》对中国古代思想教育影响深远。它提出了大学教育的目标,指出:"大学在明明德,在亲民,在止于至善。"①所谓"明明德"就是使人通过主观努力,发扬崇高的道德;"亲民"指对人民进行思想教育,去其不良旧习而使其向善;"至善"为教育的最高目标,即"为人君者止于仁,为人臣者止于敬,为人子者止于孝,为人父者止于慈,与国人交止于信"②。《大学》提出的三个教育目标是联系在一起的整体,一要"明德",二要"亲民",达到这两个目标后便是"至善"。发扬自己的明德是始,继而教化民众、使民众有新的精神风貌,终之于使社会达于至善的境界。为实现这三个目标,《大学》提出了八大步骤:"古之欲明明德于天下者,先治其国;欲治其国者,先齐其家;欲齐其家者,先修其身;欲修其身者,先正其心;欲正其心者,先诚其意;欲诚其意者,先致其知;致知在格物。格物而后知至,知至而后意诚,意诚而后心正,心正则后身修,身修而后家齐,家齐而后国治,国治而后天下平。"③在格物、致知、诚意、正心、修身、齐家、治国、平天下的逻辑关系中,前四条实际上都是在说明如何修身,而在修身的基础上才能齐家、治国、平天下。修身为本,齐家、治国、平天下为末,德育为本,治天下为末。"自天子以至于庶人,壹是皆以修身为本。"④在修身的基础上才能促成良好的社会伦理道德秩序的建构与道德风尚的形成,维护社会的稳定,达到治理天下的目的。

中国古代教育家和思想家始终把道德与政治紧密联系起来而审视德育的地位和作用。他们把政治、道德、教育合为一体,认为政治上的成败得失决定于伦理道德的好坏,而教化是完善道德的主要手段,把道德教化视为治国的首要任务,突出了道德教化的政治意义。首先,道德教化是收服民心、治理天下的最优方式。孔子指出:"为政以德,譬如北辰,居其所而众星共之。"⑤他认为,道德教化是治理国家的最佳手段。统治者通过实施德治、道德教化,可以使百姓在理解、认同的基础上自觉遵守统治者的各项规范,达到治理国家的目的。孔子通过两种不同执政方式的比较,强调了"为政以德"的重要性。孔子提出:"道之以政,齐之以刑,民免而无耻;道之以德,齐

---

① 《礼记·大学》,载阮元:《十三经注疏》,北京,中华书局,1980年版,第1673页。
② 《礼记·大学》,载阮元:《十三经注疏》,北京,中华书局,1980年版,第1673页。
③ 《礼记·大学》,载阮元:《十三经注疏》,北京,中华书局,1980年版,第1673页。
④ 《礼记·大学》,载阮元:《十三经注疏》,北京,中华书局,1980年版,第1673页。
⑤ 杨伯峻:《论语译注》,北京,中华书局,1980年版,第11页。

之以礼,有耻且格。"①孔子认为,如果统治者用行政命令、严厉的刑罚来控制和约束整个社会,会使百姓害怕而避免触犯法律,但是他们本身的思想认识却并没有提高,并不感觉犯罪可耻;如果统治者用道德教化的方式,通过礼节来约束和规范百姓的行为,这样百姓不但会摆脱愚昧而有羞耻之心,不去犯罪,还会自觉地约束自己。因此,孔子提出,在思想教育和刑罚中,应该先教后刑,教主刑辅。孔子强调"不教而杀谓之虐"②。他甚至认为,持之以恒的教化可以消灭犯罪,直至免除刑杀,"必也使无讼乎!"③孟子从统治阶级如何获取民心的角度也指出:"以力服人者,非心服也,力不赡也;以德服人者,中心悦而诚服也。"④孟子认为行政压服的手段会引起百姓的反感,而潜移默化的思想教化,更能够使民心归服。孟子强调:"善政不如善教之得民也。善政,民畏之;善教,民爱之。善政得民财,善教得民心。"⑤"以力假仁者霸""以德行仁者王"⑥。"善教"才能赢得民心,才能维护社会的统治秩序。

道德教化是统一思想、维持政治局面安定的最好手段。董仲舒作为中国古代儒家思想教育从理论走向实践的开拓者,在继承和发展儒家德治思想的基础上,指出维护统一安定的政治局面,强化国家统一意志,先要实现全国人民在思想上的统一。他提出"罢黜百家,独尊儒术"的思想主张。主张通过灌输儒家思想原则,建立和巩固儒家思想的统治地位,达到整个国家思想意志的统一。在此基础上,国家必须"以教化为大务"⑦,把儒家思想作为统治思想灌输给民众,并通过教化,筑起思想上的"堤防",避免人们违背儒家伦理规范,达到禁奸止邪的目的,从而维护大一统政治局面的安定。"教化不立而万民不正也。夫万民之从利也,如水之走下,不以教化堤防之,不能止也。是故教化立而奸邪皆止者,其堤防完也;教化废而奸邪并出,刑罚不能胜者,其堤防坏也。"⑧

中国自古就是一个重视道德教化和道德建设的国度,虽然中国古代思想道德教育作为思想控制、思想统治的重要方式,常常与思想专制纠葛在一起,但对中华民族社会共同价值观、共同民族文化心理的形成和民族文化的

---

① 杨伯峻:《论语译注》,北京,中华书局,1980 年版,第 12 页。
② 杨伯峻:《论语译注》,北京,中华书局,1980 年版,第 210 页。
③ 杨伯峻:《论语译注》,北京,中华书局,1980 年版,第 128 页。
④ 杨伯峻:《孟子译注》,北京,中华书局,1960 年版,第 74 页。
⑤ 杨伯峻:《孟子译注》,北京,中华书局,1960 年版,第 283 页。
⑥ 杨伯峻:《孟子译注》,北京,中华书局,1960 年版,第 74 页。
⑦ 班固:《汉书·董仲舒传》,北京,中华书局,1962 年版,第 2503 页。
⑧ 班固:《汉书·董仲舒传》,北京,中华书局,1962 年版,第 2503 页。

传承起到了积极作用。中国传统文化中一以贯之的德育首位思想成为今天中华民族的精神财富,是中国共产党重视思想政治教育优良传统的文化渊源,是思想政治教育"生命线"理论形成的历史源头和宝贵思想源泉。

（一）强化"生命线"地位

马克思主义认为,一个在经济关系中占主导地位的社会集团如果不善于在政治上处理问题,它就难以长久立足。政治同经济相比"不能不占首位……一个阶级如果不从政治上正确地看问题,就不能维持它的统治,因而也就不能完成它的生产任务"①。在长期的革命和建设实践中,中国共产党提出了思想政治教育的生命线理论,并不断丰富和发展。我们党一直用"生命线"来说明思想政治教育在我们党所领导的革命、建设和改革中的重要地位和作用,将其外延由军队工作向经济工作以及其他工作扩展,充分肯定并反复重申"生命线"论断,其主要提法有:"政治工作是红军的生命线""以革命主义为基础的革命政治工作是一切革命军队的生命线和灵魂""政治工作是我们军队的生命线,无此则不是真正的革命军队""掌握思想教育,是团结全党进行伟大政治斗争的中心环节"等。

中华人民共和国成立后,党将思想政治教育广泛运用于社会主义革命和建设的各个方面,"生命线"理论也获得了发展。党在军队中继续坚持和强调"生命线"理论,而且党和国家领导人开始更多地从政治、经济、文化教育、社会等各个领域提出要科学认识思想政治教育的地位和作用。由此提出了"政治工作是一切经济工作的生命线""没有正确的政治观点,就等于没有灵魂""思想工作和政治工作,是完成经济工作和技术工作的保证,它们是为经济基础服务的。思想和政治又是统帅,是灵魂。只要我们的思想工作和政治工作稍为一放松,经济工作和技术工作就一定会走到邪路上去"等观点。但由于"左"的思想的干扰,党的思想政治工作也经历了曲折发展的过程,生命线理论也曾遭到严重的破坏。进入改革开放和社会主义现代化建设新时期以后,党的思想政治教育生命线理论不但得到了恢复,而且在改革开放和社会主义现代化建设的实践中得到了进一步的丰富和发展,提出了"大局论""全局论"和"重中之重"的思想政治教育定位,生命线理论日益系统和成熟。

"生命线"的真正含义是"服务"和"保证"。首先,思想政治工作要服从和服务于党的中心任务。其次,"思想工作和政治工作,是完成经济工作和技术工作的保证……只要我们的思想工作和政治工作稍为一放松,经济工

---

① 《列宁选集》第4卷,北京,人民出版社,1995年版,第407~408页。

作和技术工作就一定会走到邪路上去"①。既要保证经济技术工作的顺利完成，又要保证经济技术工作的正确方向。就前者而言，没有强有力的政治工作保证，各项生成任务难以完成，就后者而言，"'生命线'的作用要在服务和保证中去实现，离开了服务和保证，'生命线'就会成为一句空话"②。思想政治工作的地位和作用也就无从谈起。思想政治教育"生命线"的隐喻③表明两点：首先，思想政治教育说到底就是说服人的工作，用先进的思想和理论武装干部和群众的头脑，调动和发挥群众的积极性、创造性和进取精神；防止和克服各种非无产阶级思想的侵蚀，使广大人民群众保持健康的思想情绪和朝气蓬勃的精神风貌，解放和发展生产力。其次，生命线是对单纯工具论的根本否定。为增强说服力，人们往往会集思广益地动用宣传教育资源，开展运动式的教育活动和教育形式，也容易滑向形式主义和工具主义。

作为中国共产党群众工作的一种特殊方式和渠道，思想政治教育的工作体系与社会运行机制比较容易结合，二者基本是统一的。但是，随着现代社会市场经济的发展，国家与社会的相对分离以及社会的日益成熟，对个体本身而言，由于接受思想政治工作并不能直接带来现实的益处，加之思想政治教育制度本身的弹性，思想政治工作体系与社会运行机制难免会发生某种程度上的分离，需要进一步寻找思想政治工作与业务工作新的结合点，增强思想政治工作的具体依托基础，加强和巩固其"生命线"地位。

（二）牢牢掌握"中心环节"

"掌握思想教育，是团结全党进行伟大政治斗争的中心环节。如果这个任务不解决，党的一切政治任务是不能完成的。"④这是毛泽东在《论联合政府》的政治报告中对党的思想政治工作历史经验的高度概括和总结。基于这种认识，我们党进一步提出思想政治教育是团结全党和全国各族人民实现党和国家各项任务的中心环节，其基本含义是：在完成党的各项任务过

---

① 《毛泽东著作选读》下册，北京，人民出版社，1986 年版，第 803 页。

② 《十三大以来重要文献选编》（中），北京，人民出版社，1993 年版，第 902 页。

③ 隐喻作为特定文化背景下对外在事物和内心世界的独特表达方式，虽不能像逻辑的方法那样能很好地揭示事物的"真"，却可以为人们描述事物最形象的外部特征和内在品格。在思想政治教育的语境中，人们经常准确、形象地使用各种象征性的词汇去描述思想政治教育，以至于关于思想政治教育的隐喻性概括应运而生。譬如西方国家有学者将其思想政治教育比喻为"社会水泥"，而我国则把思想政治工作比喻为"传家宝""生命线""中心环节"，人们普遍接受的比喻是"生命线"。

④ 《毛泽东选集》第 3 卷，北京，人民出版社，1991 年版，第 1094 页。

程中,必须始终掌握思想政治教育这一关键性环节,才能统一思想、统一行动、团结一心,夺取胜利。这一论断表明:首先,思想教育在党的各项工作过程中必不可少,并且始终处于中心环节的位置;其次,只有牢牢掌握思想教育这个中心环节,才能实现全党的团结统一,才能团结和带领广大人民群众为完成党的政治任务而奋斗;最后,如果不去掌握或掌握不住、掌握不好思想教育这一中心环节,党的一切政治任务在具体实施过程中,就不能环环相扣,顺利完成。早在改革开放初期,邓小平就指出:"在工作重心转到经济建设以后,全党要研究如何适应新的条件,加强党的思想工作,防止埋头经济工作、忽视思想工作的倾向。"①为此,要防止和克服两种错误倾向:一是"忽视政治工作,把它看作可有可无";二是"片面地夸大政治工作的作用,把它摆到不适当的位置"②。

思想政治工作是团结全党和全国各族人民实现党和国家各项任务的中心环节,这强调的是思想政治工作的党内动员和社会动员功能。不可否认的是,在后单位时代的复杂社会生态中,思想政治教育缺乏实效性也正是它动员能力下降的表现之一。在"现代政治经济和文化条件下,以自上而下的政治性强迫和一厢情愿的政治输入进行思想政治工作,既缺乏有效的组织渠道,也缺乏与之相应的政治文化条件"③。实践中思想政治教育操作方式上的不当,致使人们对其在人的素质培养中的价值的评价存在着"意识形态"专属化而不是"中心环节"的错误倾向。

(三)充分发挥"政治优势"

思想政治工作是我们党和社会主义国家的重要政治优势,这种优势不仅体现在党和国家对于思想政治教育的高度重视;也体现在我们拥有健全、完善的思想政治教育制度、工作体系以及人员队伍;更体现在思想政治教育所具备的社会动员能力和组织能力上。只有充分发挥党的思想政治工作这一政治优势,才能保证经济工作和其他一切工作的正确发展方向,才能保证党的路线方针政策落实到各项工作和群众中去,才能及时排除和战胜各种错误东西的干扰,才能巩固和发展全国各族人民共同奋斗的思想政治基础,从而为经济工作和其他一切工作提供强大的动力和保证。这些优势在市场经济社会均面临巨大挑战。

思想政治教育是中国共产党领导中国人民在中国革命、建设和改革的

---

① 《邓小平文选》第3卷,北京,人民出版社,1993年版,第48页。

② 《十三大以来重要文献选编》中,北京,人民出版社,1993年版,第903页。

③ 孟伟:《新时期思想政治工作的内涵和功能定位》,《理论前沿》2002年第8期。

道路上取得一个又一个胜利的法宝,是党和国家的优良传统,也是克服一切困难、克敌制胜的优势所在。新民主主义革命的胜利离不开强有力的思想政治工作,建设中国特色社会主义的伟大事业同样也需要这一政治优势继续发挥作用。十一届三中全会后,在全面纠正和清除"左"倾思想和"突出政治"错误思想的同时,在党的工作重心转移到社会主义现代化建设上来之后,思想政治战线又出现了轻视、忽视和贬低思想政治教育的"生命线"地位和作用的错误倾向。作为我国改革开放和现代化建设的总设计师,邓小平在深刻总结中国革命和社会主义建设经验教训的基础上,在领导建设中国特色社会主义的伟大实践中,始终把思想政治教育放在极其重要的位置。全党对思想政治教育的"生命线"地位和作用的认识不断深化,从各个方面阐述了思想政治教育是党和国家的优良传统,是我们真正的优势的重要思想,思想政治教育"优势论"逐步形成。

1978 年 5 月,叶剑英在全军政治工作会议上指出:"党在军队中的政治工作关系着我军的强弱、胜败、生存和发展。""没有政治工作保证我军内部和外部的坚强团结,保证组织上的纯洁和巩固,军队就会涣散、瓦解。"[1]叶剑英强调思想政治教育过去是、在新的历史条件下仍然是我军的"生命线",突出表明了党的思想政治教育对于军队建设的重大意义。思想政治教育不光是革命时代军队的"生命线",同样也是和平时期军队的"生命线",是人民军队的优良传统和有巨大优势的重要思想。同年 6 月,邓小平也强调指出:"要在三几年内,把政治机关的职能、作用、威信恢复到红军时期、抗日战争时期、解放战争时期的水平。"[2]军队除了由长期的战争环境转入和平环境这个最大的不同,思想政治工作的"根本的任务、根本的内容没有变,我们的优良传统也还是那一些"[3]。面对部队存在的问题和当前的实际情况,邓小平提出最重要的就是要研究和解决"在新的历史条件下发扬政治工作的优良传统,提高我军战斗力"[4]。1980 年 12 月,邓小平在中共中央工作会议上指出新民主主义革命时期,党就"已经坚持用共产主义的思想体系指导整个工作;用共产主义道德约束共产党员和先进分子的言行"[5],"从延安到新中国"[6],除了正确的政治方向,

---

① 《叶剑英军事文选》,北京,解放军出版社,1997 年版,第 699 页。
② 《邓小平文选》第 2 卷,北京,人民出版社,1994 年版,第 123 页。
③ 《邓小平文选》第 2 卷,北京,人民出版社,1994 年版,第 119 页。
④ 《邓小平文选》第 2 卷,北京,人民出版社,1994 年版,第 121 页。
⑤ 《邓小平文选》第 2 卷,北京,人民出版社,1994 年版,第 367 页。
⑥ 《邓小平文选》第 2 卷,北京,人民出版社,1994 年版,第 367 页。

我们是靠"马克思主义的科学理论"①和"宝贵的革命精神"②不断前进的。邓小平曾多次强调党的工作重心转移到经济建设上以后，思想政治教育"必须大大加强，决不能削弱"③。1980 年 10 月，叶剑英在《关于军事思想和战略问题》中也明确提出"政治工作是我们的优良传统，是我们的看家本领"④。这些重要思想推进了思想政治教育"优势论"的形成。1982 年 4 月，胡耀邦在约见邓力群等同志时，就党的思想政治工作问题发表了重要讲话。胡耀邦指出："我们党所以能够领导和团结人民群众进行伟大的斗争，并且不断取得胜利，是同我们党一贯重视思想政治工作分不开的。"⑤在总结了中国共产党领导中国人民进行革命取得胜利的历史经验的基础上，胡耀邦进一步指出："善于做好思想政治工作是我们党区别于其他政党的一个重要特点，是取得革命和建设胜利的一个极其重要的条件。"⑥党的思想政治教育"优势论"思想轮廓进一步显现。1985 年 9 月，邓小平《在中国共产党全国代表会议上的讲话》中强调："思想政治工作和思想政治工作队伍都必须大大加强，决不能削弱。"⑦邓小平指出，过去我们党无论怎样弱小，无论遇到什么困难，一直有强大的战斗力，因为我们有马克思主义和共产主义的信念。离开思想政治教育这个优势，"光靠物质条件，我们的革命和建设都不可能胜利"⑧。因此，邓小平明确提出，思想政治教育"无论过去、现在和将来，这都是我们的真正优势"⑨。思想政治教育"优势论"正式确立。

中国共产党是中国工人阶级的先锋队，是以马克思列宁主义为指导的无产阶级政党，代表着中国最广大人民群众的根本利益。中国共产党以全心全意为人民服务为党的根本宗旨，将马克思主义基本原理同中国具体实践相结合，领导中国革命、建设和改革的事业不断发展壮大，为人民谋福祉。正因为有了和广大人民群众相同的利益基础，有了建立在共同利益基础之上的共同理想，才能依靠和充分发挥党的思想政治教育的优势和巨大作用，团结一切可以团结的力量，为党和国家事业的发展壮大提供强大的精神动

---

① 《邓小平文选》第 2 卷，北京，人民出版社，1994 年版，第 367 页。

② 《邓小平文选》第 2 卷，北京，人民出版社，1994 年版，第 367 页。

③ 《邓小平文选》第 3 卷，北京，人民出版社，1993 年版，第 145 页。

④ 《论新时期思想政治工作（党的十一届三中全会以来的中央文献和中央领导同志的重要论述）》，北京，中共中央党校出版社，1988 年版，第 20 页。

⑤ 胡耀邦：《关于思想政治工作问题》，《红旗》1983 年第 1 期。

⑥ 胡耀邦：《关于思想政治工作问题》，《红旗》1983 年第 1 期。

⑦ 邓小平：《在中国共产党全国代表会议上的讲话》，《人民日报》1985 年 9 月 24 日。

⑧ 邓小平：《在中国共产党全国代表会议上的讲话》，《人民日报》1985 年 9 月 24 日。

⑨ 《邓小平文选》第 3 卷，北京，人民出版社，1993 年版，第 144 页。

力和保证。新民主主义革命时期,我们依靠强有力的思想政治教育,培育革命精神,鼓舞革命士气,并最终在敌强我弱的劣势局面下取得民主革命的伟大胜利;新中国成立初期,我们依靠党的思想政治教育的巨大作用,统一思想、凝聚力量、鼓舞革命士气,顺利完成了社会主义改造,使"一穷二白"的新中国在政治、经济、文化等各个方面都取得了举世瞩目的成就,中国由半殖民地半封建国家逐渐走上独立、民主、富强的发展道路。和平建设时期,我们仍需要马克思主义理论的正确指导、共同的革命理想和信念支持、宝贵的革命精神和铁一样的革命纪律的保证。邓小平强调搞社会主义建设,实现四个现代化,要"发扬革命和拼命精神,严守纪律和自我牺牲精神,大公无私和先人后己精神,压倒一切敌人、压倒一切困难的精神,坚持革命乐观主义、排除万难去争取胜利的精神"①,并且要"把这些精神推广到全体人民、全体青少年中间去,使之成为中华人民共和国的精神文明的主要支柱"②。因此,不论过去、现在、将来思想政治教育都是我们"真正的优势"。抓住我们的"看家本领",充分发挥我们的"真正优势",才能保证社会主义现代化建设的顺利进行。

现代社会是一个简化的经济社会,经济现象上升为支配性的现象,货币价值成为本位价值,经济效益是最大的、最有意义的效益。万高潮认为"政治生活在社会生活中日益边缘化,而经济生活日益中心化,意味着中国政治文化的世俗化进程的开始"③,"相比传统社会中经济镶嵌在制度、文化等条件之上才能运作而言,在今天,一切颠倒了过来,制度、文化等都镶嵌在经济关系当中运行……以物质利益为中心成了根本性规则"④。同样不难理解的是,"在当代中国的语境中,现代化、市场化、全球化、发展、增长、全面小康和民主等概念均可以看作是一种'去政治化的'或'反政治的'政治意识形态的关键概念,正是这些概念的流行导致了人们没有能力展开深入的政治思考"⑤。不仅如此,娱乐成为社会的文化象征和主要呈现方式:"一切公众话语都日渐以娱乐的方式出现,并成为一种文化精神。我们的政治、宗教、

① 《邓小平文选》第2卷,北京,人民出版社,1994年版,第368页。
② 《邓小平文选》第2卷,北京,人民出版社,1994年版,第368页。
③ 万高潮:《市场经济需要民主政治》,《理论前沿》2003年第3期。
④ 汪晖:《在西方中心的世界中,保持中国文化自主性:文化、社会价值如何转化为政治实践》,《绿叶》2008年第1期。
⑤ 汪晖:《去政治化的政治、霸权的多重构成与六十年代的消逝》,《开放时代》2007年第2期。汪晖认为,"去政治化"这一概念所涉及的"政治"不是指国家生活或国际政治中永远不会缺席的权力斗争,而是指动态的、主体间的基于特定政治价值及其利益关系的政治组织、政治辩论、政治斗争和社会运动,亦即政治主体间的相互运动。

新闻、体育、教育和商业都心甘情愿地成为娱乐的附庸,毫无怨言,甚至无声无息,其结果是我们成了一个娱乐至死的物种。"①这种舆论导向对刺激人们的欲望起了推波助澜的作用,在这种情况下,"个人的物欲和情欲取代了社会,变成了行为目标,从而最终使社会的健康状况急剧恶化,道德秩序遭到了破坏。行为规范失去了效力,整个社会突显出了病态的征兆"②。

在思想政治教育领域,也存在这种淡化政治乃至不谈政治的"去政治化"现象。沈壮海认为,思想政治教育出现了政治性与文化性的分离、教化与文化的分离:"有意无意地否定或忽视思想政治教育的政治性,抽象阐释思想政治教育的人性关怀,泛化或窄化思想政治教育的特定内涵,并将思想政治教育'技术化'或'价值中立化''价值无涉化'。"③李毅明确指出:"有的学者在思想政治教育的研究上,一味强调与国际接轨,认为科学化就是将其视为'纯知识体系',其具体表现是强调思想教育的先进性少了,强调一般性多了,强调特殊性少了,强调普遍性多了,在教育内容上,一般性的介绍多了,批判性的评价少了。而在思想政治理论课教学中,有的学生爱听什么,有的教师就讲什么。"甚至,"有人倡导'思想与态度的分离',在实践中形成了对马克思主义冷漠化的倾向。一些人不一定反对、否定马克思主义,但是他们不谈、不理马克思主义、社会主义,而且对反对、否定马克思主义、社会主义的言论听之任之,听任意识形态主导性、主动性的丧失"④。向现实妥协,片面迎合受教育者,思想政治教育不能发挥导向功能和解释功能。此外,在实践中,思想政治教育出现道德教育化和心理咨询化的操作方式和路径依赖,究其实质,也是对于思想政治教育政治性的一种回避。

(四)"生命线"理论的主要内涵

党的十三届四中全会召开后特别是党的十四大以来,面对新形势新情况,全党在总结和吸取思想政治教育经验教训的基础上,坚持邓小平关于"两手抓,两手都要硬"的正确思想,对思想政治教育的重要地位和作用有了更为深刻的认识。对党的思想政治教育的重要地位和作用做了高度的理论概括,使思想政治教育"生命线"理论在历史与现实的结合中进一步深化发展,推动了"生命线"理论的完善与创新。

---

① 〔美〕尼尔·波兹曼:《娱乐至死》,桂林,广西师范大学出版社,2004 年版,第 4 页。
② 渠敬东:《缺席与断裂:有关失范的社会学研究》,上海,上海人民出版社,1999 年版,第 33 页。
③ 沈壮海:《思想政治教育需要文化营养》,《中国教育报》2008 年 1 月 14 日。
④ 李毅、李向阳:《加强文化思潮研究增强先进思想文化的引导力》,《思想理论教育导刊》2006 年第 7 期。

1. 经济工作和其他一切工作的生命线

思想政治教育不是可有可无的,也不是权宜之计,它是"经济工作和其他一切工作的生命线"。党的主要领导人多次强调越是深化改革、扩大开放,发展社会主义市场经济,越要重视和加强思想政治教育。思想政治教育是统一思想、凝聚力量,保持社会稳定,团结和动员全国人民投身社会主义现代化建设的重要保证。1990年3月,中共十三届六中全会通过的《关于加强党同人民群众联系的决定》指出:"党的基层组织和广大党员,都要联系群众,宣传群众,组织群众""做好群众的思想政治工作。"①1990年5月,李瑞环在《关于职工思想政治工作的若干问题》中指出对于思想政治教育要"从根本上,从建设有中国特色的社会主义的客观必然性上,认识做好这项工作的必要性,提高做好这项工作的自觉性"②。这样才能在实践中防止"左"或右的干扰。只有坚持和发挥思想政治教育的"生命线"地位和作用,才能保证经济工作和其他一切工作的正确发展方向,才能保证党的路线方针政策落实到各项工作和群众中去,才能及时排除和战胜各种错误东西的干扰,才能巩固和发展全国各族人民共同奋斗的思想政治基础,从而为经济工作和其他一切工作提供强大的动力与保证。这并不是对"生命线"论断的简单重复,而是在新的历史条件下对实践经验的科学总结。

第一,思想政治教育是发展社会生产力的重要保证。解放和发展生产力是社会主义本质和中国共产党先进性的集中体现。实践证明,党的思想政治教育是保证社会主义生产力稳定、快速、健康发展的重要保证。社会主义现代化建设必须始终坚持以经济建设为中心,党和国家的任何工作都要服从和服务于这个中心,思想政治教育也不例外。尤其是改革开放的深入发展和社会主义市场经济体制的建立和逐步完善,现代科学技术的迅猛发展,在不断提高人们思想道德素质的同时,也使人们的生活方式、思维方式和价值取向发生了很大变化。愈是深化改革、扩大开放,愈是发展社会主义市场经济,就愈要适应新的形势,全面加强和改进全党全社会的思想政治工作。"越是改革开放,越要加强思想政治工作,只有思想政治工作加强了,才能够促进改革开放的健康发展"③。这从政治与经济的辩证关系上,深刻揭示了思想政治教育的"生命线"内涵。

首先,思想政治教育保证经济工作和其他工作的正确发展方向。经济

---

① 《新时期党的建设文献选编》,北京,人民出版社,1992年版,第574页。
② 《新时期党的建设文献选编》,北京,人民出版社,1992年版,第579页。
③ 《新时期党的建设文献选编》,北京,人民出版社,1992年版,第712页。

搞不好,会翻船;宣传出问题,也会翻船。"在经济建设和改革开放中坚持正确的方向,加强思想政治工作,正是为了排除干扰,使社会主义现代化建设能够健康发展。"①思想政治教育的首要任务就是用马克思列宁主义武装全党全国人民,放松或忽视党的思想政治教育,各种腐朽思想和错误思想就会渗透到人民群众的头脑中去,威胁马克思主义在社会主义意识形态领域的指导地位,削弱党的领导,直接影响社会主义经济建设的健康发展。没有离开政治的经济,也没有离开经济的政治。思想政治教育紧密结合经济工作,保证经济工作正确的政治方向,警惕各种错误思想观念的发生和给人们带来的消极影响,这是推进经济建设顺利进行的重要保证。通过广泛而深入的思想政治教育,排除和防止各种"左"或右的错误的干扰,保证经济建设始终沿社会主义方向不断发展。

其次,思想政治教育为经济工作和其他工作提供强大的动力与保证。生产力包含两个基本因素,即物的因素(劳动资料、劳动对象)和人的因素(劳动者),其中,人的因素是生产力中最活跃的、占据主导地位、起决定性作用的因素。人的积极性、主动性和创造性最大限度的发挥,是做好经济工作和其他一切工作的基础条件。而激发人的积极性、主动性和创造性的重要一环就在于通过强有力的思想政治教育,不断提高人的思想政治觉悟和认识水平,使人拥有和保持巨大的精神力量,支持持续不断的奋斗热情的产生。充分认识精神、社会意识、上层建筑、政治的反作用,重视和加强思想政治教育,动员、团结、凝聚亿万人民,发挥人们的积极性、主动性和创造性,才能推动社会生产力的不断发展。因此,思想政治教育"是实现远大理想的必需条件,是贯彻党的基本路线的可靠保证,是协调人际关系的基本方法,是凝聚全民族力量的重要途径"②。通过强有力的思想政治教育创造更加充分的政治条件和提供更强更有力的政治保证,提高人的思想觉悟和认识能力,提高人的思想道德素质和政治品德素质,不断增强人改造世界的能力,疏通矛盾,"特别是一些思想认识上的深层次问题,还需要继续从理论和实践的结合上,通过深入细致的思想政治工作来逐步求得解决"③。统一思想,凝聚力量,充分调动人的积极性、主动性和创造性,保证社会主义经济建设的顺利进行。1990年5月,李瑞环在《关于职工思想政治工作的若干问题》中强调指出:"重视思想政治工作,就是重视人民群众在创造历史过程中

---

① 《新时期党的建设文献选编》,北京,人民出版社,1992 年版,第 626 页。
② 《新时期党的建设文献选编》,北京,人民出版社,1992 年版,第 586 页。
③ 《新时期党的建设文献选编》,北京,人民出版社,1992 年版,第 627 页。

的巨大主观能动作用,就是重视人的因素在发展生产力中的决定性作用。"①"任何削弱、否定、取消思想政治工作的观点和做法,都是错误的,都是有害的,都是不能允许和必须坚决反对的。"②

第二,思想政治教育是中国特色社会主义文化建设健康发展的根本保证。中国特色社会主义文化就其主要内容来说与社会主义精神文明建设是一致的。文化是相对于经济、政治而言的,精神文明是相对于物质文明而言的。物质文明和精神文明"两手抓,两手都要硬"是社会主义现代化建设顺利进行的根本保证,同样,只有经济、政治、文化协调发展,才有中国特色社会主义事业的最终胜利。中国特色社会主义文化是建设和发展中国特色社会主义事业的重要内容,是社会主义政治和经济首要特征的突出表现,是改革开放和社会主义现代化建设事业不断发展的巨大推动力。党反复强调,我们进行社会主义现代化建设,无疑要致力于社会生产力的发展,但同时,要把中国特色社会主义文化建设提到更加突出的地位。中国特色社会主义文化建设离不开对思想政治教育的重视和加强,只有坚持和发挥思想政治教育的"生命线"地位和作用,才能不断提高全民族的思想道德素质和科学文化素质,为经济发展和社会全面进步提供强大的精神动力和智力支持,保证党的路线、方针、政策和四项基本原则在文化事业建设中的贯彻和执行,防止和克服种种错误思想意识对中国特色社会主义文化事业的侵蚀和渗透,"唱响主旋律""打好主动仗",增强文化事业建设的主动性和创造性,保证文化建设的社会主义性质和方向。在完成中国特色社会主义文化建设艰巨任务的同时,促进中国特色社会主义事业的进步和发展。

首先,思想政治教育是"占领思想文化阵地"的重要保证。以马克思列宁主义、毛泽东思想、邓小平理论为指导是中国特色社会主义文化的本质特征。在经济成分和经济利益多样化、社会生活方式多样化、社会组织形式多样化、就业岗位和就业方式多样化日趋明显的复杂形势下,人们思想活动的独立性、选择性、多变性、差异性明显增强,巩固和维护马克思主义在意识形态领域的指导地位是坚持中国特色社会主义文化建设正确方向和社会主义性质的根本保证。坚持和巩固马克思主义在意识形态领域的指导地位,必须大力加强思想政治教育,坚持正确的舆论导向,坚持用马克思列宁主义武装全党全国人民,广泛开展爱国主义、集体主义、社会主义思想教育,把马克思主义基本立场、观点、方法融入思想政治教育的主要内容中,用马克思主

①　《新时期党的建设文献选编》,北京,人民出版社,1992 年版,第 580 页。
②　《新时期党的建设文献选编》,北京,人民出版社,1992 年版,第 586 页。

义理论占领思想文化阵地,不断提高人们的认识水平和思想道德素质,推进以马克思主义为指导的,立足本国又面向世界的,继承优良传统又体现时代要求的中国特色社会主义文化建设的不断发展。

其次,"思想进步"是"一切工作的进步"的中心环节。天天埋头具体事务,忽视做人的工作和做思想政治工作,见物不见人是极其错误的。建设中国特色社会主义事业最终还要依靠人,要靠全党和全国各族人民万众一心,艰苦奋斗。作为中国特色社会主义事业的组成部分之一,中国特色社会主义文化的建设同样离不开人的积极性、主动性和创造性发挥。人是中国特色社会主义文化建设的主体,人的思想认识水平、政治思想觉悟和精神意志状况,是直接影响中国特色社会主义文化事业成功与否的关键。人民群众的思想政治觉悟和高度的自觉性、积极性不是自发产生的,需要适当的引导和刺激,只有依靠行之有效的思想政治教育,才能使人们树立崇高的社会理想和坚定的革命信念,才能使人们迸发出强烈的工作热情,激发他们最大的积极性和创造性。同时,只有依靠思想政治教育,才能不断提高全民族的思想道德素质,把人民群众丰富的创造力和无限的工作热情引导到正确的轨道上来,更好地为社会主义建设服务。因此,党反复强调只有重视和加强思想政治教育,才能担负起新时期赋予我们的历史使命,才能推进中国特色社会主义文化事业的不断发展,从而取得中国特色社会主义的伟大胜利。

再次,思想政治教育是"先进文化的重要内容和中心环节"。重视和加强思想政治教育,在全社会大力倡导一切有利于发扬爱国主义、集体主义、社会主义的思想和精神,大力倡导一切有利于改革开放和现代化建设的思想和精神,大力倡导一切有利于民族团结、社会进步、人民幸福的思想和精神,大力倡导一切用诚实劳动争取美好生活的思想和精神,增强民族自尊心和自信心,凝聚力量,才能不断推进中国特色社会主义文化事业顺利前进。"以德治国"从本质上说,就是运用思想道德对人思想和行为的内在规范力、约束力和协调力,达到稳定社会环境,保证并推动社会政治、经济、文化不断发展的最终目的,使对人的思想政治工作和思想道德建设成为治理国家的主要工具。把思想道德建设提高到治国方略的高度,从治国安邦的角度强调了思想政治教育的"生命线"地位和作用,凸显了对思想政治教育重要地位和作用的深刻认识,也进一步说明了思想政治教育在中国特色社会主义文化建设中的重要地位。

2. 团结全党和全国各族人民实现党和国家各项任务的中心环节

中国共产党是我国社会主义现代化事业的领导核心。建设社会主义物质文明关键在党,建设社会主义精神文明关键也在党。加强和改善党的领导,增强党的创造力、凝聚力和战斗力,是建设中国特色社会主义事业取得胜利的根本保证。为了团结全党,要保持党在思想上、行动上的一致性。经济全球化,政治多极化,信息技术的飞快发展,使得安定团结的政治局面,坚定的理想信念,共同的精神支柱对于团结全党全国人民推进中国特色社会主义事业的不断胜利,显得格外重要,而这些都离不开强有力的思想政治教育作保障。

1996年10月,《中共中央关于加强社会主义精神文明建设若干重要问题的决议》强调指出思想政治教育"在新形势下只能加强,不能削弱。各级党委要把这项工作摆到重要位置,经常研究本地区、本部门、本单位的思想政治状况,用有力的思想政治工作促进各项任务的完成"[1]。思想政治工作是团结全党全国各族人民实现党和国家各项任务的中心环节。这是对1945年毛泽东提出的"掌握思想教育,是团结全党进行伟大政治斗争的中心环节"的创新性发展,也是对新形势下思想政治教育"生命线"作用的深刻阐述,是"生命线"理论时代内涵的具体体现。

思想政治教育是加强和改善党的领导的关键所在。重视和加强思想政治教育,加强马克思主义理论教育和学习,才能实现党的布尔什维克化,建立巩固的无产阶级政党;通过耐心细致的思想政治教育,党的方针、路线、政策才能真正为全体党员所接受,落实到全体党员的行动中去,统一思想,巩固团结;加强纪律教育和党员义务教育,不断增强全党的组织性和纪律性,坚决服从上级党组织的决定,同党中央保持一致;加强社会主义思想和共产主义道德教育,坚定全体党员干部的共产主义信念,提高党性修养,树立全心全意为人民服务的根本观点,充分发挥共产党员的先进模范作用,团结全国各族人民为实现社会主义现代化而奋斗。因此,只有重视和加强党的思想政治教育,才能提高广大党员干部的思想政治素质,永葆党的先进性和纯洁性,加强和巩固党的领导。

第一,提高全党思想政治水平,把握正确政治方向的需要。举什么旗帜,走什么路线,是无产阶级政党建设的根本问题。没有革命的理论就没有革命的运动。思想、理论、旗帜对行为、活动、道路的先导作用,必须以强有力的思想政治教育来保障。在改革的攻坚阶段和发展的关键时期,在社会主义市场经济逐步建立、现代化建设取得卓越成就的同时,一些党员干部放

① 《中共中央关于加强社会主义精神文明建设若干重要问题的决议》,《人民日报》1996年10月14日。

松了对马克思主义理论的学习和研究,无法对形势做出正确的判断,无法正确坚持党的具体路线、方针、政策,在物欲横流中没有洁身自好,反而动摇了共产主义理想信念。加强马克思主义理论教育是提高全党思想政治水平,坚持正确政治方向的基础。作为马克思主义理论教育和宣传的主要载体,忽视或轻视党的思想政治教育,就无法提高政治辨别力和思想政治水平,也就把握不了正确的政治方向。李瑞环指出没有强有力的思想政治教育,"就不能正确地认识党的基本路线,也不能坚定地执行党的基本路线"①。只有加强思想政治教育,才能不断提高全党的思想政治水平,才能清除错误思想的干扰,在巩固和加强党的领导的同时,坚持正确的政治方向,统一和团结全党为领导全国各族人民建设一个富强民主文明和谐美丽的社会主义现代化国家而奋斗。

第二,增强党性观念,防腐拒变的需要。在国际形势日益复杂,中国改革开放和社会主义现代化建设的关键时期,党要领导全国各族人民深化改革,扩大开放,推进中国特色社会主义事业的全面发展,就必须推进和巩固党的布尔什维克化,与非马克思主义思想和错误思想作斗争,永葆党的先进性,不断提高领导干部的领导水平和执政水平。坚持社会主义思想和共产主义道德教育,提高党性修养,才能使全体党员坚持马克思主义的世界观、人生观、价值观,坚持和维护一个共产党员应有的德行和操守。

随着开放程度的不断加深,西方资本主义思想意识的侵入和国内经济体制的深刻变化所引起的社会意识领域的多样化发展,社会上一些非马克思主义甚至反马克思主义的思想意识也逐渐发展和传播起来。一些党员干部受其影响,容易滋长脱离群众的特权思想和官僚主义,养成贪图享乐、金钱至上的不良作风,极少数党员干部甚至成为背叛党和社会主义事业的腐败分子,不但没有发挥共产党员应有的先锋模范作用,反而还在广大群众中造成了恶劣影响。因此,提高全党防腐拒变和抵御风险的能力,必须坚持和发挥思想政治教育的"生命线"地位和作用。坚持用马克思列宁主义、毛泽东思想、邓小平理论、"三个代表"重要思想、科学发展观、习近平新时代中国特色社会主义思想教育党员干部,充分调动和发挥全党的积极性、主动性和创造性,通过耐心细致的思想政治教育,培养党员干部敏锐的政治鉴别力和政治敏锐性,时刻坚持正确的政治方向和政治观点、坚定的政治立场、严格的政治纪律,不断提高广大党员干部的思想政治素质、领导经济建设和现代化建设的水平。

① 《新时期党的建设文献选编》,北京,人民出版社,1992年版,第583页。

　　第三,增强党的凝聚力、号召力和战斗力,巩固党的执政地位的需要。1999 年 9 月,《中共中央关于加强和改进思想政治工作的若干意见》指出要"从巩固党的执政地位、完成党的历史任务的高度,抓紧研究解决加强和改进思想政治工作的问题"①。任何社会实践,都是以人为主体的活动。做好人的工作是实践取得成功的基础。而人具有个体特殊性,人本身处于一定的社会关系之中,是具有特殊精神活动的、处于特定社会环境中的个体。因此,做好人的工作首先要解决人的思想认识问题,做好人的思想政治工作。党和国家的事业也是如此,离开了广大人民群众这个社会实践主体,任何事业都不可能完成。巩固党的执政地位归根结底必须实现好、维护好、发展好最广大人民群众的根本利益,增强党的凝聚力、号召力和战斗力,把各级领导班子建设成为坚决贯彻党的基本理论和基本路线,全心全意为人民服务,具有领导现代化建设能力,团结坚强的领导集体。必须通过强有力的思想政治教育,用马克思主义理论教育广大人民群众,不断提高群众的思想政治觉悟和思想道德素质;积极宣传党的路线、方针、政策,使广大人民群众的思想统一到党和国家的建设上来,使其真正理解、支持和拥护党的路线、方针、政策,调动广大人民群众的积极性、主动性和创造性,推进社会主义现代化建设的发展;通过耐心细致的思想政治教育,解决广大人民群众生活中、思想上存在的各种矛盾和问题,赢得群众的信任、支持和拥护,发动、宣传、组织和动员广大人民群众为完成党和国家的各项工作而奋斗。只有通过经常性的、细致的思想政治工作,才能及时消除各种不利于稳定的因素,巩固和发展安定团结的政治局面,才能更好地巩固党的执政地位,团结全党全国各族人民为党和国家事业的发展不断前进。

　　3. 我们党和社会主义国家的重要政治优势

　　思想政治教育是党的优良传统,它不是可有可无,而是党做好一切工作的"生命线",是中国共产党保持其先进性和生命力的政治优势。思想政治教育是党的优良传统和政治优势,这主要是指党通过思想政治教育,团结全党全国各族人民,调动党员群众的积极性、主动性和创造性,使人民大众在党的领导下,朝着既定目标不断努力奋斗,充分显示出社会主义制度的优越性。邓小平提出思想政治教育是党的"真正优势",多次强调思想政治教育是我们党的优良传统和政治优势。1996 年 10 月,《中共中央关于加强社会主义精神文明建设若干重要问题的决议》中指出:"思想政治工作是我们党

---

　　①　朱敏彦、李学昌、齐卫平:《中国共产党 80 年事典》,上海,上海人民出版社,2001 年版,第 1164 页。

的优良传统和政治优势,是精神文明建设一项基础性工作和搞好两个文明建设的基本保证。"①这明确说明了思想政治教育对党和社会主义国家的重要意义,完善和深化了思想政治教育"优势论",推动了"生命线"理论的进一步发展。

第一,思想政治教育是提高广大人民群众的觉悟,实现战略目标的根本保证。在工作重心转移到经济建设以后更要充分发挥我们党的政治优势,保证经济和各项建设事业的健康发展。党和国家的战略目标和根本任务的实现都离不开党的思想政治教育的保证和引导。思想政治教育要正确地宣传党的理论、路线、方针、政策,生动地反映人民群众的伟大实践,调动一切积极因素,化消极因素为积极因素,团结一切可以团结的力量,为实现建设中国特色社会主义的宏伟目标而奋斗。

首先,宣传思想工作是党的工作的重要组成部分。党的路线、方针、政策,需要深入且广泛的宣传,才能为群众所理解和支持;党和国家结合不同历史时期的新特点所提出的一系列新举措新目标,需要通过耐心细致的思想政治教育,才能为人民大众所接受和拥护;广大人民群众在社会主义现代化建设中团结一心、艰苦奋斗的高昂斗志和饱满热情,需要通过强有力的思想政治教育来激发和维护;在社会主义物质文明迅速发展的同时,群众日益增长的精神文明需求,需要长期、有效的思想政治教育不断满足;在深化改革、扩大开放的过程中所出现的思想认识方面的新问题,社会生活方面存在的种种矛盾关系,需要认真且细致的思想政治教育来疏导、协调和解决。思想政治教育作为无产阶级政党的优良传统,始终伴随党和国家事业发展的各个历史阶段,并从政治上保证了无产阶级政党的不断壮大和巩固、社会主义事业的进一步发展和完善。在改革开放深入发展的新的历史时期,党一再强调思想政治教育是党的优良传统和政治优势。

其次,思想政治教育是促使人们形成正确的世界观、人生观和价值观,更好地进行社会主义现代化建设的根本保证。只有坚持以马克思主义为指导,长期、细致、深入地进行马克思主义理论教育,才能帮助人们理解、掌握并学会运用马克思主义的立场、观点和方法,用其观察问题、解决问题,为正确的世界观、人生观和价值观的形成奠定基础。只有坚持社会主义理想信念教育,引导人们树立为实现共产主义而努力奋斗的远大理想,才能增强人们不断奋斗、奋勇前进的信心和勇气,为形成正确的世界观、人生观和价值

---

① 《马克思 恩格斯 列宁 斯大林 毛泽东 邓小平论精神文明建设》,沈阳,辽宁大学出版社,1996年版,第202页。

观提供精神保证。只有加强党的基本路线、方针、政策的教育,增强人们对形势的判断力和对政治的观察力,才能提高人们的警觉性和意志力,保证个人的世界观、人生观和价值观不被各种错误思想误导,保证现代化建设的社会主义性质和方向,使社会主义事业朝着正确的方向不断前进。

第二,思想政治教育是培育民族精神,增强民族凝聚力的主要渠道。综合国力的提升不仅表现为经济实力的增长、国防力量的强大,还体现在文化、教育、科技等多个方面的发展上,特别是民族凝聚力的增强。民族凝聚力离不开共同理想和民族精神的支撑和巩固。历史与现实都表明,一个社会,没有共同的精神支柱及其以此为基础的思想上的稳定,是很难保持社会政治稳定的。在一定条件下,精神可以转化为物质力量。这一切,包括正确的世界观、人生观、价值观的确立,民族优良传统的发扬,共同理想和精神支柱的形成和巩固,都离不开党的思想政治工作。党的思想政治教育就是要大力宣传和弘扬党的优良传统和优秀革命精神,发挥其精神动力作用。只有运用思想政治教育这一政治优势,培育和维护有利于社会主义现代化建设健康稳定发展的民族精神,才能不断增强中华民族的凝聚力,不断地为改革开放和现代化建设提供精神动力、智力支持、思想保证,创造良好的社会舆论和社会心理环境,才能保证中国特色社会主义事业的正确发展方向,推进改革开放和现代化建设事业不断深入发展。

第二节　灌输论遭遇解构和实践阻力

灌输理论是思想政治教育学的基本原理和重要命题,思想政治教育学对此一直持积极态度。当代道德教育领域对灌输论的理论批判和实践抵制,客观上也直接影响了思想政治教育领域对于灌输理论的继续坚持和深入贯彻。一些人生怕被戴上"灌输"的帽子而显得谨小慎微,导致坚持灌输论的声音越来越小、越来越弱,甚至萌生了否定灌输论的思想倾向。全面考察灌输在道德教育中的历史发展过程,根据灌输在道德教育和思想政治教育中的地位和作用,得出合理的历史结论;梳理、研究道德教育和思想政治教育关于灌输理论的分歧与共识,进一步阐明灌输与思想政治教育本质的契合性,有助于明确思想政治教育学对灌输理论的积极态度,重新确立灌输的本体地位。

深入探究思想政治教育的本质,是每一位有志于推动思想政治教育研究走向深刻的研究者需要直面的基本课题,也是构建思想政治教育学原理学理体系的首要任务。思想政治教育学科成立以来,学界围绕思想政治教育的本质问题展开了热烈讨论和具体阐释,出现了十种观点:意识形态论、价值主导论、人学目的论、人的社会化论、灌输论、掌握群众论、社会治理论、二重本质论、多重本质论、相对本质论①,以及新近的政治价值观再生产论②和铸魂育人论③。对于思想政治教育概念特征也有"施加论""转化论""内化论"等不同理解。关于思想政治教育本质的争议很大,而且这些争论脱离了我国经济社会政治实践,"事实上许多是无谓之争,字眼字面之争,抽象议论之争。不论理论争议多大,透过这些争论可以看到,大家对于什么是思想政治教育的理解基本上并没有多大的区别"④。参与学科创建的专家们也认为近年的思想政治教育学教材"对思想政治教育的本质做出'几个特性的说法',没有做出最后的归纳"⑤。关于"思想政治教育是什么"的基本理解和共识是思想政治教育学科的立身之本,也是学科理论发展的中心问题和首要问题,必须直面以对,不能含糊、回避,也不能"转换",不能以"思想政治教育是何种概念"来回避"思想政治教育是什么"的关键命题,要尽量说清楚思想政治教育到底是什么,尽力对思想政治教育的性质做出相对清晰到位的解释。

　　教材是进入学科的入门读本,教材体系提供的知识引导应在吸收学科共识和集体智慧的基础上力求科学准确。习近平总书记强调要有好的教材,"学科体系同教材体系密不可分。学科体系建设上不去,教材体系就上不去;反过来,教材体系上不去,学科体系就没有后劲"⑥。作为集体攻关成果的马克思主义理论研究和建设工程重点教材《思想政治教育学原理》,根据列宁提出的灌输论,依据当今社会新的实际,对思想政治教育本质问题给出了明确的解答:"社会主义社会的思想政治教育的本质是坚持主流意识形态的主导和灌输。"⑦这是一个旗帜鲜明、截断众流的论断和确认,是思想政治教育学科在新的实践问题和新的学科发展机遇面前,深刻理解和准确把握时代,正确诠释灌输论的当代价值和现实意义,并将其贯彻到教材体系的重大成就。同时,教材也对思想政治教育学原理内容体系和学科体系做出了科学、清晰的阐述和设计,这标志着学术研究和知识积累已进入一个新的

---

①　陈秉公:《思想政治教育本质研究现状及建议》,《思想教育研究》2014 年第 6 期。

②　宇文利:《论思想政治教育本质:政治价值观的再生产》,《马克思主义与现实》2013 年第 1 期。

③　李忠军:《"铸魂育人"是思想政治教育本质核心内涵的探讨》,《思想理论教育导刊》2015 年第 10 期。

④　刘建军:《思想政治教育学原理建构中哲学思维的运用》,《思想教育研究》2012 年第 4 期。

⑤　宋锡辉等:《思想政治教育学元理论研究》,北京,中央编译出版社,2012 年版,第 2 页。

⑥　习近平:《在哲学社会科学工作座谈会上的讲话》,北京,人民出版社,2016 年版,第 23 页。

⑦　《思想政治教育学原理》编写组:《思想政治教育学原理》,北京,高等教育出版社,2016 年版,第 94 页。

历史发展阶段。

1984 年思想政治教育学科成立时,几乎所有的思想政治教育学教材都把灌输论作为理论依据和理论基础,灌输论成为思想政治教育学课的缄默知识和思想基础,几乎内化为一种集体无意识和认识论信条:"列宁当年为批判'自发论'而提出的'灌输原理'并没有过时,只不过表现的内容与形式更富有新的时代特点。所以灌输仍然是思想政治教育的基本原理,决不能轻视和动摇。"①随着学科发展,学界围绕灌输论产生了激烈的争论,出现了质疑、否定和批判灌输的"无用论""强制论""过时论"等观点。这种争论主要是受到道德教育语境影响产生的视角错位和立场动摇,"将道德教育的非灌输的合理性移植到了政治教育中"②。当然,坚持灌输论的学者意见也不一致,灌输分别被视为思想政治教育的本质、任务、原则、方法、理念、依据、基础、职能、原理、规律。这既显示了灌输论在思想政治教育学理论体系中的重要地位,也表明学界内部对灌输论理解的巨大分歧和争论。

长期以来,关于灌输在思想政治教育理论体系中究竟是原则、方法,还是任务、本质,思想政治教育到底要不要坚持灌输论,思想政治教育学术界进行了热烈的讨论,由于对于灌输论的不同认识和理论分歧,衍生出思想政治教育学基本原理中的许多争论,甚至产生了修改思想政治教育学科名称的动议③。在思想政治教育学原理的教材体系中,对灌输的认识和定位也存在摇摆态度和不确定性。"在思想政治教育学科创立初期,在教育部思政司组编的教材里,对于思想政治教育本质是灌输的认识,是明确的,也具有共识。但是,后来就出现了许多不同意义的理解和阐释,实际上发生了很大的争议"④。一些教材混淆了思想政治教育灌输论与灌输式教学、灌输式教育的区别,对中国共产党思想政治教育模式做出了误判:"在党的传统思想政治教育中,教育模式基本上是一种灌输式或权威式教育……教育活动成为一种单纯的教育者单向灌输和受教育者被动接受的活动……过去的以灌输式或权威式教育为特征的思想政治教育模式,必然发生革命性的变化。"⑤这

---

① 教育部社会科学与思想政治工作司:《思想政治教育学原理》,北京,高等教育出版社,1999 年版,第 36 页。

② 李辉:《论思想政治教育的基础性理论难题》,《思想教育研究》2013 年第 11 期。

③ 王颖:《思想政治教育学学科名称争论之于学科发展的价值意蕴分析》,《思想理论教育》2003 年第 9 期。

④ 刘书林:《论思想政治教育的本质:坚守灌输论的理由》,《思想理论教育导刊》2012 年第 10 期。

⑤ 张耀灿、郑永廷、吴潜涛:《现代思想政治教育学》,北京,人民出版社,2006 年版,第 226 页。

种静态理解和主观判断产生了广泛而又深远的影响①,损害了马克思主义思想政治教育学的基础性论证,容易导致思想政治教育偏离方向,不利于准确认识和理解思想政治教育现象和事实。

思想政治教育本质与灌输论之间存在着理论缠绕的现象,学界在努力坚守灌输论的同时,回避、淡化、质疑、批判思想政治教育本质与灌输内在关联的观点也在一定程度上广泛存在。一部分思想政治教育教材和教学基本上放弃了灌输论的陈述和坚守,出现了各种各样玄而又玄的学术论文和学位论文,脱离了思想政治教育本质要求,脱离了党的思想政治工作实践,脱离了马克思主义大众化、中国化、时代化的需求和理论需求,在一定程度上造成了人力资源的浪费。

（一）道德教育学对于灌输理论的批判与回归

西方学者对灌输理论进行了比较系统的理论分析。霍尔和戴维斯认为灌输是一个涉及学科内容以及教育者目的或意图两个方面的混合概念:"任何一套信念三番五次的重述,而在这样做的时候,这些信念的根据或证据却没有受到公开的检查。……灌输者需要人们接受他三番五次重述的那些信念,而同时又不允许人们批评这些信念。"②杜威认为:"在传统学校里那么普遍的一种外部的灌输,不仅不能促进反而限制了儿童的智慧和道德的发展。"③价值澄清学派认为凡是企图将预先确定下来的"正确"价值观塞给或强加于人们,实质就是灌输,他们极力反对道德灌输:"我们所界定的价值不是灌输得来的,它们需要自由选择。"④保罗·弗莱雷总结了灌输式教育的

---

① 宣传工作和组织工作是中国共产党的突出优势,对于"党的传统思想政治教育"的每一项分析,都应该秉承客观、严谨、具体的原则和态度加以申述。杨增崟、黄飞认为持"传统思想政治教育"论者多以改革开放或确立市场经济为界,将之前我们党的思想政治教育笼统称为"传统思想政治教育",并冠予"灌输、主客对立、政治工具性"等特征来否定性地描述,夸大了历史事实。透视文本,批驳传统思想政治教育的"叙事方式",把一些问题绝对化、静态化,实际上不可避免成了一种假定存在,其实践中的真实性本身就是个疑问,体现在:现实中难以找到与其所论较为一致的状态,缺乏足够的事实材料予以证明。笼统地以所谓"传统思想政治教育"对过去党的思想政治教育进行简单贬低、抛弃、否定,一则缺乏对党的思想政治教育历史客观、公正的评价,有损于学科研究的科学性,二则缺乏科学严谨的学术态度和治学品格。参见杨增崟、黄飞:《"传统思想政治教育":一个需加以分析的术语》,《探索》2008 年第 6 期。

② 〔美〕霍尔、戴维斯:《道德教育的理论与实践》,杭州,浙江教育出版社,2002 年版,第 22~23 页。

③ 赵祥麟、王承绪:《杜威教育论著选》,上海,华东师范大学出版社,1981 年版,第 349 页。

④ Rath L, Harmin M, Simon S: *Values and Teaching* (*Second edition*), Ohio: Merill, 1978, p.291.

十大基本特征①;威尔逊以一句致命的话宣布了灌输的宿命:"灌输既不是一种教授道德的方法,也不是一种道德的教学方法。"②在这些反对灌输理论思潮的长期影响下,西方道德教育走向了相对主义,出现了许多社会问题。物极必反,有识之士开始重新反思灌输的教育价值,部分学者认识到"不用道德意识去影响青年是社会严重的失败"③,并进一步重新思考灌输理论的合理性。"从实在人类学和历史的角度来看,对'灌输'的总体拒斥是站不住脚的,因为要成功地传播积极的道德态度也唯有通过'教化'的方式,也就是说,通过对其价值的深信不疑;通过'教化(灌输),从孩提时代就开始对个体的整体人格施加影响'。"④

我国道德教育学界也有一种比较强势的立论,认为"灌输一直是道德教育中的最大痼疾",强调灌输"在性质上,它是一种强制的、封闭式的教育;在目的上,它试图通过一切可能的方法和措施使学生接受并最终形成特定社会所要求的固定的道德价值观念和道德行为习惯;在内容上,所要传授给学生的乃是人们推崇并为大多数人一致认可的、具体的道德规则规范;在方法上,通常诉诸直接的问答式教学、规劝、说服、纪律、强迫执行、训诫、奖惩以及榜样等。这种教育实质上是一种僵化的教育形式,一方面,它无视儿童的兴趣和需要;另一方面,它与现实的社会生活无关。由于用一种固定的教条教育学生,因而在很大程度上禁锢了学生的思想,窒息了学生的自主性和创造性……在把人当作客体的灌输教育中,人本身不再是目的,这就是灌输的实质及其产生的基础"⑤。李奉儒也认为灌输"意指这些人在人类的思维或

---

① 保罗·弗莱雷认为,灌输的特征有:(1)教师教,学生被教;(2)教师无所不知,学生一无所知;(3)教师思考,学生被考虑;(4)教师讲,学生听、温顺地听;(5)教师制定纪律,学生遵守纪律;(6)教师做出选择并将选择强加于学生,学生唯命是从;(7)教师做出行动,学生则幻想通过教师的行动而行动;(8)教师选择学习内容,学生(没人征求其意见)适应学习内容;(9)教师把自己作为学生自由的对立面而建立起来的专业权威与知识权威混为一谈;(10)教师是学习过程的主体,而学生只纯粹是客体。参见〔巴西〕保罗·弗莱雷:《被压迫者教育学》,上海,华东师范大学出版社,2001年版,第25~26页。这些特征绝大部分都是教育中的极端现象,并不代表教育或道德教育的常态和常规现象。也就是说,西方学者对于灌输的分析和批判往往都呈现出一种夸张状态,既不符合西方的现代教育生态,也不能代表其他国家的概况,其指向对象和理论假设可能还是中世纪的教会教育时代,之所以如此强调,也可能是对于灌输的一种警惕和醒思。〔德〕沃夫冈·布雷钦卡:《信仰、道德和教育:规范哲学的考察》,上海,华东师范大学出版社,2008年版,第143页。
② 戚万学:《冲突与整合:20世纪西方道德教育理论》,济南,山东教育出版社,1995年版,第24页。
③ 转引自吴君:《关于"灌输"的本质定位和实践走向的思考》,《探索》2000年第2期。
④ 〔德〕沃夫冈·布雷钦卡:《信仰、道德和教育:规范哲学的考察》,上海,华东师范大学出版社,2008年版,第143页。
⑤ 王啸:《道德教育中灌输的实质及其根源》,《教育评论》1998年第2期。

活动的部分领域中,他们的心灵被封闭了,他们的信念或态度不对理性的检视有所开放,以致证据、论证或逻辑对他们一点影响也没有,无法撼动他们封闭的心灵"①。这种观点批判灌输教育的强制性和服从性,主张从教育性质、目的、内容和方法四个层次上予以全面"否弃"和"拒斥"。这种主张也遭到了部分学者的严肃批评②。

不难理解,当前我国理论界反对道德教育灌输论仅仅是西方教育学的"理论旅行",是"人们对过去德育绝对主义、权力主义的一种矫枉过正的理想冲动"③,缺乏事实根据和科学的理论支撑。在现实中,我们也不得不承认,"个体在道德发展过程早期,需要基本的道德知识的积累。在以'传授'为主要获得方式的知识学习中。'传递'和'输送'意义上的道德灌输应该有助于这个过程的完成……实际道德知识传授中,特定内容和特殊发展阶段的灌输仍是一个客观的无奈的选择。而不加区分地'彻底否弃与拒斥'一切灌输,不能不说是一个值得商榷的观点"④。

(二)思想政治教育灌输理论的基本内容

目前,灌输在思想政治教育语境中的理论定位有"原则说""方法说"两种理解,在功能判断上存在着"错误论""无用论""过时论"的认识误区,这表明关于灌输的理论定位和价值判断仍然有待进一步明确化、科学化。思想政治教育学科语境中的'灌输',是对列宁灌输理论的直接继承和拓展,全面把握灌输的多重含义和多重属性,尊重历史和事实,辩证分析坚持和反对灌输理论的各种理论观点,克制激愤的意气情绪,既不故步自封,也不盲目引进理论,对于加强思想政治教育学科建设、完善理论体系,有效开展思想政治工作,具有重要的理论意义和实践价值。

第一,明晰学科语境中"灌输"的概念差异。对于"灌输"的内涵,学术界大致有三种理解方式:一是认为"灌输"即"晓之以理,就是传播与传递",灌输的过程就是文化传递的过程⑤;二是把"灌输"与"启发"对立,认为灌输是一种"非启发式"的教学方式;三是指偏重于道德认知领域的教学,将道德作为客观知识进行直接传授和强制学习,不重视教育对象的道德情感体验

① 李奉儒:《教育哲学:分析的取向》,台北,扬智文化事业股份有限公司,2004 年版,第 250~251 页。
② 参见孙喜亭:《德育要拒斥任何意义上的"传递""灌输"吗?》,《中国教育学刊》2000 年第 5 期。
③ 班建武:《道德灌输的本体论意义及当代危机》,《思想教育研究》2006 年第 9 期。
④ 迟希新:《道德灌输的认知心理学释义》,《教师教育研究》2004 年第 1 期。
⑤ 参见孙喜亭:《德育要拒斥任何意义上的"传递""灌输"吗?》,《中国教育学刊》2000 年第 5 期。

和道德实践。应该说,思想政治教育理解的灌输是前一种,道德教育理解的灌输是后两种。由于"一个人对灌输如何理解至少部分地依赖于灌输被定义的方式"①,思想政治教育和道德教育对于灌输理解的差异直接决定了灌输能否在其理论体系中作为操作方法付诸实践。

道德教育理论反对灌输,是因为他们基于儿童心理学认为幼小的心灵更需要尊重和选择。在他们看来灌输是一种"不好的教育",它妨碍人们运用自己的判断在道德上自主地理智思考。思想政治教育学对灌输的理解当然不能人云亦云,更多地注重过程的描述而不是性质的限定,灌输并不等于强制、封闭、僵化。马克思主义历来坚决反对"强塞硬灌"。1887年,恩格斯就曾告诫参加美国工人运动的德国工人阶级先进分子,不要把革命理论当作救世的教条硬灌给美国工人阶级。他强调:"我们的理论是发展着的理论,而不是必须背得烂熟并机械地加以重复的教条。越少从外面把这种理论硬灌输给美国人,而越多由他们通过自己亲身的经验(在德国人的帮助下)去检验它,它就越会深入他们的心坎。"②列宁针对当时人们把灌输误解为"硬灌"的倾向,特别指出,"我们不赞成的只有一点,那就是强制的成分。我们不赞成用棍子把人赶上天堂"③,"共产党人的全部任务,就是要善于说服落后分子,善于在他们中间进行工作"④。

对灌输做恰当的定性和语境分析,有利于在理论上消除因语义理解所导致的偏见。灌输的本意是传递、输送,并没有强制、封闭的含义。道德教育界如此强烈地批判灌输的强制性、封闭性、僵化性,一方面是对道德知识传授和道德行为培养两者间的突出矛盾以及道德教育部分强制现象的放大,另一方面也是为了树立鲜明的假设前提以便展开理论批判。

第二,承认灌输是思想政治教育不可逾越的教育环节。涂尔干对于灌输感到很为难,他一方面承认"强迫学生去接受道德事实、道德价值和行为确实不好,但是我们别无选择";另一方面又认为强制性的灌输未必就是一件坏事:"因为,我们要成为的那种人是未来社会所要求的人,而由社会所需要的这种人与我们与生俱来的那些潜能之间存在的距离是如此之大,以至于不按社会的要求去限制、规范我们的行为、欲望,我们就不能形成一种社会人格,甚至不能成为真正的人。所以,这一过程虽然痛苦,却是必要的,如果说这就是灌输,那么灌输就是不可避免的";"换言之,如果教育者不强制

① 〔美〕奈尔·诺丁斯:《教育哲学》,北京,北京师范大学出版社,2008年版,第61页。
② 《马克思恩格斯选集》第4卷,北京,人民出版社,1995年版,第681页。
③ 《列宁全集》第20卷,北京,人民出版社,1958年版,第59页。
④ 《列宁选集》第4卷,北京,人民出版社,1995年版,第164页。

和灌输,就是不负责任,就剥夺了使儿童真正成为人的机会"①。涂尔干的困惑是人们对于灌输的复杂感情的典型代表。有人提出应考虑灌输的条件性:"有人说教师永远都不应该灌输。也有人坚持认为,在某些年龄阶段或某些内容上,灌输是必要的,但他们同时又指出,教师要理解在以后的日子里(当学生更成熟时),当学生提出有关信念之基础的各种问题时将会得到鼓励,只有在此前提下,才可以这样做。"②灌输是思想政治教育的必要环节和基本使命,"几乎没有哪个现代教育系统不向人们灌输服从国家统治者的思想"③。时代发展带来的只是灌输的具体内容的变化,不变的是灌输的社会教化目的:维系国家社会的稳定。因此,不管人们是否承认,在每一种社会形态中,意识形态的灌输是切切实实发生的事情。"任何社会,为了能存在下去……必须紧密地围绕保持其制度完整这个中心,成功地把思想方式灌输进每个社会成员的脑子里。"④因为,"如果一个社会政治体系不能争取人们信仰某些原则、观点、某些共同关心的事情,甚至信仰某些联结一个民族的神话,那么这个社会政治体系就不能巩固它的基础"⑤。灌输是必要的思想资源的供给过程。通过对个体思想资源的供给,帮助个体形成理性的思考、判断和选择。当供给的思想资源体现出社会良知与正义的内涵、浸透着社会公共理性时,整个思想政治教育活动就有可能被教育对象自觉地认同与接受。如康德所言:"凭借因遵守法则让我们感受到的肯定的价值,职责的法则找到了通过对于我们自己的敬重进入我们自由的意识的方便之门。"⑥舒新认为将灌输论分为两个层次来理解,有利于厘清对灌输论的诸多质疑,发挥灌输论的当代价值。第一层次将"灌输"视为一个价值目标,解决"必须灌输"的问题,是无产阶级政党和社会主义国家必须始终坚持的原则;第二层次将"灌输"作为一个动态过程,解决"怎样灌输"的问题,属具体方法论范畴,内容随条件的变迁而变迁。灌输论是原则和方法的统一,强制性和非强制性的统一。经典作家和革命导师是从实现思想政治领导、占领意识形态阵地的原则高度提出灌输论的,强调的是灌输论的原则性和强制性。只要当今世界两制并存,就存在占领意识形态阵地的斗争,灌输论就具

① 戚万学:《冲突与整合》,济南,山东教育出版社,1995 年版,第 110 页。
② 〔美〕奈尔·诺丁斯:《教育哲学》,北京,北京师范大学出版社,2008 年版,第 60~61 页。
③ 〔美〕乔尔·斯普林格:《脑中之轮:教育哲学导论》,北京,北京大学出版社,2005 年版,第 16 页。
④ 〔美〕安东妮·奥罗姆:《政治社会学》,上海,上海人民出版社,1989 年版,第 317 页。
⑤ 联合国教科文组织国际教育发展委员会:《学会生存:教育世界的今天与明天》,北京,教育科学出版社,1996 年版,第 188 页。
⑥ 〔德〕康德:《实践理性批判》,北京,商务印书馆,1999 年版,第 176 页。

有存在价值,具有普遍适用性①。理性化的灌输和价值启蒙是思想政治教育的基本原则和方式,从这个意义上说,没有必要的灌输,真正的思想政治教育将不复存在。作为面向成人世界的思想政治教育,灌输完全是必要的,也是可以理解和接受的。

第三,明确灌输的系统性、完整性和复杂性。从意向或目的、方法、内容和结果等单一角度出发讨论灌输问题,均有其自身的合理性和片面性。这充分说明了灌输的复杂性以及综合考虑这一问题的必要性。"灌输论"是一个系统的理论,它包括灌输的前提、依据、内容、目的和保障等基本内容。在列宁那里,灌输是作为任务提出来的,"灌输"说的是有组织(工人阶级先锋队组织)、有领导(工人阶级优秀分子)的正面教育。简单地把灌输视为方法或单纯当作原则,都忽略了灌输的系统性、完整性和复杂性;至于有人把它与强制、注入等观点相提并论,更是风马牛不相及。有学者认为灌输论包括社会主义思想体系产生的理论、无产阶级历史使命理论、现代社会两种思想体系的理论、革命理论作用的理论、共产党领导作用理论②。这些都亟待我们加以系统、深入地研究。

(三)重新定位思想政治教育的灌输理论

灌输是思想政治教育必要的知识传达与认知导向维度。马克思主义的创始人多次从不同角度强调了使工人阶级掌握"精神武器"、使科学理论转变为"物质力量"的伟大意义,实际上已体现了加强灌输任务的思想。在《共产党宣言》中,他们就鲜明地指出:"共产党一分钟也不忽略教育工人尽可能明确地意识到资产阶级和无产阶级的敌对的对立",以作为"反对资产阶级的武器"③。把灌输思想进一步系统化而形成完整理论的是列宁。列宁认为工人运动不能自发地产生马克思主义,马克思主义必须由工人阶级的先锋队组织从外部"灌输"进去。列宁指出:"各国的历史都证明:工人阶级单靠自己本身的力量,只能形成工联主义的意识"④,"我们社会民主党的任务就是要反对自发性,就是要使工人运动脱离这种投到资产阶级羽翼下去的工联主义的自发趋势,而把它吸引到革命的社会民主党的羽翼下来"⑤。理论灌输是共产党的历史使命,"现代社会主义意识,只有在深刻的

①　舒新:《马克思主义灌输论的理路与践行》,《社会主义研究》2014 年第 6 期。
②　陆庆壬:《人的发展和社会发展:思想政治教育学基础理论研究》,上海,同济大学出版社,1994 年版,第 225~226 页。
③　《马克思恩格斯选集》第 1 卷,北京,人民出版社,1995 年版,第 306 页。
④　《列宁选集》第 1 卷,北京,人民出版社,1995 年版,第 317 页。
⑤　《列宁选集》第 1 卷,北京,人民出版社,1995 年版,第 327 页。

科学知识的基础上才能产生出来。……社会民主党的任务就是把认清无产阶级的地位及其任务的这种意识灌输到无产阶级中去"①。由此可见，列宁意指的灌输并不仅仅是实现活动目的的中介和手段，而是一个完整的活动"实体"，是一个包含活动的主体、客体、内容、任务等方面的活动系统。与列宁相似，毛泽东在《论持久战》一文中直接而明确地指出："没有进步的政治精神贯注于军队之中，没有进步的政治工作去执行这种贯注，就不能达到真正的官长和士兵的一致，就不能激发官兵最大限度的抗战热忱。"②这里的"贯注"其实就是灌输。毛泽东还强调了要通过具体的政治工作形式去实现这种"贯注"，可见他也不是把灌输作为一种具体方法来看待的。

通过以上分析可以看出，灌输本质上就是思想理论的系统教育和宣传，是任务范畴，它不隶属于原则或方法范畴。灌输就是有组织、有计划地对党员、干部和群众系统地进行马克思主义理论的教育和宣传，以提高他们的思想政治觉悟，更好地改造主观世界和客观世界的任务。为了完成灌输任务，我们党形成了一系列的宣传教育原则和方法。邓小平明确指出："我们政治工作的根本的任务、根本的内容没有变，我们的优良传统也还是那一些。但是，时间不同了，条件不同了，对象不同了，因此解决问题的方法也不同。"③为此，邓小平提出并阐述了许多进行马克思主义理论教育、宣传的正确方法。比如，他强调理论灌输要坚持透彻说理、从容讨论的方法。他指出："用大搞群众运动的办法，而不是用透彻说理、从容讨论的办法，去解决群众性的思想教育问题……从来都是不成功的。"④他还指出："在党内和人民内部的政治生活中，只能采取民主手段，不能采取压制、打击的手段。"⑤1994 年全国宣传思想工作会议提出宣传思想工作必须"以科学的理论武装人，以正确的舆论引导人，以高尚的精神塑造人，以优秀的作品鼓舞人"的指导方针，这些都是我们党关于如何顺利完成党的马克思主义理论灌输任务的宝贵思想。

如果把灌输视为一种在思想政治教育中必须遵循的、作为规律性反映的原则，会弱化灌输的地位和作用；如果把"灌输"视为一种方法，会窄化其实际作用范围，同时也为曲解灌输和攻击思想政治教育提供了诱因和口实。把灌输作为任务来理解，容易彰显思想政治教育方法的灵活性和选择性，即

---

① 《列宁选集》第 1 卷，北京，人民出版社，1995 年版，第 326 页。
② 《毛泽东选集》第 2 卷，北京，人民出版社，1991 年版，第 511 页。
③ 《邓小平文选》第 2 卷，北京，人民出版社，1994 年版，第 119 页。
④ 《邓小平文选》第 2 卷，北京，人民出版社，1994 年版，第 336 页。
⑤ 《邓小平文选》第 2 卷，北京，人民出版社，1994 年版，第 144 页。

为了完成思想政治教育的灌输任务,不排斥任何一种有效形式和方法。这样,我们既避免了提供一种方法论意义上的灌输原则,也淡化了把灌输当作具体操作方法的误解,有利于坚持和发展灌输。

葛新斌认为,要顺利实现"灌输教育"至少应满足以下基本条件:"第一,教育者将要灌输的道德正确无疑;第二,受教育者需要这些道德;第三,受教育者必将受益于这些道德;第四,受教育者不了解自己的真实道德需要或者虽然了解但却无力满足它们;第五,教育者有办法完成这种道德灌输。""这些条件涉及道德的正确性、受教育者的道德主体性、灌输道德的可能性等问题,缺乏其中任何一点的支撑,'灌输教育'都不能成功。"①他在这里也是把灌输作为必须完成的一项任务来理解的。这些基本条件同时也是我们思想政治教育如何更好地完成灌输任务所面临的问题,认真思考完成灌输任务所要具备的基本条件,所面临的困难,着眼于灌输任务的系统性、复杂性、全面性特点,而不是局限于方法的雕琢,才有利于推进党的思想政治教育事业的前进和发展,切实提高思想政治教育的有效性,在此前提下讨论灌输才具有现实价值和指导意义。

第三节 思想政治教育的时滞性

改革开放 40 多年来,我国社会主义事业已经进入一个崭新的历史时期。处于经济全球化、社会信息化的当代中国,社会主义现代化建设快速推进,全面建设小康社会成就斐然,改革处于攻坚阶段,发展处于关键时期,和谐社会刚刚破题,党和国家对思想政治工作提出了更高要求:更深入地宣传党的理论、路线、方针、政策、党和政府所采取的一系列推进改革的新举措;总结、推广和讴歌、传播群众创造的新经验以及各条战线涌现的先进人物和他们的崇高精神;努力满足群众日益增长的精神文化需求;认真研究和回答实践中提出的许多课题;疏导和解决在改革中由于利益关系调整而出现的思想认识问题;注意克服社会生活中存在的消极倾向;更多地了解世界和世界更多地了解中国,推进改革开放和现代化建设。这些要求既为思想政治工作开辟了大有可为的广阔天地,客观上也对思想政治工作提出了新的问题和新的要求。

"大型多元的现代社会所需要的那些公民品德以及促进他们的恰当方

---

① 葛新斌:《试论"灌输教育"的困境与出路》,《教育评论》1997 年第 1 期。

式,可能异于小型单一的前现代社会所要求的那些公民品德和相关的促进方式。"①现代社会的社会领域分化为"公共领域"和"私人领域",存在着多种多样的社会团体和协会组织的蓬勃成长和积极活动,使得社会管理的模式转向社会治理。思想政治工作在主动地反映这些社会领域和社会结构变化,以及完成上述教育任务方面明显缺乏敏感性、预测性和解释力。思想政治教育的观念、手段滞后于时代发展的要求,思想政治工作方法仍然存在着单打一的缺点。虽然我们已经创造了许多思想政治工作的新形式,但和发展的要求与任务相比,思想政治教育的工作方式方法仍明显存在形式化、简单化、创新性不强的问题。

（一）忽视思想政治教育对象的差异性

有学者认为:"我们只注重思想政治教育作为政党或政治集团的一种意识形态活动而对政权的获得或巩固所起的作用,即它的社会作用,而忽视了思想政治教育也是个人健康成长和自我实现完善的需要。这种偏颇所导致的直接后果就是:一方面,党和国家不断强调思想政治工作的重要性,花大力气进行思想政治教育;另一方面,许多公民对此却不感兴趣。"②这说明,思想政治教育实效性不高的一个原因是没有很好地从人的需要和自我完善和发展的角度去研究思想政治教育。我们往往关注是否"完成任务",而较少关注任务完成得有无实际效果,有没有解决教育对象的现实困难,切实达到教育目的。长此以往,思想政治教育容易流于表面化、外在化。

王树荫明确指出思想政治教育在实际操作过程中存在着教育形式与教育内容不匹配的问题:"一是思想政治教育对象的针对性问题,即思想政治教育形式和内容都必须适合思想政治教育对象,不同的思想政治教育对象需要采取不同的思想政治教育形式、安排不同的思想政治教育内容;二是思想政治教育形式、内容的时效性问题,不同的历史时期、发展阶段和不同的服务对象应该有不同的思想政治教育形式和内容,过时和超前的思想政治教育形式与内容都无助于思想政治教育效果的实现。"③就学校思想政治教育而言,对于小学、初中、高中,乃至大学没有做具体区分。就社会群体而言,对公务员、知识分子、工人、农民等不同的社会阶层思想政治教育要求的层次不分明。思想政治教育的工作方式应灵活多样,与丰富多样的生活,与

①　〔加〕威尔·金里卡:《当代政治哲学》下,上海,上海三联书店,2004年版,第520页。

②　王树荫、高峰、陈迎:《近年来思想政治教育学科理论研究评述》,《教学与研究》2000年第9期。

③　王树荫:《论思想政治教育形式、内容与效果的辩证关系》,《马克思主义研究》2008年第7期。

现代技术提供的信息传播渠道相适应,针对特定人群展开内容、方法匹配的思想政治工作。以"80后"和"90后"的青年群体为例,对他们如何进行有效的思想政治教育社会动员,是值得深思的一个问题。"他们出于对社会的使命感和责任心,总想给青少年一个精神家园,即向青少年展示并让青少年接受一种理想信念、追求抱负或精神寄托。然而这一良好愿望在现实中却往往又遇到很多尴尬:其一,在现实生活中,很多青少年甚至是广大青少年一般都没有感觉到有被帮助、被拯救的必要,使得我们的思想政治工作的针对性大打折扣;其二,思想政治工作者往往自认为要给予青少年一个精神家园,事实上真正给予青少年的是不是一个精神家园大可怀疑;其三,即便我们给予的是一个精神家园,但是不是青少年们需要的精神家园也大有疑问;其四,我们给予的方法是否符合青少年身心发展规律、是否符合青少年接受规律也是一个很大的问题"①。"80后"和"90后"青年人的典型心理特质表现在:

第一,具有充分的自我权威性。青年人对于自己的判断能力具有如此的自信,以至于他们很难接受别人对他们的先入为主的规训和教导。这一方面是因为这一代青年人在信息获得的广泛性与多元化方面已经显然占据了绝对优势,远远超过其长辈的平均水平;另一方面,他们从小在一个享有话语权的环境中长大成人:家长允许而且鼓励他们在很小时候就发言,甚至很重视他们在作为小孩子时候的意见。让他们先发言并且对于他们的意见绝不予以简单否定已经成为一种起码的语言规则。平等化的沟通与伙伴感更能赢得他们的认同,新偶像更多的是他们在参与式的过程中自我至少以为是自我选择的结果。

第二,新鲜取向。青年人是反本质的,喜欢的是流动的不确定性,决然的范畴在他们面前统统解体。他们对于新知识与新风格的关注和投入远远超过我们通常强调的规律、本质、规则,对人类的种种现实精神现象进行意义理解和解释的能力也迥异于其他人。"新即是好"的心理趋向显著而且成为群体风尚。

第三,享受日常情趣。青年人不喜欢甚至厌恶刻板不变、千篇一律、墨守成规、煞有介事、例行公事的感觉,他们在工作中不只是追求结果的成就感,或者说,等到享受结果的快乐已经不再是快乐。这逼着我们想方设法去提高教育过程与生活过程本身的趣味性和享受性,这也就意味着多样化的

---

① 姜键:《当代中国基本政治遵循与主导价值取向研究》,北京,人民出版社,2009年版,第211页。

公共动员与沟通模式应该成为组织管理与领导方式的自然组成部分。教育和管理在很大程度上摇身一变成为学习和工作安排的接受度和执行力问题,这种意义上有效的教育和管理本身就是一种动员,它需要有魅力的领导、有个性的成员、有意义的工作内容、娱乐性的交往、创新性的工作形式,赋予工作以乐趣和创造的激情。

青年人的这些心理特色集中表现为他们敢于表述怀疑,敢于陈述主张,也敢于拒绝他们所厌倦的做法。他们倾向于服从来自网络和现实生活的同伴压力,对于地位虽高但与其认同有距离的人的耐心明显降低;他们积极地躲避他们不喜欢的东西,而且也同样积极地想象他们应该得到的东西,而不是像年长者那样寻求妥协;他们显得更加直接,更具有建设性;他们不仅批评,而且互相批评;他们有高度的信息敏感性,能够接受基于信息的平行交流,对于基于权威的简单指令则很不以为然。这样,就要求我们的青年思想政治工作要由组织推动干部执行的间接模式向青年社会领袖动员的直接模式转化,由意识形态教化式向基于见识的参与动员式转化,由格式化的宣传工作向多样性的沟通工作转化,由系统灌输形式向快速体验模式转化,以快速适应青年人的心理特点和接受特点。

(二) 窄化思想政治教育的丰厚内涵

思想理论知识只有说服人,获得社会的基本认同,才能把理论和思想的可能性力量转化为现实的力量,把先进的理论和精神转化为改造世界的实践的、物质的力量,思想政治工作才能为其他工作提供价值基础,促进其他各项工作。思想政治教育发挥其说服力也有一个基本前提,就是思想政治教育本体价值要获得正确的理解和尊重。

长期以来,基于常识的思想政治教育理论和实践不仅没有明确地把思想政治教育同思想政治工作和道德教育区分开来[1],造成人们对思想政治

----

① 德育学界不断地在讨论道德教育的边界问题。笔者认为,尽管思想政治教育与道德教育有着千丝万缕的联系(鉴于思想政治教育从理论到实践的成熟,德育学第九届全国学术年会将德育学更名为"道德教育学")。思想政治教育与道德教育二者本质上的区别在于教育对象和理论依据的不同。道德教育原理所赖以建构的理论凭据主要在于儿童教育学和儿童道德心理学,而且,道德教育基本上也是以中小学学生为教育对象的。思想政治教育原理应该遵循教育的基本规律和基本原理,但是,在一定程度上它恰恰应该接续中小学后的道德教育,面向大学生和成人社会。一如邓小平所指出的:"最大的失误是教育,这里我主要是讲思想政治教育,不单纯是对学校、青年学生,是泛指对人民的教育。"(《邓小平文选》第3卷,北京,人民出版社,1993年版,第306页。)邓小平是将"思想政治教育"与"对人民的教育"对照着、等同起来讲的,所谓"对人民的教育",就是对每一个公民(党员和群众)的教育,也就是我们每个人都必须接受的教育。所以,思想政治教育原理更多地应该参考和借鉴于高等教育规律和社会教育规律。

教育概念和事实理解的泛化;还赋予思想政治教育一种浓厚的工具论色彩,将思想政治教育视为实现外在的"社会要求"的工具,忽略了思想政治教育作为阶级社会人类学事实的本体性存在。这导致有人"对思想政治教育的所有形式都持疑义,认为这个劳民伤财,那个毫无意义,总之所有活动都是多余的,试图通过否定一系列思想政治教育活动形式来达到取消思想政治教育实质的目的。有的人主观上未必否认思想政治教育的科学性和重要性,但对思想政治教育活动都持反对态度,总说这个没有必要,那个浪费时间"①。由于国家每项政策的出台都有可能成为思想政治工作的内容,政策的改变也会在思想政治工作中立即得到反映。所以,思想政治教育往往被视为政策的诠释工具和附庸产品,在一些人的眼里,思想政治工作也就成了追随形势而无实质的表面工作,或是徒有形式而无内容的空架子,思想政治工作者也成了缺乏独立人格与个性的人,忽略了思想政治教育的丰厚内涵。之所以会产生这种认识误区,就在于片面地看待思想政治工作的价值,甚至对思想政治工作抱有偏见,用一种泛政治化的眼光看待它,而没有把它看成是经济建设得以快速发展的重要支柱和社会得以协调运转的一大要素,更没有看到思想政治工作是社会文化得以生成和国民精神得以塑造的必要手段。

（三）缺乏引领社会思潮的能力和实力

近年来,价值相对主义流行所造成的文化、道德危机已经引起人们的忧虑。"思想宣传阵地,社会主义思想不去占领,资本主义思想就必然会去占领。"②思想政治教育是否具备引领社会文化思潮的实力,保证思想政治教育的社会文化资源不变异、不流失便成了需要认真思索的问题。改革开放以来,社会生活和思想文化领域对意识形态中心状态的疏离,强化了这种价值相对主义思潮之流行。于是,非中心、边缘化、多元化、解构、非确定性等名词纷至沓来,充斥学者文人笔端,蔚为时尚。"从理论上讲,相对主义使现实社会实际上的价值目标成为无意义。"③价值相对主义的这种流行,有其内在的理论、文化、社会原因,在当代中国的历史条件下,内含着一种肯定人性、个体性之平等价值的客观性精神,显示其价值启蒙与思想解放的意义。但是,价值相对主义也慢慢显露出来了它的流弊:在"躲避崇高""怎么都行"的口号下,人们恰恰容易被网络、媒体、广告操纵所形成的流俗、时尚所

①　王树荫:《论思想政治教育形式、内容与效果的辩证关系》,《马克思主义研究》2008 年第
　　7 期。
②　《十三大以来重要文献选编》下,北京,人民出版社,1991 年版,第 1646 页。
③　李景林:《教化的哲学》,哈尔滨,黑龙江人民出版社,2006 年版,第 90 页。

左右而失却自我;在否定了意识形态中心的虚幻理想性而转向物化的"真实"之后,造成心无所主的精神失落,无法在流动的相对性之中建立具有持存意义的"家";随波逐流的外在感性满足继之以更多的匮乏;理论上的不确定性和新理论的层出不穷造成了一种理论兴致上的"审美疲劳"和无动于衷。思想政治教育在这种状态下很可能会失去对人类的种种现实精神现象进行意义理解和解释的能力。

第四节　思想政治教育资源配置失衡和流失

思想政治教育资源是"政治主体和社会组织,可以用于开展思想政治工作,形成最广泛的政治共识,维系政治体系和政治秩序的一切物质和非物质性资源,具有阶级性、稀缺性、集合性、'可扩张性'等政治资源特性"①。它是一个国家社会政治资源的重要组成部分。从总体上来看,目前我国的思想政治教育资源建设滞后于社会经济发展的要求,这不仅表现在社会性、社区性思想政治教育资源存量远少于学校思想政治教育资源存量,还表现在单位思想政治教育功能的弱化上,更表现在大量社团组织思想政治教育的盲点上。

（一）思想政治教育资源配置不平衡

我国思想政治教育资源发展不平衡,宏观上表现为思想政治教育资源建设滞后于社会经济发展;微观上表现为社会性思想政治教育资源匮乏,学校思想政治教育资源相对集中。随着我国市场经济的发展,单位所兼具的思想政治工作、化解社会矛盾的功能逐渐弱化。此外,由于单位的社会职能减弱,单位外的社会领域得到空前的生长,非单位组织形式如社区、社团大量出现并迅速成长②,越来越多的公民以不同的形式,分属不同的公民社区,这是我国社会生活的新变化和群众工作的新特点。改革已经使大量的社会管理、社会保障等功能从单位和政府中剥离、分化出来,

---

① 傅安洲、阮一帆:《加强资源体系建设 实现思想政治工作体制创新》,《中国行政管理》2005年第10期。

② 随着20世纪80年代政企开始分离,社团获得蓬勃发展,"工、青、团、妇"这些组织也在努力塑造自己的特殊利益人群的代表的形象,并且力争以独立的身份发出声音,以保持这些组织对它们试图代表的基层社会特殊利益人群的影响力,凸显其利益代言人身份,隐藏其思想政治教育者身份。非单位组织形式如社区、社团大量出现并迅速成长,形成了发展中的公民社会,大量民间的社团与行业组织纷纷建立起来,成为城市社会中新的交往网络,越来越多的人以不同的形式把自己纳入进去。这些社团组织获得了自治的或部分自治的地位,慢慢积聚了一些资源,从而有可能尝试一定程度上的自治。但是,中国的社团目前明显存在着思想政治工作空白,舆论无人督导等诸多缺陷。

由社区承担。但是适应社区特点的思想政治工作机制尚未建立,导致社区成为思想政治工作的薄弱区域。加强、丰富社区思想政治教育资源体系建设,对加强基层思想政治工作,打好基层思想政治工作基础,具有重要的现实意义。

随着社会利益主体复杂多元,人们思想的独立性、多变性、选择性、差异性增强,计划经济时代形成的思想政治工作领导体制和运行机制难以与之相适应,表现为思想政治工作的社会化程度不高,缺乏社会性运作手段等,迫切需要创新。建立与市场经济体制相适应的思想政治工作领导体制和运行机制、增强适应性和有效性,是思想政治工作创新的必然要求。党和政府要利用法律、经济、政策等手段,支持、鼓励社会思想政治教育机构和场所的建立和发展,为其提供合法性空间;通过直接拨款和包括豁免税收等间接资助方式,构筑这些社会机构和活动场所的依赖基础,并支持它们针对社区和公众的思想特点,开展思想政治工作。思想政治教育主管部门也要制定活动规范和依法实施监督,保证社会思想政治教育机构的教育性、规范性、非营利性和公共性,确保与主流意识形态保持一致。

(二)思想政治教育资源流失现象严重

在计划经济时代的单位制社会背景下,"单位是许多政治宣传活动的舞台:灌输意识形态并借此鼓舞群众,提供道德激励,批判官方认为不正确的观点"①。随着我国市场经济的发展,单位制在社会体系中的地位被削弱,单位的社会职能减弱,化解社会矛盾的功能逐渐弱化,承担思想政治工作的积极性降低,导致基层思想政治工作基础日渐薄弱。随着后单位时代社会利益的主体复杂多元化,人们思想的独立性、多变性、选择性、差异性增强,现有的思想政治工作领导体制和运行机制难以与之相适应,思想政治工作的社会化程度不高,缺乏社会性运作手段,无力阻止思想政治教育资源的流失。

重视和加强思想政治教育资源体系建设,形成党和政府领导管理、社会广泛合作、公众普遍参与、与社会主义市场经济体制相适应的思想政治工作领导体制和运行机制,是加强基层思想政治工作的关键;对于适应社会生活和群众工作的新特点,形成能够全面表达社会利益、有效平衡社会利益、科学调整社会利益的利益协调机制,促进全社会形成广泛的政治共识,都具有重大的现实意义。

---

① 〔匈〕雅诺什·科尔奈:《社会主义体制:共产主义政治经济学》,北京,中央编译出版社,2007年版,第210页。

第五节　工具性思想政治教育的几点评价

（一）工具性思想政治教育的必然性

我国传统德育以儒家文化为主体,其主旨精神强调克己复礼,维护纲常礼教,个人缺乏相对独立的地位和价值。传统德育的这种价值取向在历史上以全面的、整体主义的形式表现出来。当中华民族面临着生死存亡的压迫,面对长期受封建专制思想压制而且文化基础薄弱的工农群众,中国共产党人将马克思主义基本原理转化为简明易懂的行动纲领和规则,运用灌输方式传播革命道理,确实是凝聚人心、统一思想的行之有效的工作方式。新中国成立后的计划经济时期,政治全方位控制社会,作为社会一员的个人没有太大的选择余地,工具性思想政治教育完全契合当时的政治需要,也能够较好地为人们接受,不会引发质疑和不满。新中国成立后在国际竞争中长期面临生存和发展的考验,在这种生存环境下,思想政治教育的工具价值得到了格外重视和高度强化,政治功能得到了充分发挥。

郑永廷在分析这种现象产生的原因时指出:"在我国实现改革开放之前,思想政治教育的功能是单一的,这种单一性不是思想政治教育本身所决定的,而是当时社会政治、经济、文化共同作用的结果。以政治运动为中心,使思想政治教育成为政治运动首当其冲的手段,计划经济体制的集中统一性,从体制上保证思想政治教育只能为政治运动服务,经济发展得不到应有的重视,文化领域被全面卷入政治运动中。在这样的历史条件下,思想政治教育的功能只能突出地表现为单一的政治功能。"①毋庸置疑,思想政治教育的政治功能是思想政治教育工具价值的基础,失去了政治功能,思想政治教育的存在和发展就失去了价值依托。

（二）工具性思想政治教育的合理性

教育有两个基本规律:一是教育必须适应社会的发展并为社会发展服务的规律;二是教育必须适应人的身心发展并为人的身心发展服务的规律。思想政治教育具备教育的一般属性,理应遵循教育的基本规律。社会条件以及思想政治教育主体需要的变化,必然带来思想政治教育自身目标和手段的变化。随着时代的发展,思想政治教育政治功能的内涵和实现方式也在不断拓展和变化,除了通过直接的政治教育形式来实现其政治功能外,主要是通过影响经济发展、社会发展和文化发展的方式,来间接地实现其政治

---

① 郑永廷:《论思想政治教育的功能发展》,《思想·理论·教育》2001 年第 2 期。

功能。我国现阶段思想政治教育的主要任务是在马克思主义理论的指导下,为实现建设和谐社会的目标,通过对人们施加有目的的思想和政治方面的影响,鼓舞和激发全国人民团结奋斗,努力完成时代赋予我们的振兴中华的伟大历史使命,同时在这一过程中通过思想政治教育的感化与启迪,对国民的个人能力、素质以及精神境界进行比较全面的提升。

思想政治教育具有意识形态性和非意识形态性的双重属性[1],解释执政党存在和执政的指导思想、施政纲领,开展社会动员、明确价值信仰、协调内部矛盾,都要借助于思想政治教育的意识形态功能。这也是任何执政党都高度重视思想政治工作的原因。但是,目前在不同程度上存在着降低思想政治教育意识形态要求,绕过思想政治教育重点和难点的现象和做法,这表明思想政治教育中存在着讳言、回避思想政治教育的政治工具性、意识形态性、政治性的本质特征,不积极解决新情况、新问题的惰性。长此以往,思想政治教育的政治优势不可避免地会受到压抑和削弱[2]。王树荫明确指出要重视思想政治教育的政治性:"思想政治工作不能为生动而生动,更不能为形式生动而丢失政治内容;……思想政治教育的政治性并不表示僵化、古板,缺乏生气、活力","当前,思想政治工作中还必须强调政治性,因为总有人试图去掉思想政治教育中的'政治'两字,有意无意地轻视和忽视政治性,推崇普适性和一般性。须知,思想政治教育中的政治概念既有历史性,也有不变性;目前我们所讲的市场经济、和谐社会、现代化、物质文明、政治文明、精神文明、改革开放都有一个社会主义问题,即社会主义市场经济、社会主义和谐社会、社会主义现代化、社会主义物质文明、社会主义政治文明、社会主义精神文明、社会主义改革开放。总之,思想政治教育要以中国特色社会主义理论体系为指导"[3]。事实上,"人类社会实践,不管你愿意与否,本质上是一种政治性的实践"[4]"政治首先是、最终考虑的是如何界定和组织一个生活世界,如何为这个生活世界作出制度上的安排和价值论上的辩护"[5]。宣传与贯彻执政党的意识形态,开展爱国主义教育,弘扬社会主义

① 石书臣:《思想政治教育的意识形态性与非意识形态性的统一》,《探索》2003年第3期。
② 准确地说,对于思想政治工作和思想政治教育工具性特征的集体反思发生在"蛇口风波"之后。此前,思想政治工作方式、思维方式基本上是依循传统的惯性运作,处于"集体无意识"状态,尚未省思对于其在新的社会形势下的不适应性。
③ 王树荫:《论思想政治教育形式、内容与效果的辩证关系》,《马克思主义研究》2008年第7期。
④ 〔日〕筑波大学教育学研究会:《现代教育学基础》,上海,上海教育出版社,1986年版,第357页。
⑤ 张旭东、薛毅:《西学想象与中国当代文化政治的展开》,《天涯》2003年第2期。

新风尚,学习先进模范和道德榜样,形成良好和谐的社会氛围,都离不开思想政治教育。

余双好认为改革开放以来思想政治教育本身已经不期然地发生了深刻变化:"一是思想政治教育的形态已经从经验状态向科学和学科状态转化,伴随着思想政治教育科学化进程,思想政治教育活动的知识生产,除了依靠党的思想政治教育实践活动经验产生以外,也通过科学研究活动生产,使思想政治教育活动增添了科学的成分,思想政治教育的状态日益科学化。二是思想政治教育的运作方式已经从自上而下发动,向双向互动转变,除了依靠党和政府直接发出思想政治教育活动以外,很多思想政治教育活动也由基层思想政治工作者发起,思想政治教育活动方式呈现出自上而下与自下而上双向互动的发展模式。三是思想政治教育状态已经从习惯于采取运动式、社会动员的方式展开,向制度化、法制化和规范化转变,思想政治教育活动日益在制度和法律的规定下,采取系统稳定有序的方式推进,思想政治教育活动的制度日益完善。四是思想政治教育方式从比较重视直接、显性方式到兼顾间接、隐性方式的变化,直接思想政治教育活动依然是思想政治教育的主渠道和主阵地,充分发挥专门部门思想政治教育主导性,在此基础上,思想政治教育也越来越多地采取间接、渗透和隐性方式进行,思想政治教育方式日益多样化。五是思想政治教育方法从注重认知到认知、情感和活动并重的转变,说明教育曾经是思想政治教育的主要方法,但这种方法突出认知教育在思想政治教育中的作用,改革开放以后,思想政治教育方法日益向情感和活动等方法拓展,比如人文关怀和心理疏导的引入,并成为思想政治教育方法的有益补充,体现了思想政治教育方法从认知向情感的拓展。六是思想政治教育内容从政治内容向全面发展内容转变,思想政治教育内容已经逐渐拓展到思想、政治、道德、心理、文化等领域,向人的全面发展和综合素质拓展,思想政治教育成为促进个体全面发展和综合素质提升的重要手段。七是思想政治教育渠道从重视正规渠道向兼顾非正式的、活动性的、偶发渠道的转变,思想政治教育活动不仅重视政府部门、教育部门和正式组织的教育作用,而且开始重视非正式组织、自发组织以及客观中立教育机构的作用,关注偶发的事件和活动对个体思想政治教育影响,重视社会实践活动对个体思想政治素质影响,思想政治教育渠道日益丰富和多样。八是思想政治教育手段从教育教学到多样化手段的转变,伴随着现代科学技术和传播方式的发展变化,特别是网络、新媒体、自媒体等信息技术的发展,思想政治教育活动日益通过现代技术方式和手段连接教育对象,使得思想政治教育手段日益现代化,教育技术手段日益成为思想政治教育连接教育对象的新的切入点。九是思想政治教育视角从重视教育者出发向教育对象出发的转变,伴随着个体思想政治观念的多样性、选择性和多变性,思想政治教育对象在思想政治教育活动中日益主动,思想政治教育活动过程中,对思想政治教育对象的关注程度日益提升,在某种程度上说,思想政治教育对象的发展从另一个层面促进了思想政治教育活动的发展变迁。思想政治教育对象的变化也构成思想政治教育模式变迁的动力,在适应思想政治教育对象的过程中,思想政治教育的出发点发生深刻变化,即由教育者视角到教育对象视角的转变。十是思想政治教育队伍从全员到重视专职到专门职业与全员并重的转变。改革开放以前思想政治教育队伍呈现出全员化的特点,改革开放以后,伴随着思想政治教育专业化进程,出现专业化的思想政治教育机构和队伍,思想政治教育专业化促进思想政治教育活动的职业化,但也造成了专业化与全员化之间的分离。思想政治教育队伍呈现出专业化与全员化并重的状态。从上述十个方面的描述来看,改革开放以来思想政治教育模式已经发生深刻变化,呈现出多元、双向、互动、并重的发展状态,思想政治教育模式并不仅仅从国家和社会需要出发开展活动,而是充分兼顾了个人发展的考虑,把促进个人发展与国家和社会发展结合起来;思想政治教育也不是一种单一由党和政府自上而下的发动模式,而是把自上而下与自下而上结合起来;思想政治教育方式方法并不是单一通过说理教育、从教育者角度思考问题,而是充分认识到教育对象的主动性因素,通过多样化教育方式实现双向沟通互动;思想政治教育模式的样态并不是以经验为基础,而是在专业思想政治教育人员的科学研究基础上,实现思想政治教育的科学化和规范化,思想政治教育活动日益摆脱单纯靠经验来工作的状态。"①佘双好的如上分析详细地阐释了思想政治教育要在一如既往地讲政治,坚持用广大人民群众所容易接受的形式宣传指导思想和政治路线的同时,进一步关注教育对象的发展变化,加强对象化意识。

---

① 佘双好:《新中国 70 年思想政治教育模式发展的内在理路》,《南京师大学报(社会科学版)》2019 年第 4 期。

第三章　本体性思想政治
教育的澄明

思想政治教育作为我们党和社会主义国家的重要政治优势，既是党的工作，也是社会的工作；不仅是团结人民、凝聚人心的重要手段，也是社会治理的基本手段和塑造人格的基本方式。思想政治工作从根本上说就是做人的工作，做群众的工作。思想政治教育作为阶级社会的人类学事实，是人类认识社会、认识和发展自身的重要方式，是人的需要和生命活动的特殊表现形式，是实现人的全面发展的重要途径。因此，人的存在与发展、人的本质便构成了本体性思想政治教育的内在逻辑和依据。

第一节　"人的根本就是人本身"的重要启示

马克思在《〈黑格尔法哲学批判〉导言》中说过一段经典的话："批判的武器当然不能代替武器的批判，物质力量只能用物质力量来摧毁；但是理论一经掌握群众，也会变成物质力量。理论只要说服人，就能掌握群众；而理论只要彻底，就能说服人。所谓彻底，就是抓住事物的根本。但是，人的根本就是人本身。"①通常我们引用马克思这段话时，往往注意不到"但是，人的根本就是人本身"这句话。马克思在《〈黑格尔法哲学批判〉导言》中开宗明义地明确表明："人不是抽象的蛰居于世界之外的存在物。人就是人的世界，就是国家，社会。"②"我们的出发点是从事实际活动的人，而且从他们的现实生活过程中我们还可以揭示出这一生活过程在意识形态上的反射和回声的发展。"③当时的马克思已经认识到，人是现实的人，是处于现实生活和社会关系中的人，人的本质只能在现实中得以规定。职是之故，马克思在该

---

① 《马克思恩格斯选集》第1卷，北京，人民出版社，1995年版，第9页。
② 《马克思恩格斯选集》第1卷，北京，人民出版社，1995年版，第1页。
③ 《马克思恩格斯选集》第1卷，北京，人民出版社，1995年版，第30页。

文中关于"人是人的最高本质"的提法也被归结为这样一条绝对命令："必须推翻那些使人成为被侮辱、被奴役、被遗弃和被蔑视的东西的一切关系。"①也就是说，人的根本是对自身本质的全面占有，是自我的自由与解放。

"人的根本就是人本身"是我们理解马克思这篇文章的核心和精髓。按照马克思的逻辑，对物质世界的改变只能依靠物质力量；理论只要掌握群众就能转变为物质力量；理论只有说服人，才能把握群众；要说服人，理论就要彻底；理论要彻底，就必须抓住事物的根本；抓住人的根本就是抓住人本身。总而言之，我们只有满足人的根本要求，才有可能最终说服人以实践力量改变世界。可见，"人本身"是改变世界的唯一能动的自变量。只有动员起人的力量，才可能改变世界，我们改变世界的目的恰恰是为了人自身。从人出发、以人为归宿并依靠人，才有可能实现世界的改变。正如郑永廷等所指出的："马克思主义理论研究和思想政治教育，都是为了实现群众的根本目的——提高认识世界与改造世界的能力，满足群众促进社会发展和自身发展的需要。马克思主义鲜明的人民性、实践性、科学性特征，正是这种内在联系的体现。所以，马克思主义者在创立社会发展与人的发展理论的同时，也创造了把自己的理论转化为群众的思想、行为的理论和方法。"②"人的根本就是人本身"对思想政治工作富有重要的启示意义。

（一）思想政治教育要弘扬人的主体性

在一定意义上，人是思想着的存在物，也是渴望思想和理论的存在物。思想要展现自身的力量必须找到"使用实践力量的人"，并说服他、掌握他。没有这个环节，思想只能永远是思想。"思想根本不能实现什么东西。为了实现思想，就要有使用实践力量的人。"③而人又"不是力求停留在某种已经变成的东西上，而是处在变易的绝对运动之中"④。"就单个人来说，他的行动的一切动力，都一定要通过他的头脑，一定要转变为他的意志的动机，才能使他行动起来。"⑤从现实的个人出发，是马克思主义观察社会历史现象的根本观点和方法。思想政治教育与社会的关系或者社会功能要经过"现实的人"这个中介。"人们的社会历史始终只是他们的个体发展的历史，而

①　《马克思恩格斯选集》第1卷，北京，人民出版社，1995年版，第10页。

②　郑永廷、张国启：《论思想政治教育学科建设与发展》，《思想教育研究》2006年第2期。

③　《马克思恩格斯全集》第2卷，北京，人民出版社，1957年版，第152页。

④　《马克思恩格斯全集》第46卷（上），北京，人民出版社，1979年版，第486页。

⑤　《马克思恩格斯选集》第4卷，北京，人民出版社，1995年版，第251页。

不管他们是否意识到这一点。"①马克思认为"符合现实生活的考察方法则从现实的、有生命的个人本身"②出发,因为"以一定的方式进行生产活动的一定的个人,发生一定的社会关系和政治关系。……社会结构和国家经常是从一定个人的生活过程中产生的"③。马克思认为"人的本质不是单个人所固有的抽象物,在其现实性上,它是一切社会关系的总和"④。侯惠勤认为马克思"现实的个人""从来不是指称现存的个人,它内含着自我超越、自我完善的要求,体现了感性实在性和普遍超越性的具体历史的统一"⑤。人们要在众多的理论中"选择"他们所需要的思想,在令人眼花缭乱的思想理论库中,只有那些能"说服人"的思想理论才能受到青睐。

思想理论的使命是揭示客观事物运动发展的规律,要实现它的作用就需要通过掌握群众并使之形成新的观念、新的目的和新的方法,从而指导群众合理有效地进行实践。思想理论也有脱离生活的时候,"从总体上看,思想理论在两种情况下会变成与人类生活无关的东西。当思想理论置人类社会的特定现实于不顾,只在纯观念中构造人类的未来时,它便成了空泛的幻想。幻想的实质不是人类感性生命的实现,而是人类感性生命的匮乏;不是人的自我超越的完成,而是间接表现了人类自我超越的无望或现实条件的不具备……空泛的幻想不仅无助于现实的改进,而且会使现实裹足不前,甚至倒退。在另一种与此相反的情况下,思想理论也会成为于现实无益的东西。当思想理论完全屈从于现实、成为现实的奴仆时,它便成了社会存在中不具现实性的僵化部分的投影。这时的思想理论,实际上已退化为动物的适应环境的感觉本能,不能充当照耀和引导人类走向未来的理论火炬,因为它徒有思想的躯壳,丧失了思想的本来品格。这样的思想理论……无力根据现实中隐藏着的新的生命的秘密,去预测现实的未来走向,去制定通向未来的方案。这是一种退化的思想"⑥。正如马克思所说的:"光是思想力求成为现实是不够的,现实本身应当力求趋向思想。"⑦毛泽东在《实践论》中也曾指出:"理论若不和革命实践联系起来,就会变成无对象的理论,同样,

---

① 《马克思恩格斯选集》第 4 卷,北京,人民出版社,1995 年版,第 532 页。
② 《马克思恩格斯选集》第 1 卷,北京,人民出版社,1995 年版,第 73 页。
③ 《马克思恩格斯选集》第 1 卷,北京,人民出版社,1995 年版,第 29 页。
④ 《马克思恩格斯文集》第 1 卷,北京,人民出版社,2009 年版,第 501 页。
⑤ 侯惠勤:《论马克思的"现实的个人"观》,《中共南京市委党校南京市行政学院学报》2003 年第 2 期。
⑥ 柯然:《论解放思想》,《新华文摘》1998 年第 1 期。
⑦ 《马克思恩格斯选集》第 1 卷,北京,人民出版社,1995 年版,第 11 页。

实践若不以革命理论为指南,就会变成盲目的实践。"①为此,要为理论找到对象,让实践找到方向,更要找到运用理论和进行实践的主体——人民群众,使理论与人民群众的彼此需要在实践导向中都得到满足。能够起到这种沟通和中介作用的就是有说服力的思想政治工作。

没有说服力的思想政治教育是一种自我否定。思想政治教育如果没有足够的说服力,不可能把思想理论和人们的理论需求联系起来。思想政治教育在实践中要坚持走群众路线,建立起深入了解民情、充分反映民意、广泛集中民智、切实珍惜民力的决策机制,以人民群众的客观实践来不断丰富和发展自己。思想政治教育要把理论和思想的可能性力量转化为现实力量,把先进理论和时代精神转化为改造世界的实践的物质力量,使其转化为社会的一般认同,为其他工作提供价值基础,促进其他各项工作。

主体性集中体现了人的本质特征。马克思认为:"因为人的本质是人的真正的社会联系,所以人在积极实现自己本质的过程中创造、生产人的社会联系、社会本质,而社会本质不是一种同单个人相对立的抽象的一般的力量,而是每一个单个人的本质,是他自己的活动。他自己的生活,他自己的享受,他自己的财富。"这种"真正的社会联系"并不产生于人的反思,它是"个人在积极实现其存在时的直接产物"。人应该承认自己是主体,并且"按照人的样子来组织世界";否则,"这种社会联系就以异化的形式出现"②。在这里,人的本质和人的主体性是一致的,人的本质的实现即人的主体性的实现。这种主体性表现为人创造真正的社会联系,凭借这种社会的主体性,人才能以自己的活动作用于自然界,实现主体应有的生活、享受和财富。

人的主体身份和主体性不是天生的、先验的存在,而是在人的实践活动中生成的本质属性,是后天获得的本质力量,人作为主体在现实中是什么样的,就有什么样的主体性。人的主体性的发展过程,与作为主体的人对其外部环境的改造是同一个过程。人作为主体,只有在能动的活动中用理论和实践的方式把握客体,主动地、有选择地、创造性地改造客体,在主体的对象化活动中自觉实现人的目的,在客体改变了的形态中确证主体的本质力量,同时也使主体本身得到全面、自由发展,才算真正证明了自己的主体性。

社会主义市场经济体制为人的主体性发展提供不可或缺的社会文化条

---

① 《毛泽东选集》第1卷,北京,人民出版社,1991年版,第293页。
② 《马克思恩格斯全集》第42卷,北京,人民出版社,1979年版,第24~25页。

件,同时又使人的主体性发展问题显得更为迫切。社会主义市场经济的内在消解力量要求人们必须破除一切依附关系和依附观念,增强自主意识和自主能力,社会主义市场经济呼唤着人的主体性的充分发展,并对个体的主体性提出了更高要求。在一个充满活力和竞争的社会,主体性的发挥就显得更加重要。思想政治教育要自觉地培养教育对象的主体性,培养适应社会主义市场经济体制自主性要求,具有主体意识和自教自律意识的公民。

思想政治教育是通过价值引导和意义建构来改造主观世界,通过改善认知图式、优化品德结构进而改造客观世界的社会实践活动。每个人都自觉、不自觉地接受着自在和自为的思想政治教育。从这个意义上来讲,思想政治教育是人的一种存在方式,在人的主体性生成和发展中具有当然的重要作用,主要表现在以下三个方面。

第一,导向作用。人的主体性要受客观条件及其内在规律的制约,受社会发展状况及其发展趋势的制约。只有顺应社会发展的趋势,遵循客观规律,人的主体性才能朝着正确的方向发展。通过思想政治教育,引导人们掌握马克思主义的立场、观点、方法,正确把握社会历史发展的趋势和规律,正确认识自觉能动性与客观规律性、自主性与社会制约性、超越性与适应性之间的关系,才能使人的自主性、能动性、创造性沿着正确的历史轨迹发展。

第二,激励作用。人的主体性的内在规定性即自主性、能动性和创造性。思想政治教育通过激发人的内在需求,满足人的合理需要,调动人的积极性,振奋主体精神,激活、唤醒人作为物质世界改造者和社会历史创造者的主体意识和价值体验,赋予人们天赋我辈的历史使命感和社会责任感,激励人们由衷地开启能动性、巩固自主性、发掘创造性。有效的思想政治教育能够作用于人的认知本体,对人的知情意信行都有所观照,是促进人的非智力因素健康发展的重要力量。通过思想政治教育,可以培养人们高尚的情感和坚强的意志,引导人们树立正确的价值观和崇高的人生理想,明确生活目的,养成良好的品德和个性,促进人的主体性的发展和完善。

第三,凝聚作用。人的主体性从其存在方式可以分为类主体性、群体主体性和个体主体性。在现代社会日益强调个体主体性的情况下,主体性的"贪婪"往往令人忽略人对社会和群体的现实依存性,片面扩充自主性,孤立行使自主权,过分享用公共资源,甚至做出非道德、反道德的事情。过分强调个体主体性而忽视群体主体性、类主体性,恰恰悖逆于人的主体性,是主体性发展的倒退。思想政治教育引导人们正确处理个人与他人、个人与集体、个人与社会的关系,正确处理个人需要的多样性与实现条件性的关系,正确处理个体活动的随意性与社会生活的规范性的关系,正确处理个体活动的选择性与社会发展的规律性的关系,正确处理索取与奉献、享受与创造等关系。

（二）思想政治教育要促进人的全面发展

实现人的全面发展是马克思主义的基本观点。人的发展是人的本质规定性的发展,即人的本质和人性的发展。人的全面发展,就是"人以一种全面的方式,就是说,作为一个总体的人,占有自己的全面的本质"①。它体现了作为目的本身的人的本质力量的全面发展以及人性的全面生成和丰富。这里的人,不是抽象、孤立的人,而是现实的、具体的、社会中的个人,不是"某一个人",而是"每一个人"。因为"一个人的发展取决于和他直接或间接进行交往的其他一切人的发展"②,"要不是每一个人都得到解放,社会也不能得到解放"③。人的全面发展不仅意指"全面",而且包含着"自由、充分发展"。全面发展与片面发展相对,是指人的本质的全面展开和丰富;自由发展指的是人作为主体自觉、自愿、自主的发展;充分发展是人们全面、自由发展的程度问题。人的全面发展、自由发展、充分发展在"每一个人的发展"内部是相互联系,不可分割的。人的活动和人的需要及能力的发展、人们社会关系的丰富、人的素质和个性的发展之间也是相互联系、渗透、制约着的,并在实践中内在地统一起来。人的需要、能力随着人的实践活动领域的扩展而发展。

在促进人全面发展的过程中,思想政治教育占有重要的一席之地,起着不容忽视的作用。思想政治教育能提高人的思想政治道德素质,这本身就从一个重要的方面促进了人的全面发展。不论是从马克思主义经典作家的论述来看,还是从我们党的教育方针的规定来看,抑或从人才培养和选拔标准的角度来看,人的素质的全面性都包括人的思想政治道德素质。离开人的思想政治素质的发展、政治觉悟和思想境界的提高,很难实现人的全面发展。思想政治素质是人的最根本的素质,它在人的素质结构中起着重要的决定性作用。当思想政治教育培养和发展人的思想政治素质时,同时也间接地培养和促进人的其他方面的素质和能力。

邓小平认为,人的"政治觉悟越是高,为革命学习科学文化就应该越加自觉,越加刻苦"④。一个人如果没有较高的思想政治道德素质,没有对事业、对工作执着认真的态度,缺乏敬业精神和职业道德,潜力和才能就得不

---

① 《马克思恩格斯全集》第 3 卷,北京,人民出版社,2002 年版,第 303 页。
② 《马克思恩格斯全集》第 3 卷,北京,人民出版社,1960 年版,第 515 页。
③ 《马克思恩格斯选集》第 3 卷,北京,人民出版社,1995 年版,第 644 页。
④ 《邓小平文选》第 2 卷,北京,人民出版社,1994 年版,第 104 页。

到充分发展,根本不可能实现全面发展。只有当一个人热爱一项事业,并全身心地投入这项事业而将个人私利抛开时,他的能力会得到最大限度的发挥和发展。思想政治教育通过培养和发展人的思想政治素质来间接地促进人的发展。另外,思想政治教育还能够帮助人们正确理解和把握人生意义问题,它一方面可以解决人生有无意义的问题,反对相对主义和虚无主义观点;另一方面又能切实地回答人生的意义是什么、在哪里的问题,帮助人们树立起正确的人生目标,引领人们过一种有意义的人生,激发人们的潜力和创造性,使其为社会作出更大贡献,实现自我的人生价值。

(三)思想政治教育要更新价值观

由于受传统"社会本位说"的影响,在思想政治教育领域存在着一种"唯社会价值观",在教育目标的确定上,只强调社会要求,忽视甚至否定个人的内在需要;在思想政治教育功能的发挥上,只重视思想政治教育促进社会发展的功能,忽视甚至贬抑思想政治教育促进个人发展的功能,致使思想政治教育效度不久、魅力不足、引力不强,因而效益不高。事实上,社会与个人是辩证统一的,尤其是在社会主义条件下,社会发展与个人发展更有其内在的一致性。因此,我们必须克服片面的唯社会价值观,同时,也要防止片面的唯个人价值观,确立社会价值与个人价值相统一的新观念。在诺贝特·埃利亚斯看来:"能为人们真实看到的,是单个的个人。社会则不能为人们看到。人们不能凭感官如实感知社会。因此,对于社会,人们不可以像宣称组成社会的单个个人那样在同样的意义或尺度上去宣称:社会存在,而且它们是'真实的'。最后,人们关于社会这个构造物所能够谈论的一切,都势必返回到对单个人的观察上,返回到对他们的表达或者作品的观察上。"①在满足社会发展需要的前提下,应充分尊重和兼顾个人的内在需要,消解张力,促进社会价值与个人价值协调发展。

传统和现实的思想政治教育对人的个体价值和主体地位未能给予足够的重视。在思想政治教育的价值取向上,多从社会需要和国家本位出发,强调思想政治教育要培养继承既定社会政治秩序与道德规范的个体,对个体的本体价值问题及人格独立性缺乏应有的关注,流于理想化、政治化、超越化。在社会适应与个体培养的价值张力之间,曾经有过以牺牲个人价值为代价去迎合社会需要,导致思想政治教育"目中无人"的现象。在思想政治教育的目标设定上,难以摆脱狭隘的实用主义取向和艰涩的工具化意向,偏重思想政治教育为社会政治服务的"工具理性",忽视思想政治教育塑造完

---

① 〔德〕诺贝特·埃利亚斯:《个体的社会》,南京,译林出版社,2003 年版,第106 页。

善人格、培养良好公民、实现人的全面发展的"目的理性"。在思想政治教育的实践过程中,多采取强制性管理方法和灌输式的教育方式,忽视教育对象作为个体的内心认同和真实转化,漠视教育对象个性发展的具体反应和现实需求。

传统思想政治教育模式的上述现实弊端在现代社会生活中日渐显现,致使思想政治教育急功近利,模糊或淡化人的主体意识,导致教育对象抹灭自身个性去适应"大一统"的规训,弱化自身思想道德品质意义建构的内在热情与主动精神,更不用说思想道德实践过程中知、情、意、行的全面投入和积极参与,所以"知而不信""信而不行""行而不远"的双重人格也就不足为奇、不足为怪了。可见,现实思想政治教育尚远未把"人的根本就是人本身"作为主题。为此,有必要从"人的根本就是人本身"出发,探寻当前思想政治教育改革与发展路径,实现思想政治教育的现代转型,这样才能真实促进人本身发展,以此保证思想政治教育的实效性。

思想政治教育立足于"人本身",我们就要必须考虑和尊重不同个体、不同群体在不同时期的特殊个性和需要,以科学的理论武装人,以正确的舆论引导人,以高尚的精神塑造人,以优秀的作品鼓舞人,以"人本身"的立意贴近人,以创新的形式吸引人,根据教育对象的主客观实际,在坚持"灌输"教育的同时,从人的认知、心理规律出发,"一把钥匙开一把锁",以恰当的形式吸引人的注意力,引导人的认识,提高人的理论理解力和觉悟性。立足于"人本身"而选择、设计思想政治教育手段、方法,营造、创设思想政治教育情境,保障思想政治教育的有效性和生命力。

第二节　依托知识教育实现价值教育

教育要把人类的客观精神转化为个体的主观精神,把人类的文化经验转化为个体的人生经验,形成个体的完整性、独特性,使个体在生活中发展生活的艺术与智慧。知识教育未必能造就一个和谐发展的人,"知识是美德的前提,而知识本身不是目的"[1]。思想政治教育容易迷恋于知识教育,在通过知识教育实现价值观念教育的道路上陷于知识灌输而裹足不前。"在教育中,特别是在自由教育中,知识的价值不是为了实用,而是为了教化,也就是说知识在关涉人的美好生活的过程中,培育人的精神品格。"[2]在现代

---

[1]　〔英〕约翰·怀特:《再论教育目的》,北京,教育科学出版社,1997 年版,第 139 页。

[2]　金生鈜:《规训与教化》,北京,教育科学出版社,2004 年版,第 358 页。

社会,知识内涵低的思想政治教育在某种程度上是不够清晰的,"思想政治教育必须经由知识教育,但是又不能囿于知识教育,因为它的目的本身并不在于引导教育对象掌握知识、应用知识、发展知识,它需要通过教育对象个体对相应知识的掌握而生成健康向上的精神世界,形成科学的世界观和方法论,形成坚定的信心和信念,形成良好的思想道德素质"①。成功的思想政治教育能让人对价值规范有所理解并产生热烈的感情。"思想政治教育中的知识教育、科学性是其价值教育、价值性的前提,并为其价值教育、价值性服务;思想政治教育中的价值教育的价值性具有深沉的历史意蕴,指明了思想政治教育中知识教育、科学性的目标取向。如果不在思想政治教育中实施科学知识教育,或不遵循思想政治教育的科学规律,或不充分发挥科学规律的预测功能,思想政治教育就会变成纯粹说教,其价值教育、价值性和主动性就难以实现。……只强调价值教育而忽视知识教育,价值教育也难以产生实效,或者使价值教育成为宗教说教。如果不把握思想政治教育中的价值教育、价值性及其实质,思想政治教育中的知识教育、科学性就失去方向,其知识教育、科学性就难以产生实效。……如果不对思想政治教育的知识教育与价值教育、科学性与价值性的内在统一做具体问题具体地分析,思想政治教育就不会有针对性。"②知识教育为了谋求知识学习的高效率,有时候会避开丰富的生活或简单地切断与生活的联系,进行抽象的知识符号的学习,学习者很少产生当下的意义感,知识和生活分属于两个相互冲突的系统。我们首先分析思想政治教育应该如何实施其中必要的知识教育。

(一) 思想政治教育知识的个体化

思想政治教育的具体内容是多方面的,主要有党的思想路线、社会公共道德规范、国家与党的历史知识。人们根据自己的实存状态和需要不断地对知识进行价值的定位和排序,即"人的心态秩序的变迁造就了知识类型的价值序列"③。思想政治教育的基本内容被编排成系统的知识体系,呈现在完整的教材中。当然,思想政治教育内容所涉及的知识是一种价值知识,也是一种与人密切相关的生存知识,它需要学习者情感的介入和补充才能完全成为属于个人的思想理论知识,这些知识我们称之为公共知识。公共知识是"普遍存在着的、为全体公众所拥有的、没有进入到个人知识结构之中并转化为个体素质结构的知识";与之对应的是个体知识,个体知识是个体

① 沈壮海:《把知识教育与思想政治教育结合起来》,《中国教育报》2004 年 10 月 19 日。
② 李斌雄:《论知识教育·价值教育·思想政治教育》,《思想教育研究》2001 年第 6 期。
③ 金生鈜:《规训与教化》,北京,教育科学出版社,2004 年版,第 342 页。

因对公共知识的理解和感受不同而具有的知识,是"个体在对公共知识有了一定的认识和驾驭的基础之上,由个体所拥有的并已内化到自身的素质结构之中的知识"①。公共知识是一种结论式的理论知识,个体知识是知其所以然的探究知识,它是改变每一方面直觉经验的"使品格伟大崇高的知识"②。思想政治教育离不开知识教育,"在一个人的思想品德形成发展中,道德认知的提升对道德过程的良性推动具有关键意义。道德认知规导道德情感,没有理性的规导,情感的发展会步入盲目之境;道德认知是道德意志实现的基础,有没有形成自觉的道德意识,是判断个体的行为是否成其为真正的道德行为的重要依据之一"③。没有认知提高、离开认知范畴的思想政治教育或品德塑造在现代社会是无法生根的,关键是把这种知识教育落实到个体知识上去。思想政治教育以认知教育为基本形式、基本载体,通过把公共知识转化为个人知识的教育过程,使教育对象获得基本的理论修养,明确基本的政治立场,形成科学的人生观和价值观,端正做人和做事的基本态度,促进自身的发展。

思想政治教育在个人知识生成中的作用主要有两个方面:一方面,从公共知识体系中选择相应的知识,以某种有组织的方式结合教育对象已有的知识经验,使教育对象理解所学知识,并在实践活动中使教育对象内化所学知识;另一方面,将日常生活与实践中所产生的经验、感受与体验等,借助于一定的言说方式表达出来,与他人共享,甚至对于某些方面的个人知识可以在相互交流沟通中达成共识,转化为公共知识,从而实现知识的创新。

(二)思想政治教育的价值教育品质

思想政治教育活动不是一个单一的信息与知识的设计、输出、传递和接受问题,它也是一个价值认知和认同问题。在人的认知能力这一既定的条件下,基于需要的个人偏好直接影响着人的接受能力、接受方式和接受程度,这使得思想政治教育比单纯的知识教育更为复杂。知识教育作为一种事实认知方式,它的教育模式在教育者与教育对象之间划定明确的界限,以灌输作为知识传授的基本方式,而且把知识点考核作为衡量教学效果的重要标准。思想政治教育作为价值教育有其不同于知识教育的特殊性,"它触及的不是对象的认知结构,而是评价结构;它追求的不是知识的扩张,而是态度和信念的转换;因此,它的评价标准不是'学'了多少,而是'信'了什么"④。思想政治教育所

---

① 靖国平:《教育学的智慧性格》,武汉,湖北教育出版社,2004 年版,第 182 页。
② 〔英〕怀特海:《教育的目的》,北京,生活·读书·新知三联书店,2002 年版,第 57 页。
③ 成双凤、韩景云:《走出知识德育的误区》,《江苏大学学报(高教研究版)》2005 年第 1 期。
④ 林建成:《关于思想政治工作的两点认识》,《思想政治工作研究》2007 年第 7 期。

关注的不仅仅是关于事实性知识、程序性知识或与职业活动直接有关的知识与技能的获得,它更要关注人的价值观念和价值态度的形成、价值理性的提升、价值信念的建立以及基于正确价值原则的生活方式的形成。思想政治教育就是这样一种旨在引导和促进人们反思自身发展方式、原则或方向并不断加以重构的教育实践,其最终目的在于教导人们基于正确的价值原则安身立命。所以,仅仅明晰、区分什么是正确的、什么是错误的,已经远远不够了,思想政治教育必须将培育和提升教育对象的价值理性作为主要目标加以追求。一旦形成了比较良好的价值理性时,人们会产生正确的判断能力和选择能力,在一定程度上会积极抵制各种错误价值思潮的影响。所以,价值理性的培育显得更加紧迫,是当代思想政治教育所应该肩负的重要使命之一。

思想政治教育要着眼于教育对象态度和信念的转换,它"本身就在改变人性以形成那些异于朴质的人性的思维、情感、欲望和信仰的新方式"①。思想政治教育既要消除认知分歧与错误,又要消除情感分歧与冷漠。这是思想政治教育的基本功能,也是思想政治教育的双重任务。思想政治教育的真谛不仅要让教育对象在某些问题上具备相应的知识,而且要让他们拥有正确的立场和态度。

思想政治教育的关键是要塑造或转变教育对象的态度、情感、立场,并将其转化、生发出预期的自觉行为。"我们应按哪些标志来判断真实的个人的真实'思想和情感'呢? 显然,这样的标志只能有一个,就是这些个人的活动。"②思想政治教育本身就是一个态度转变过程,即在特定的社会情境和教育情境中,教育者有意识地向教育对象传递教育信息,借以影响和改变教育对象的态度或行为的过程。教育对象对教育信息的认同及在态度或行为方面的改变过程,就是思想政治教育的接受过程。教育对象对教育信息的认同及态度或行为改变的程度越大,思想政治教育接受性就越高,思想政治教育的效果就越好。任何思想政治素质、道德品质都需要长期的熏陶、感染、教化以及系统的实践锻炼,才能得以养成和巩固。教育对象通过对价值规范的自我理解和自我实践,巩固对于思想政治教育知识的内化,形成正确的价值观念,成长为富有主体性的德行主体。

既然价值教育不同于知识教育,那么在思想政治教育中,就必须重视价值教育的特殊性,承认思想政治教育主体的多重性,充分发挥思想政治教育的主体性,淡化思想政治工作中的主客体分立现象,引入双向交往方式,以

---

① 〔美〕杜威:《人的问题》,上海,上海人民出版社,1965年版,第155页。

② 《列宁全集》第1卷,北京,人民出版社,1984年版,第367页。

理解和接受范式进行价值教育；同时，还应强化社会实践的方式，让人们在社会实践中实现自我教育。总之，思想政治教育作为价值观教育，有自身的特点、方式和规律，它不能完全沿用知识教育的方式，应摸索出一套自己的运作方式，"使知识充满活力，不能使知识僵化"①，不能只采用传授的方式，要多用沟通、引导、激发、感染的方式；要研究沟通的多种方式，尽量采用有效的沟通方式，实现思想政治教育目的。

如果仅以刚性化的强制方式介入思想政治教育，缺乏对思想政治教育对象心灵与情感的关切，则哪怕这种思想政治教育有何等的善性，也难以得到思想政治教育对象情感的支撑。结果只能将理性与主体心灵武断割裂，知识教学只是在意识的表层一掠而过，并未触及心灵，并未激起思想政治教育对象的心灵共鸣。理性化的思想政治教育认知导向要转化为个体内在的心性价值信仰，除了要求思想政治教育内容折射社会正义与公共理性外，思想政治教育还要切中个体自由的心性价值世界，通过诉诸各种超出理性范围的方法而把理性化的思想政治教育植入人的心灵与性格之中，转向生活、参与生活，实现理性化思想政治教育思想资源供给向主体意义建构的转换，让教育对象在蕴含生活体验的教育情境中获得多样性的思想政治教育生活体验，充分调动思想理论接受的可能性，提升教育对象的价值认识、探究、体验能力，在一种被更广泛理解的活动的情境中形成更加理性的服从规则的方式。

第三节　自成目的性的思想政治需要

需要是社会、政治实践活动的客观要求在主观世界中的反映，是人的一切活动的前导性因素。马克思认为："人以其需要的无限性和广泛性区别于其他一切动物。"②需要通常被体验为一种不满足感，是个体活动的积极源泉和推动人行动的内驱力，"需求的概念是主宰一切的概念"③。在这个意义上，需要具有自成目的性④。马克思认为："人是最名副其实的政治动物，

---

① 〔英〕怀特海：《教育的目的》，北京，生活·读书·新知三联书店，2002 年版，第 9 页。
② 《马克思恩格斯选集》第 2 卷，北京，人民出版社，1995 年版，第 2 页。
③ 〔美〕贝尔：《资本主义文化矛盾》，三联书店，1989 年版，第 278 页。
④ "自成目的性"概念出自赵汀阳《论可能生活》，其基本意思是指行为本身的目的和价值即在于自身，而非自身之外。一件事情、一种行为它的存在本身就是目的，而不是达到另一种目的的手段。比如生活就是一种具有自成目的性的存在方式，这种目的性就是生活本身的意义，所以，生活目的就不是某种结局，而是生活本身那种具有无限容纳力的意义，误以为生活目的是某种结局或某种可以达成的目标是生活中最主要的不幸，也是对生活意义的致命伤害。参见赵汀阳：《论可能生活》，北京，中国人民大学出版社，2004 年版，第 13~15 页。

不仅是一种合群的动物,而且是只有在社会中才能独立的动物。"①"任何人如果不同时为了自己的某种需要和为了这种需要的器官而做事,他就什么也不能做。""人是不会满足于生命支配的本能生活的,总要利用这种自然的生命去创造生活的价值和意义。人之为'人'的本质,应该说就是一种意义性存在、价值性实体。"②③黑格尔认为:"在人类生活的这种自然需要范围里,这种满足在内容上还是有限的,窄狭的;这种满足还不是绝对的,因此它无止境地引起新的需要,今天吃饱睡足,饥饿和困倦到明天还是依旧来临。所以再进一步走到心灵的领域,人就努力从知识和意志,从学问和品行里去寻求一种满足和自由。"④

思想政治需要也具有自成目的性特征。思想政治教育应该对于人的思想政治需要予以关注,因为"思想政治教育就是在满足人和社会需要的过程中实现自身的价值的"⑤。毛泽东也曾指出:"任何思想,如果不和客观的实际的事物相联系,如果没有客观存在的需要。……即使是最好的东西,……也是不起作用的。"⑥思想政治教育要重视人的需要并根据需要的变化调整自己的内容和方法,以激发人们提高思想政治素质的主动性和自觉性。忽视思想政治需要、排除教育对象思想意愿的思想政治教育,是目中无人、一厢情愿的思想政治教育,很难取得理想的教育效果。

(一)思想政治需要是思想政治教育的发生学依据

关于思想政治需要,目前学者们有三种基本相近的看法,董浩军认为:"思想政治理论需要是人们基于对思想政治理论所具有的满足自我和社会的价值而对思想政治理论产生的一种内在渴求。"⑦张海军、王效仿认为人的思想政治需要是"融求知需要求证需要和自我实现需要于一体的一种需要。所谓求知需要,是指受教育者渴望了解思想政治教育的内容,希望以思想政治教育的知识和理论来丰富和完善自己的知识结构,使自己得到知识的充实。所谓求证需要,是指受教育者渴望能够利用所接受的思想政治教育知识和理论去认识和理解现实社会,使自己自发产生的和思想政治教育中蕴含的思想和信念能够不断得到验证和说明,从而达到内心的平衡。所

---

① 《马克思恩格斯全集》第46卷上册,北京,人民出版社,1979年版,第21页。

② 《马克思恩格斯选集》第3卷,北京,人民出版社,1960年版,第286页。

③ 高清海:《人就是"人"》,沈阳,辽宁人民出版社,2001年版,第213页。

④ 〔德〕黑格尔:《美学》第1卷,北京,商务印书馆,1979年版,第125页。

⑤ 项久雨:《需要:思想政治教育价值生成的人性基础》,《西安石油学院学报》2003年第5期。

⑥ 《毛泽东选集》第4卷,北京,人民出版社,1991年版,第1515页。

⑦ 董浩军:《论思想政治理论需要与思想政治教育》,《广西社会科学》2002年第4期。

谓自我实现需要,是指受教育者渴望以所接受的思想政治教育理论为指导,改造自己的内心世界,指导自己的社会实践,使理想得到升华,精神得到净化,思想境界得到提升,并使自己得到精神上的愉悦感"①。张世欣认为人的思想政治教育需要主要体现在三个方面:"一是满足其求知的需要。受教育者希望通过聆听教育使其疑虑得以释然,无知得到充实,浅薄得到提升,进而满足自我发展的需要,使其受教积极性勃发。二是满足其自尊心理需要。不被批评是受教育者最低的要求,受教育者希望通过聆听教育使其自身的尊严与价值受到尊重,使其受教心态优化。三是实现利益追求需要。即受教育者希望通过聆听教育使其深切感受到利益相关度,从而增强其期望值。只要思想教育切近受者的心理需要,就会出现积极的接受反应,使受者产生接受教育的极大兴趣,激起其接受思想教育的主动与活跃。反之,如果受教育者觉得教者之教与自己接受需要差距很大,则其对教育的反应可能是麻木的、冷漠的,甚至是逆反的。"②总体来看,思想政治需要包括人在思想理论上的求知求证需要和个人发展方面的自我实现需要。

思想政治需要是人的内在心理状态,属于精神上的意义需要③。思想政治教育则是外在的一种社会实践活动,是"一定阶级、政党、社会群体遵循人们思想品德形成发展规律,用一定的思想观点、政治观点,道德规范,对其成员施加有目的、有计划、有组织的影响,使他们形成符合一定社会、一定阶级所需要的思想品德的社会实践活动"④。按照"需要—动机—行为"规律,人的需要总会影响人的行为,人的思想政治需要也会影响人的思想政治行为。思想政治教育的目标就是要通过"灌输"把外在的社会理论、规范内化于人的内心,并且成为一种自觉意识。要完成这一过程,必须以人的思想政治需要为基础。"一种思想教育如果不能纳入受者的内在需要,就难以为受者所接受,忽视受体的内在需要(包括正确需要的关心和错误需要的导引),则易产生受教之间的内在障碍,拉开心理距离。……思想政治教育要善于激活受体的需要,也即激活内动力,不能让人们出现需要的满足后的沉沦,要善于挑明受与教的利益的相关性,指明实现需要的可能性,挑明需要的新的指向性。要善于利用思想信息的新鲜度、蕴含度,激发人们的好奇性,强

① 张海军、王效仿:《思想政治教育需要及其激发和培养探析》,《南京农专学报》2001年第1期。
② 张世欣:《思想教育规律论》,杭州,浙江大学出版社,2008年版,第112~113页。
③ 李淑梅认为,人的需要具有层级的多样性和分化性,包括历史地自行产生的需要和社会需要、社会交往秩序的需要、精神上的意义需要。参见李淑梅:《社会转型与人的现代重塑》,太原,山西教育出版社,1998年版,第35~37页。
④ 张耀灿、郑永廷、吴潜涛等:《现代思想政治教育学》,北京,人民出版社,2006年版,第50页。

化其求知需要;善于肯定人们的成就感,从而激发人们放大视野,产生新的追求。"①思想政治教育只有深刻理解教育对象的内在意愿,才能获得教育主动,保持教育活力。

(二)思想政治教育要善于激发和引导思想政治需要

个体对思想政治工作的接受,总是与切身的需要联系在一起。思想政治需要产生于人的成长过程中既有的思想政治素质与社会要求之间的失衡。因此,打破人的思想政治素质平衡状态是激发思想政治需要的基本原则。思想政治教育要关心、尊重和满足人本身不同层次和不同方面的需求,"让人们认识到思想政治教育不是一种外来的甚至强加于人的东西,它并不与人自身的需要和利益相违背,而是相一致的。接受教育是人的一种需要和权利。人不仅需要接受实用的知识技能的教育,而且也需要接受思想精神方面的教育,这对个人的成长和发展是同样重要的,甚至可以说更为重要"②。通过做"思想工作"调整教育对象的心理状况,使他们的动机、意识、情感等方面发生变化。如渴望了解事情的原因,急切想了解事情的结果,求异心理等,或者出于自尊感、荣誉感、羞愧感、责任感等道德情感,这些变化均可以成为激发其思想政治需要的触点。

从思想政治教育的实践看,教育内容如果与教育对象的需要和利益相联系,就会引起教育对象的兴趣。联系越紧密,兴趣越强烈;教育的方法越适合教育对象,教育的效果就越好。"思想政治工作的重点,不应停留在防范群众出思想问题的取向上,而应在于如何通过思想政治工作激发、调动群众发展的创造性,帮助群众发展自己,使思想政治工作真正成为群众在寻求发展中的需要。……如果思想政治工作不了解群众的需要,不能'满足'群众的需要,无法激发他们需要的情感,群众就会对思想政治工作产生抵触,甚至抗拒的情绪。这样,再正确的原则,再好的内容,在教育的意义上,都是无济于事的。"③思想政治教育者要尽可能地针对受教育者的合理需要,做到"教育讲的"就是教育对象"心里想的",使其接近教育对象的需求期望值,形成共鸣。要做好思想政治教育,必须了解教育对象的所思、所想、所求,对症下药。思想政治教育只有面向现实、面向生活,不断满足现实需求,才能真正起作用、见成效。思想政治教育越是贴近教育对象的内在需要,则越能产生教方与受方的心理共振,营造良好的心理接受状态。反之,如果教

① 张世欣:《思想政治教育接受规律论》,上海,上海三联书店,2005 年版,第 146 页。
② 刘建军:《论思想政治教育的个人价值》,《教学与研究》2001 年第 8 期。
③ 李萍:《思想政治工作的时代诠释》,《高校理论战线》2001 年第 9 期。

育对象发现自己的内在需要被忽视了,则会产生一种被忽视感,从而造成受与教的心理距离,产生心理屏障。思想政治教育者要善于观察与分析教育对象内在需要的社会性,高度重视人们心理需要的指向性与强烈性,不能回避社会心理热点问题。

瓦西留克曾指出:"人,永远是自己也只能是自己才能体验所发生的事情以及产生危机的那些生活环境和变化。谁也不可能代替他这样做,就像最有经验的教师也不可能代替自己的学生去理解所讲的内容一样。"①要准确理解人的思想政治需要,首先必须深入调查,进行推心置腹的交谈,洞察其内心世界,把握其思想脉搏。其次,分析思想政治需要产生的主客观原因,针对所需状况科学安排教育内容,把思想政治教育内容具体化,使其与人们的需要对应,落到实处。联系社会现实开展教育,引导人们正确认识和评价各种社会思潮和社会现象,既要承认它的客观性,又要分析其中不合理的因素和成分,将教育内容的先进性和教育对象的层次性有机结合起来,把人们的思想和行为引导到正确的、积极的、健康的轨道上来,使人们的行动既能满足个人需要,达到个人的目标,又能对社会作出贡献。

第四节　增强思想政治教育认同

在市场经济大发展的今天,由于人们的利益需求和愿望受到全方位的刺激和调动,经济利益会保持在社会的本位价值地位,成为衡量其他价值的标准。思想政治教育主要通过对群众进行思想教育和政治引导,提高群众的思想认识水平,转变思想观念,解决思想矛盾,完成政治任务,促进工作目标的实现。这些工作也就是用思想教育和政治引导的方式来反映和维护一定的利益关系,归根到底是为一定的社会群众谋取利益。起于利益需求认同,成于价值观念认同,是增强思想政治教育针对性和实效性的必然途径。

(一)利益需求认同是思想政治教育的接受前提

实现思想政治教育的实效性,不外乎两个步骤:一是有效接受,二是真实转化、付诸实践。提高接受有效性是增强实效性的首要前提,舍此而求实效性无异于缘木求鱼。那么,思想政治教育有效接受性的前提或出发点又是什么呢? 应该是对主体利益需求的认同。满足不同层次的需要,就会有不同程度的利益认同,教育效果也就不一样。马克思认为:"人们为之奋斗

---

① 〔苏〕瓦西留克:《体验心理学》,北京,中国人民大学出版社,1989 年版,第 9 页。

的一切,都同他们的利益有关。"①列宁指出:"没有从个人利益上的关心,是什么也办不成,应该善于进行鼓励。"②把思想政治教育信息传递过程与满足受教育者的物质需要联系在一起,可以使受教育者产生认同感。张闻天认为:"思想政治工作,可以是有效的,也可以是无效的,其最终的界限就在这里。不反映群众真正利益和要求的思想政治工作,做得再多,也不能动员群众自觉自愿地行动起来。我们一切思想政治工作的中心,就在于使人民群众懂得共产党的方针政策是真正代表他们自己的利益的,他们是新社会的主人。"③"一切空话都是无用的,必须给人民以看得见的物质福利。"④针对社会主义初级阶段的客观实际,邓小平曾深刻地指出:"不讲多劳多得,不重视物质利益,对少数先进分子可以,对广大群众不行,一段时间可以,长期不行。革命精神是宝贵的,没有革命的精神就没有革命的行动。但是,革命是在物质利益的基础上产生的,如果只讲牺牲精神,不讲物质利益,那就是唯心论。"⑤"那种能使我们整理我们的利益(goods)的善(good)的概念,将能使我们扩大对德性的目的和内容的理解,将使我们理解到生活的整体性和连续性的地位。"⑥所以,思想政治教育的切入点应择定为对人的主体利益需求的认同,以此为出发点和归宿,可以增强教育的心理认同,避免心理逆反等负面情绪的影响,使个体获得更持久的心理动力,并借助于个体的内心冲动完成激励,淡化人为强加的痕迹,不易出现情绪波动。思想政治教育要着力于调节人的精神需要,但是也应当强调,精神需求是一种派生性、被动性的高层次需求,它不像生存需求那样具有本能的、自主的迫切性。精神需求经由后天社会环境的培养、激发、引导和强化,但其心理基础仍然受制于其主体需要和利益需求的满足、认同程度。所以有时候尽施嘴上功夫,磨破嘴皮,还不如真心实意地为群众办件实事效果来得快,来得好,管得久。

(二) 价值观念认同是思想政治教育的目标

思想政治教育有两个基本要求:一是正确处理现实生活中人的思想问题;二是提高人的思想境界,确立主导价值观体系。龙静云认为:"内化的前提是认同,倘若群众不认同你的教育,他们就更不能将你传输的价值观内化为他们自己的内心法则。"⑦思想政治教育应该以确立主导价值观念体系并

① 《马克思恩格斯全集》第 1 卷,北京,人民出版社,1995 年版,第 187 页。
② 《列宁全集》第 36 卷,北京,人民出版社,1985 年版,第 574 页。
③ 《张闻天选集》,北京,人民出版社,1985 年版,第 569~570 页。
④ 《毛泽东文集》第 2 卷,北京,人民出版社,1993 年版,第 467 页。
⑤ 《邓小平文选》第 2 卷,北京,人民出版社,1994 年版,第 146 页。
⑥ 〔美〕麦金泰尔:《德性之后》,北京,中国社会科学出版社,1995 年版,第 276 页。
⑦ 龙静云:《内化:思想政治教育成功的标志》,《长江日报》2000 年 4 月 19 日。

最大限度地掌握群众为目标,也就是达到价值观念的认同,使之成为指导群众行为的方向、价值评判的尺度和准绳。

马克思主义和邓小平理论具有先进性和科学性,又具有与时俱进的独特品质,是我们坚持的主导价值观念,并且长期以来获得高度认同。我们以此为思想政治教育的指导思想,在教育过程中,必须加强理论的现实性建设,使它出现在群众的价值理解和意义世界里,真正把握群众和为群众所把握。所以,我们在坚持物质利益原则、认同群众的利益需求时,不能陷入庸俗和功利,还要引导群众确立正确的利益观念,在个人利益和他人利益、个人利益和集体利益、眼前利益和长远利益、局部利益和整体利益发生冲突的时候,坚持社会主义、集体主义、爱国主义的原则和标准,坚持核心价值观念不动摇,抵抗其他错误价值观念和价值标准的冲击。在利益关系的引导中使群众认识到党和政府、集体的所作所为与他们的根本利益是一致的,党的路线方针政策与他们的切身利益和长远利益都是紧密相连的,让他们看到根本利益的同时也看到前途和希望。

(三)增强思想政治教育认同的必由之路

一种价值观念获得认同并确立自己的主导地位至少需要两个条件:其一是社会生活为这种价值观念提供合理性根据;其二是有广大的支持者理解并实践这种价值观念。"认同尽管能够从支配性的制度中产生,但只有在社会行动者将之内在化,并围绕这种内在化过程构建其意义的时候,才能构成为认同。"①以马克思主义为指导的社会主义、集体主义、爱国主义的价值观念体系,在社会主义精神文明建设中起着定向和凝聚的作用,是社会主义经济基础的客观要求。在生活和实践中,社会主义现代化建设的辉煌成就卓有成效地满足了人民群众的利益需求,激发了他们对社会主义价值观念体系的信心和信念,价值观念的认同自然水到渠成。强调思想政治教育从利益需求认同出发,为价值观念的认同找到现实生长点,就像是为种子找到土壤。否则,价值观念的认同永远是"无土栽培"。同时强调价值观念认同的目标性特征也体现了思想政治教育的根本职能,不至于丧失教育内容的先进性、方向性、超越性和指导性,从而达到良好动机与良好效果的统一。

经典作家普遍强调既要重视理论灌输,又要解决实际问题。马克思认为:"'思想'一旦离开'利益',就一定会使自己出丑。"②正如列宁所说:"所谓'理想'不应当去开辟最好的和最简捷的道路,而应当为我国资本主义社

---

① 〔美〕曼纽尔卡斯特:《认同的力量》,北京,社会科学文献出版社,2006年版,第5页。
② 《马克思恩格斯全集》第2卷,北京,人民出版社,1957年版,第103页。

会中眼前进行着的'各社会阶级间的严酷斗争'规定任务和目标;衡量自己的意图是否取得成效,不是看为'社会'和'国家'拟定的建议,而是看这些理想在一定社会阶级中传播的程度;如果你不善于把理想与经济斗争参加者的利益密切结合起来,⋯⋯那么,最崇高的理想也是一文不值的。"①毛泽东则简明扼要地表述为:"马克思列宁主义的基本原则,就是要使群众认识自己的利益,并且团结起来,为自己的利益而奋斗","要使广大群众认识我们是代表他们的利益的,是和他们呼吸相通的"②。"善于做群众的思想工作,提高群众的觉悟,激励群众为实现自己的根本利益而奋斗,是我们党的传家宝,任何时候都不能丢。"③事实上,在不同的历史时期,我们的思想政治教育为了服务于当时政治任务的完成,总是从群众的切身利益入手,逐渐引导到对政治信念的坚持,最终升华为对价值观念的认同。

　　总之,利益认同提供了价值观念认同的现实基础和心理平台,能够有效保证灌输的有效性;价值观念的认同则保证利益认同的正确性和稳定性,保证始终坚持正确的价值标准。坚持社会主义理想信念,加强价值观念体系建设,提高对错误思潮的抵抗力和免疫力,提高思想政治教育的实效性和针对性,必须遵循从利益需求认同到价值观念认同的基本原则。

---

① 《列宁全集》第 1 卷,北京,人民出版社,1984 年版,第 353 页。
② 《毛泽东选集》第 1 卷,北京,人民出版社,1991 年版,第 138 页。
③ 《十四大以来重要文献选编》上,北京,人民出版社,1996 年版,第 654 页。

第四章　本体性思想政治 教育的实践要求

　　思想政治教育时刻不能脱离教育目标以及围绕教育目标组织起来的教育内容的指引和制约。首先要有正确的思想政治教育目标，其次，采用科学的思想政治教育原则和方法。在此基础上，思想政治教育的原则和方法越完善、越有效，思想政治教育就越成功。明确本体性思想政治教育的目标，明确思想政治教育到底要培养什么样的人，实现什么样的教育目标，以及通过何种教育方法来实现这种教育目标，是思想政治教育的重要问题。

第一节　明确思想政治教育的 基本追求和教育目标

　　在一定意义上，就教育而言，如果"没有某种关于受过教育的人的理想，就无法从事教育"[1]。乌申斯基也曾比喻道："如果建筑大师为一座新建筑物奠基时，连要建筑什么东西都回答不出来，那你将对他说什么呢？同样，如果一个教育者不能明确说出他教育活动的目标，那你将会说出对建筑师说的同样的话来。……我们完全有理由去问教育者，他将在他的工作中追求什么目的？并要求对这个问题作出明确而断然的答复。"[2]列宁指出："一个政治组织要用考试的方法来检验自己成员所持的观点是否同党纲矛盾，那是办不到的"[3]，"只有学会独立地把这个问题弄清楚，你才能认为自己的信念已经十分坚定，才能在任何人面前，在任何时候，很好地坚持这种信念"[4]。这些论述反复申明的是：真正有效的思想政治教育要在教育对象身上实现的，不是对教育内容的知识性掌握，而是科学的理论思维能力和正确

---

[1]　瞿葆奎：《教育目的》，北京，人民教育出版社，1989年版，第449页。
[2]　〔俄〕乌申斯基：《人是教育的对象》上，北京，人民教育出版社，1989年版，第6~7页。
[3]　《列宁全集》第17卷，北京，人民出版社，1988年版，第395页。
[4]　《列宁选集》第4卷，北京，人民出版社，1995年版，第25页。

的行动素质。这些素质在一定程度上构成了思想政治素质的基本内容。

（一）思想政治素质是思想政治教育的实质追求

在人的全面发展中，思想政治修养是不容忽略的，它与人的其他方面的发展，包括知识、技能、心理、身体等共同构成人的发展的整体构架。在人的素质结构中，思想政治素质居于特别重要的地位，是统率和灵魂，"没有正确的政治观点，就等于没有灵魂"①。一个人只有具备一定的政治觉悟和思想品德，才能将自己的知识和才智服务于社会。没有正确的世界观、人生观、价值观，没有良好的道德修养，尤其是不解决好人生观，即人生应该追求什么以及怎样去追求的问题，很难形成合理的素质结构。

提高人的思想政治素质是思想政治教育的根本目标和实质性追求②。2005 年 2 月，胡锦涛在省部级主要领导干部提高构建社会主义和谐社会能力专题研讨班上提出："一个社会是否和谐，一个国家是否长治久安，很大程度上取决于全体社会成员的思想道德素质。没有共同的理想信念，没有良好的道德规范，是无法实现社会和谐的。"③曾庆红在该班结业式上提出："构建社会主义和谐社会，要把加强思想政治工作放在首位，要着眼于提高全民族的整体素质。"④这些论断已经从专就素质教育而言扩展到针对思想政治教育而论了，具有鲜明的科学性和准确性。思想政治教育学一直没有予以必要的重视，缺少学理阐述。

关于素质具有各种各样的概念和定义方式，各种素质概念在能指与所指之间变幻的概念游戏，都不外乎采用某种结构式概念，通过静态的、叠加

---

① 《毛泽东文集》第 7 卷，北京，人民出版社，1999 年版，第 226 页。

② 沈壮海教授指出："个体思想政治素质产生、发展、变化的规律，是思想政治教育理论研究中早为关注、广为关注的问题，也取得了许多富有实践指导意义的研究成果。但是，同样应该看到的是，我们当下对这一问题的研究，更多地停留在演绎马克思主义哲学关于人的思想意识产生、发展、变化规律有关理论的层面，停留在借用教育学理论等关于人的思想品德产生、发展、变化规律有关概括的层面，停留在移植皮亚杰、柯尔伯格等西方学者关于个体道德发展阶段与进程有关成果的层面，还尚未深入到对当今时代中国人思想政治素质产生、发展、变化规律进行科学探讨的层面。要在这一背景下谋求思想政治教育的加强与改进，谋求思想政治教育的科学发展，则犹如出游而不知实际线路图，遑论是乘机、坐车还是步行，离开对个体思想政治素质发展规律的把握与遵循，遑论方式方法以及教育时机的选择等！总之，真正弄清当今时代中国人思想政治素质产生、发展、变化的规律，是我们有效开展思想政治工作的前提，同时也是我们树立思想政治教育的科学发展观的前提。科学揭明当今时代中国人思想政治素质产生、发展、变化的规律，是思想政治教育的理论建设发展到今天，应该予以高度关注的、事关思想政治教育理论和实践发展与创新的重大课题。"参见沈壮海：《实现思想政治教育学科的科学发展》，《思想理论教育》2004 年第 1 期。

③ 《十六大以来重要文献选编》中，北京，中央文献出版社，2006 年版，第 710 页。

④ 《十六大以来重要文献选编》中，北京，中央文献出版社，2006 年版，第 725 页。

的方法去建构人的素质结构。邱柏生依据习惯所称的素质与人的生理遗传基础之间的互相关系,把素质分为三类:"第一类是与人的生理遗传基础紧密相连的具有较大个体差异性和一定可塑性的体能方面的素质;第二类是与人的生理遗传基础联系一般,但具有相当可塑性的智力的、情商的、能力方面的素质;第三类是与人的生理遗传基础联系不甚紧密的具有极强可塑性的思想政治道德方面的素质。……由于社会态度、人的思想政治道德品质决定着人的第一、二类素质作用的方向和程度,因此引起人们对这一问题的高度重视,从而将思想政治道德素质看作是最重要的素质。……社会态度成为左右人们其他素质发挥作用之属性的关键因素之一。正是在这种意义上,人们确认思想政治道德素质是第一位的见解。"①人的思想政治素质构成是复杂的,思想政治素质不仅表现为教育对象正确思想观念的形成,以及对待相应思想理论态度上的坚定性与科学性,还表现为教育对象正确思维能力与行为能力的形成,以及运用相应思想理论指导自己行为方面的自觉性和能动性。

思想政治素质的形成要从一定的直觉、感受、情绪等朦胧而自发的心理活动开始,会受到人的兴趣、性格、气质、能力等个性特征的影响,都要经过知、情、意、信、行诸心理环节的发展和推移。正确的信息要通过个体的反思性监控和成功的实践活动才能内化为稳定的心理品质和个性特征。"思想观念的形成是人在实践基础上的切身体验和思维活动的结果,是伴随着认识、情感、意志、信念的转移而完成的。所以人的知、情、意、信、行等心理因素是思想观念形成与发展的先导,并直接影响人的思想观念的转变和行为的发生。"②人的思想政治素质是在人与人、人与社会、人与自然的互动中形成与发展的,思想政治素质的形成除了知、情、意、信等心理因素的参与外,还需要在实践中反复印证所接受到的信息。思想政治教育要通过培养人们的思想政治判断能力、思想政治选择能力、思想政治行为能力、对思想政治信息的选择能力、获取思想政治信息的学习能力,提高和培养人的思想政治素质。只有让人们参与各种实践,他们才能领悟思想、感悟道德、矫正行为选择和思想政治素质方面的缺陷,提高认识水平。

(二) 立德树人是思想政治教育的根本任务

恩格斯认为:"在社会历史领域内进行活动的,是具有意识的、经过思虑

---

① 邱柏生、蔡志强:《素质的内涵及其综合维度》,《思想教育研究》2007 年第 9 期。

② 彭新知:《运用心理学原理积极开展大学生思想政治工作》,《思想政治教育》2003 年第 4 期。

或凭激情行动的、追求某种目的的人;任何事情的发生都不是没有自觉的意图,没有预期的目的的。"①思想政治教育作为一种有确定目的的活动,它的预设性、目的性、计划性很强。人们在开始思想政治工作之先,总是在头脑中预先设定自己这项工作所要达到的结果,并依此指导、规范、约束思想政治教育实践,以实现自己的预期和教育目标。习近平总书记指出:"培养什么人,是教育的首要问题。我国是中国共产党领导的社会主义国家,这就决定了我们的教育必须把培养社会主义建设者和接班人作为根本任务,培养一代又一代拥护中国共产党领导和我国社会主义制度、立志为中国特色社会主义奋斗终身的有用人才。"②立德树人的具体目标要求在不同时期在表述方式上略有差异。其中,"德"的具体内容一般包括人的思想水平、政治觉悟、道德品质、文化素养和精神状态等综合性的要求。思想政治教育对于人才的培养目标是要全面贯彻党的教育方针,把立德树人作为根本任务,解决好培养什么人、怎样培养人、为谁培养人的根本问题。

思想政治教育要以提高人的思想政治素质,促进人的全面发展为目的。我们不能由此将思想政治教育的作用范围只理解为单纯对人的思想政治素质的塑造。思想政治教育在人的整体素质的发展中都承担着核心作用。1957年2月,毛泽东在最高国务会议第十一次(扩大)会议上的讲话中指出,要"使受教育者在德育、智育、体育几方面都得到发展,成为有社会主义觉悟的、有文化的劳动者"③。1979年10月,邓小平在中国文学艺术工作者第四次代表大会上发表的祝词中提出"社会主义新人"概念。1985年,邓小平在全国科技工作会议上正式提出"四有新人"论述。邓小平指出:"正确的政治路线要靠正确的组织路线来保证。中国的事情能不能办好,社会主义和改革开放能不能坚持,经济能不能快一点发展起来,国家能不能长治久安,从一定意义上说,关键在人。"他特别指出:"我们发现靠我们这老一代解决不了长治久安的问题,于是我们推荐别的人,真正要找第三代。但是没有解决问题,两个人都失败了,而且不是在经济上出问题,都是在反对资产阶级自由化的问题上栽跟头。"④在改革开放和社会主义建设的新时期,邓小平提出了培养"有理想、有道德、有文化、有纪律"的社会主义新人的目标,这一目标其实就是新时期思想政治教育的目标模式。在"四有"中,其中有理

---

① 《马克思恩格斯选集》第4卷,北京,人民出版社,1995年版,第247页。

② 《习近平在全国教育大会上强调 坚持中国特色社会主义教育发展道路 培养德智体美劳全面发展的社会主义建设者和接班人》,《人民日报》2018年9月11日。

③ 《毛泽东文集》第7卷,北京,人民出版社,1999年版,第226页。

④ 《邓小平文选》第3卷,北京,人民出版社,1993年版,第380页。

想、有道德、有纪律的三个"有"都属于思想政治素质方面,有文化属于科学文化素质方面。这说明在思想政治素质和科学文化素质这两个基本素质之中,"四有"新人强调的是思想道德素质这个重点①。这说明"四有"新人目标更多地从思想道德建设和思想政治教育的角度考虑问题。在社会主义精神文明建设中,思想道德建设是核心,它决定着社会主义精神文明的性质和方向。在改革开放、经济建设中培养德才兼备的合格人才,选拔"革命化、年轻化、知识化、专业化"的领导者和造就有理想、有道德、有纪律、有文化的"四有"新人,离不开强有力的思想政治工作。这是关系到我们国家长治久安、社会主义事业兴旺发达的一件大事。1994 年 12 月,胡锦涛在致中国青年志愿者协会成立大会的贺信中指出,要"引导青年努力成为有理想、有道德、有文化、有纪律的跨世纪一代新人,勇敢肩负起历史重任,为把我国建设成为富强民主文明和谐的社会主义现代化国家努力奋斗"②。2006 年我们党首次提出把立德树人作为教育的根本任务。2007 年 8 月 31 日,胡锦涛强调"要坚持育人为本、德育为先,把立德树人作为教育的根本任务,努力培养德智体美全面发展的社会主义建设者和接班人"③。2012 年党的十八大首次正式提出"把立德树人作为教育的根本任务"④。2019 年习近平总书记在纪念"五四运动"一百周年讲话中将培育社会主义事业建设者与接班人提升到国家战略高度。习近平总书记指出:"我们党立志于中华民族千秋伟业,必须培养一代又一代拥护中国共产党领导和我国社会主义制度、立志为中国特色社会主义事业奋斗终身的有用人才。在这个根本问题上,必须旗帜鲜明、毫不含糊。"⑤习近平总书记强调要"把立德树人的成效作为检验学校一切工作的根本标准,真正做到以文化人、以德育人,不断提高学生思想水平、政治觉悟、道德品质、文化素养,做到明大德、守公德、严私德","培养社会发展所需要的人,说具体了,就是培养社会发展、知识积累、文化传承、国家存续、制度运行所要求的人"⑥,"就是要培养中国特色社会主义事业的建设者和接班人,而不是旁观者和反对派"⑦。要着眼于培养德智体美劳全面

① 刘建军:《新时期思想政治教育的目标模式》,《中国人民大学学报》2001 年第 5 期。
② 《胡锦涛文选》第 1 卷,北京,人民出版社,2016 年版,第 130 页。
③ 《十六大以来重要文献选编》下,北京,中央文献出版社,2008 年版,第 617 页。
④ 《十八大以来重要文献选编》上,北京,中央文献出版社,2014 年版,第 27 页。
⑤ 《用新时代中国特色社会主义思想铸魂育人 贯彻党的教育方针 落实立德树人根本任务》,《人民日报》2019 年 3 月 19 日。
⑥ 习近平:《在北京大学师生座谈会上的讲话》,《人民日报》2018 年 5 月 3 日。
⑦ 《习近平会见清华大学经济管理学院顾问委员会海外委员和中方企业家委员》,《人民日报》2017 年 10 月 31 日。

发展的社会主义建设者和接班人,着力于培育担当民族复兴大任的时代新人。时代新人的培养关系着中华民族伟大复兴的实现,关系着"两个一百年"奋斗目标的实现,也关系着社会主义现代化强国目标的实现。

党的十八大以来,习近平总书记从治国理政的全局出发提出"四服务"和"三培养",确立了新时代思想政治教育的重要地位和根本方向。"教育为人民服务,为中国共产党治国理政服务,为巩固和发展中国特色社会主义制度服务,为改革开放和社会主义现代化建设服务"①,思想政治教育要全面贯彻党的教育方针,解决好培养什么人、怎样培养人、为谁培养人这个根本问题,思想政治教育过程要以立德树人为根本任务,以"四服务"和"三培养"为价值指引和基本遵循,统筹规划整个思想政治工作。思想政治教育目标为思想政治教育活动指明了发展方向和前进目标,提供了蓝图和依据,指导、调节思想政治教育过程,使思想政治工作者在思想政治教育内容的确定、教育方法和形式的选择与运用、思想政治教育效果的检测与评定等方面更具有自觉性和目的性。

第二节　贯通日常生活与公共生活领域

儒家思想是典型的具有教化意义的文化理念。儒家思想之所以能行其教化,成为中国文化的价值核心和文化整合基础,关键在于能够顺应社会和民众生活的样态、形式,始终与之保持一种相辅相成的关系。社会生活、民众生活也只有通过与它们相契合的思想提升和点化,才能形成健康发展的文化机制。任何一种文化理念的传播,都不能仅仅是某种思想和观念形态的东西,必须有其生命载体和生活基础。在现代社会"政""教"分离之后,思想理论、文化理念与社会生活的关联,除了依托行政力量展开工作以外,还要和日常生活联系起来。"在教育与生活的视野中,教育是一种具有明确意义目的的生活,生活是一种不具明确意义目的的教育,教育作为一种生活形态是自为的,生活作为一种教育形态则是自在的。"②思想政治教育要着眼于人的生活领域,发展生活化的思想政治教育。

在相当一段时期内,我们的社会生活的政治化和意识形态化色彩比较浓厚,民众社会生活并无独立的存在空间。在经济逐步走向市场化,社会意识形态热情趋于淡化的"后革命"时代,社会、民众生活的生存空间迅速扩

---

① 习近平:《习近平谈治国理政》第二卷,北京,外文出版社,2017年版,第377页。
② 蒲蕊:《教育与生活:华中师大"教育博士论坛"的一次学术讨论纪要》,《教育研究与实验》2001年第2期。

大,已构成一个相对成熟的社会领域。我们所习惯的、运用得得心应手的社会动员、资源整合、道德培养的意识形态方式,其能效也渐趋弱化。同时,社会生活、民众生活又因缺乏与之相切合的文化理念的引导而趋于颓化和庸俗化。十六大以来,党中央明确提出了思想政治教育要"贴近实际、贴近生活、贴近群众"的要求,竭力避免无关社会生活的自说自话、"游谈无根",尤为警惕、避免主流意识形态陷入边缘化状态。

赫勒认为人的生活领域可分为日常生活与非日常生活。她认为,在人的生活世界中,日常生活(包括消费活动、日常交往活动、日常观念活动)是非日常生活的基础,在日常生活之外的社会再生产或类的再生产的各种活动,构成了人的非日常生活领域(一是非日常的社会活动领域,指政治、经济、技术操作、经营管理、公共事务等有组织的或大规模的这种活动领域,二是非日常的精神生产领域,指科学、艺术的哲学等自觉的人类精神生产领域,它基本上等同于人们习惯称谓的意识形态领域)。"日常生活就是那些同时使社会再生产成为可能的个体再生产要素的集合";"如果个体要再生产出社会,他们就必须再生产出作为个体的自身"[1]。赫勒所谓的非日常生活领域其实也可以称为公共生活领域。人的生活世界是一个以社会实践活动为基础的现实世界,是一个人的物质生活与精神生活、日常生活与公共生活相统一的整体世界,也是一个人与人间交往的共在世界,其核心是对人的现实生活和现实生活中的人的关注。这种关注必然伴随人的思想活动,有思想活动就必然要求思想政治教育。

人的生活世界包括日常生活和公共生活两个领域,它们具有不同的本质属性和基本特征,对于个体的成长和发展具有各自不同的价值和作用。思想政治教育是特定时空中的价值建构和意义引导活动,它不同于日常生活的自发性与重复性,带有很强的公共性色彩。同时它又是一种特殊的公共生活,要引导公共生活向日常生活靠拢,为日常生活增加自觉的因素,促使人自觉地追求积极的生命意义,超越日常生活的琐碎和平庸。通过生活化的思想政治教育将人的德与才、知与识、理与情、智与能等各个方面协调和统一起来,这种统一和协调的过程就是思想政治教育贯通日常生活和公共生活的过程。思想政治教育活动必须全面关注个体的日常生活和公共生活,协调各种教育关系,综合各种教育资源,促进教育对象思想政治素质的整体提高。

(一)思想政治教育的公共性与日常性

制度化的思想政治教育产生以后,特别是现代工业文明高扬物质主义

---

① 〔匈〕阿格妮丝·赫勒:《日常生活》,重庆,重庆出版社,1990年版,第3页。

和工具理性以来,思想政治教育越来越从人们的日常生活中分离出来,形成制度化的工作体系和运行机制,不能按照应有的内在方式深入生活,降低了思想政治教育在生活中的影响力和作用力。李萍认为:"当我们把思想政治工作从其他工作中分离出来时,思想政治工作就易于脱离群众的需要,失去针对性的基础。因此,要使思想政治工作的机制得到制度的保障,必须把思想政治工作的机制要求落实到基本的工作制度中。如在现代企业中,思想政治工作必须找到与现代企业制度相联系的结合点,使思想政治工作真正成为现代企业制度本身所内涵的要求,而不是附加的东西。在学校系统,德育不能游离教学科研的主体性工作。在教学制度中,必须对教书育人有内在的要求,教学质量的评估最终要落实到教书育人的目的上;在科学研究与学科建设的制度中,德育应有相应的学科地位;在人才培养的教育目标上,德育必须是融合于其中的基本要求。否则就会出现教学、管理与思想政治工作两张皮,不仅不能形成合力,而且可能相互排斥,甚至相互抵消。"①只有把思想政治工作从根本上与基本的工作制度融为一体,才能保证思想政治工作的长远地位,也才能真正发挥思想政治工作的功能。

党和国家需要的是保证长治久安的接班人和建设者,个人需要的是关于个人发展和美好生活的理论。这种需要的转换其实就是思想政治教育公共性向日常性的变迁问题。侯勇认为,思想政治教育公共性"是在思想领域通过公共化教育形式使教育对象具有以公共情感、公共理性、公共精神为核心的公共性品质,密切关注公共生活,积极参与公共事务,维护公共利益,实现公共价值的政治社会化实践活动。可以看出,思想政治教育公共性包括'涉及公众、实现公众和依靠公众'三个方面含义:一是涉及公众主体的公共理性和公共精神培养的政治社会化活动,主体的公共理性和公共精神是思想政治教育公共性的社会呈现;二是为了公众的公共利益和公共价值的意识形态政治,公众的公共利益和公共价值是思想政治教育公共性实现目标;三是依靠公众的公共交往、公共参与和公共治理实现,公共事务和公共领域是思想政治教育公共性存在的社会空间。从内在结构来看,包括'理论—组织—实践形态'三元结构:第一,思想政治教育理论形态的公共性,体现在思想政治教育理论基础的公共性品质、思想政治教育基础理论的公共性关怀和思想政治教育知识体系的公共性属性;第二,思想政治教育学术共同体作为组织形态而存在的知识生产的公共性,体现为思想政治教育学科组织的公共性、思想政治教育学科价值的公共性、思想政治教育学科研究

---

① 李萍:《思想政治工作的时代诠释》,《高校理论战线》2001年第9期。

的公共性等;第三,思想政治教育实践工作形态的公共性,表现为作为社会治理主体而存在的公共性、工作目标的公益性、教育手段的公共性等方面。思想政治教育学科的理论形态、组织形态和实践形态中存在的公共性问题意识迫切要求我们反思遮蔽思想政治教育公共性困境"①。思想政治教育的关键在于把外在的目的转化为内在的目的,把思想政治教育的内容和要求转化为与个人成长的意义关涉,在此基础上引导个人理解、丰富、践行这种意义关涉,给个人的生活以启迪,增进对人生和生活的理解,赋予人智慧、勇气和力量,获得思想政治素质的发展。

(二) 扩大公共生活交往和公共参与

国家和社会创造的交往环境是人们进行道德实践、达致共同的权威性道德信念的空间和条件。从人的思想道德发展和精神发展的角度来看,国家和社会不仅仅是抽象的人格和公共的道德权威,国家还应当更多地承担起改善社会风气,引导高尚公共道德的政治责任。这种职责的实现,要通过国家建立健全各项民主制度,鼓励人民参与政治实践,倡导健康的社会舆论,引导人们反思公共生活的意义来完成。国家提供各种机会,组织和引导人们建构一种积极而有意义的公共生活,使人们在这种公共生活中通过参与的方式达到对社会理想的共同追求,培养公民高尚的道德情操。

参与是一个透明、公开、赋权和互相学习的过程,"一个参与性民主制度有利于扩展其参与者对他们从事的事业的理解,从而达到对参与者进行教育的目的"②。参与不是停留在表面的参加,而是要确确实实把具体需求和观点,从文化和制度两方面融合到发展中。真正意义上的参与意味着决策与选择过程中的介入、能力建设与自立。在我国当代的社会转型过程中,政治参与范式正发生着一种替代性的转变,出现了"从革命型政治参与向建设型政治参与范式,动员型政治参与向自主型政治参与范式,激情型政治参与向理性型政治参与范式的发展态势"③。事实上,这种政治参与范式的转变在很大程度上是自在自发的,由于空间不足和机会稀缺而绝大部分局限在社区自治、村民自治和公共组织运营层面上,社会整体意义上的自觉自为的政治参与范式尚未出现。人们普遍对政治、法制持一种集体无意识的外在感和异己感,缺乏有序参与和有效参与,需要通过公共生活的开放、公共交往的扩大、教育的匡正来予以改善。

① 侯勇:《论思想政治教育公共性困境与公共化转型》,《理论与改革》2015年第4期。
② 〔英〕怀特:《再论教育目的》,北京,教育科学出版社,1997年版,第162页。
③ 王俊拴:《我国公民政治参与范式转换的新取向》,《陕西师范大学学报(哲学社会科学版)》1999年第6期。

市场经济的发展使人口流动空前加剧,大大拓宽了人们的交往范围和社会接触面,大量的生活活动已经不是在家庭生活的范围之内,而是在家庭之外的公共生活中的交往活动。我国社会的公共生活也在经历着重大的发展:公共生活场所与设施日益增多,公共场所中的活动在人们的日常生活中变得越来越重要;网络等媒体资源也为公民的交往提供了便利的途径和平台;经济生活、政治生活、法律生活、文化生活等特殊公共生活领域在逐步开放,为越来越多的公民参与公共生活,在公共生活中发展自身,促进思想政治素质的提升提供了机会。

开放公共生活,扩大公共交往和公共参与,其意义在于直接和间接地促进人的发展。"一个人的发展取决于和他直接或间接进行交往的其他一切人的发展"①,"人只有在相互作用之下,才能使自己的情感和思想焕然一新,才能开阔自己的胸怀,才能发挥自己的才智"②。广泛而充分的社会交往有利于人们形成关于人生、生活以及做人做事的各种假设和想法,并在与他人的交往中对此进行实践和检验。公民参与公共生活可以促进参与者个人的道德、社会和政治等方面素质的普遍提高。在参与过程中,公民对选举、决策、管理和监督等方面广泛的权利和责任有了切身的体会和认识,提高对国家、社会的责任感和对政治体制的宽容精神,懂得如何发挥自己的政治作用,并在参与过程中感受到自己的人格和价值。人们对某项事务参与的程度越高,对共同参与决定的政策、方案或目标具有较高的责任感和义务感,就越愿意自觉地承担责任。公民参与各个层面的管理运作,有助于发展公民个人在公共生活中应具备的态度、心理素质和实际参与的技巧和知识。没有参与,公民会缺乏公民意识和责任感;没有参与,也无从学习和培养作为公民所必须具备的基本素质和技能。公民参与既是思想政治教育实现自我教育的手段,也是公民政治社会化的重要方式。

(三) 发挥日常生活的养成价值

思想政治教育不能仅限于对思想政治知识、规范、原则的转述和推演,还要进行反思和批判,对思想政治教育的内容、原因和价值具有充分的理性认识,怀有理性热情,才能够自觉地把政治原则和道德规则运用于行为之中。思想政治教育的价值规定和理性化特征,决定了思想政治教育方式与方法价值启蒙意向。日常生活和公共生活领域中的思想政治教育均无法离弃理性化的教育形式,通过理性的价值启蒙,明晰相关的政治原则和道德原

---

① 《马克思恩格斯全集》第 3 卷,北京,人民出版社,1960 年版,第 515 页。
② 〔法〕托克维尔:《论美国的民主》,北京,商务印书馆,1996 年版,第 638 页。

则,逐步转化为个人的信念。理性化的思想政治教育施教方式,理应更多地体现于公共生活领域的交往规则教育①。四有新人的价值范式和精神面貌,是个体无法自发产生的,它仍然需要一个由外而内的必要的"灌输"和启蒙过程。"价值态度教育必然是传递某些特定的价值观念而忽略其他的可能选择的教育,必然是教育个体与特定的理想产生内在联系,同时忽略其他的可能理想。对于作为教育承担者的群体而言,这些价值信念(从群体的价值秩序来看)是好的信念,这些理想也是好的理想。在设计规范的取向财富方面,每个群体的做法都有点教条主义,也就是说它会把这些财富当作信仰财富来对待,要求其成员认同,并据以行动。每个群体在传递其规范的价值取向时,并不仅限于理性主义的传授和证辩,而是从其年轻成员诞生的第一天起,就不遗余力地通过一切途径有意、无意地对其所有精神领域,当然特别是其将来生活及其情感核心施加影响。"②如果我们把"启蒙"理解为用自己的头脑去思考,用理性的和批判的眼光去审视社会和自己,则没有任何人能有免于"启蒙"的特权。启蒙的对象不是某些人对某些人,而是涉及每个社会成员自身。启蒙之余,思想政治教育尚需借助生活对人成长的养成与涵化功能。

高德胜认为:"人的德性发展与智性发展有着本质的不同:人们可以与社会生活隔离开来集中学习知识经验,却不能与社会生活相隔离去学习道德。道德是社会生活的规范和准则,真正的学习必须在社会生活过程中进行。"③生活养成意味着思想政治教育回到生活世界本身,在更广泛的活动情境中形成服从生活规则的习惯化行为。"生活是什么样的,伦理就是什么样子。"④生活是社会伦理、政治规范和个体德性的养成之所。教育与生活的不可分离性使生活成为伟大的教育者。教育本身也意味着"使人在被认为有价值的活动中,以一种包含具有某种深度与广度的理解的方式自主地

① 与公共生活领域的道德教育的理性化倾向相反,在私人生活领域的价值导引,其方法更主要是情感化的、启发式的、充分尊重差异个体的主体性的。对于个体私人生活领域的心性世界与价值信仰,道德教育必须将体验、选择与信仰的主动权,交还给具有差异的个体。在道德相对主义明显的个体私人生活世界,理性的道德施教有了越来越明显的局限,任何无法实现与个体心灵价值追求共契与融合的价值导引,将难以真正起到教化作用。与公共生活领域的道德教育的理性化倾向相反,在私人生活领域的价值导引,其方法更主要是情感化的、启发式的,充分尊重差异个体的主体性。
② 〔德〕布雷钦卡:《信仰、道德和教育:规范哲学的考察》,上海,华东师范大学出版社,2008年版,第143页。
③ 高德胜:《知性德育及其超越:现代德育困境研究》,北京,教育科学出版社,2003年版,第127页。
④ 廖申白、孙春晨:《伦理新视点》,北京,中国社会科学出版社,1997年版,第14页。

完成某些事情"①。而且,"教育要通过生活才能发出力量而成为真正的教育"②,思想政治教育也要借助于生活的养成力量才能成为真正的思想政治教育。生活养成就是学习者在生活中验证、丰富、实践个人的价值理念,逐步形成稳定的行为习惯,形成个人在生活中稳定的思考、判断、选择和行动的基本方式。陶行知提倡生活教育,他认为"没有生活做中心的教育是死教育。没有生活做中心的学校是死学校。没有生活做中心的书本是死书本"③。陶行知念兹在兹的生活,应该是现代哲学中的日常生活概念。日常生活是个体基本的存在世界,是个体的世界观、人生观、价值观形成与发展完善的园地。在个体的世界观、人生观、价值观的形成过程中,日常生活占有十分重要的地位。但是,由于日常生活具有原初性和自然而然性,它对于思想政治工作的价值和意义一直以来被人忽略和淡化。

随着文化的进步、个性的觉醒和日常生活内容的丰富,人们开始关注日常生活的价值。正如鲁道夫·奥伊肯所言:"对于想从生活中赢得意义与价值的人来说,它是一个充满机会的时代。"④人们感到正是人的日常生活代表了人类最真实、最具体的生命活动,它滋养着每个人的未来文化成长的各种潜能,陶冶人的精神情操,为个体养成正确的思想观念、思维方式、道德品质提供了主要的操练家园。"教育者或教师企图不通过儿童自己的活动去掌握知识、培养品德,却将知识、品德要求强加到儿童身上。任何这样的企图只会破坏儿童健康的智力发展和精神发展的基础,破坏培养他的个性品质的基础"⑤;"最好的教育关系……是一种生活的体验,具有其本身和内在的意义"⑥。因此,思想政治教育理应审视个体的日常生活,重视日常生活的价值建构,把日常生活视为思想政治教育的基本着眼点,既要着眼于鼓励个体正确体验日常生活的多样化、个性化、诗意化;又要着眼于倡导个体努力实现社会价值与个体价值的有机统一,还要着眼于激励个体躬身践行以科学理性、历史理性、实践理性为基础的理想价值,使个体在日常生活中实现思想的升华。

---

① 〔英〕彼得斯:《道德发展与道德教育》,杭州,浙江教育出版社,2003 年版,第 77 页。
② 陶行知:《陶行知教育文选》,北京,教育科学出版社,1981 年版,第 207 页。
③ 陶行知:《中国教育改造》,北京,东方出版社,1996 年版,第 150 页。
④ 〔德〕鲁道夫·奥伊肯:《生活的意义与价值》,上海,上海译文出版社,1997 年版,第 103 页。
⑤ 〔苏〕A·M. 弗里德曼、K·H. 沃尔科夫:《中小学教师应用心理学》,北京,人民教育出版社,1993 年版,第 92 页。
⑥ 〔加〕马克斯·范梅南:《教学机智:教育智慧的意蕴》,北京,教育科学出版社,2001 年版,第 98~99 页。

当前,思想政治教育要回归生活,要在制度框架下获得充足的发展资源,应该不拘囿于制度化的学校教育,强化社会的调控机制,依靠家庭和社会的力量,在整个大的社会背景下借助于社会自身的教育性价值,寻找发展动力。

第三节 改善思想政治教育的呈现形式

马克思认为:"统治阶级的思想在每一时代都是占统治地位的思想。这就是说,一个阶级是社会上占统治地位的物质力量,同时也是社会上占统治地位的精神力量。"[1]思想政治教育位列上层建筑,它所传播、分享的意识形态必然是体现着国家意志的意识形态。思想政治教育肩负着将"统治阶级的思想"转换成"占统治地位的思想"任务,肩负着把社会主义的文化价值、社会价值和政治价值纳入思想政治教育政治实践,为人们提供相对稳定的价值观,形成核心价值体系,提高思想政治教育针对性和实效性的任务。

面对社会的急剧变化,人们对心理关怀和人文关怀的渴求十分迫切,迫切需要建构精神家园,寻求信仰体系,期望某种精神支柱,从而获得心灵上的慰藉。"人们从来没有像今天这样强烈地需要相对稳定的价值观念的支撑,需要在变动不定的世界里寻求到一个安定的精神家园。然而,生活世界的变幻不定,理想信念的迷失,又使人难以弄清生活的最终意义。人往往生活在渴望理解生活的最终意义,却又怀疑生活最终意义存在的矛盾之中,生活在因缺乏稳定的价值观念而对周围世界无所适从,却又必须做出明确的自我决定的矛盾之中。"[2]改善思想政治教育的呈现形式,把理论教育建立在坚实的认知基础上,通过行动证明和经常性的思想教育工作来促进人们思想的转变,通过说明道理,向对方展示充分而准确的事实信息,让对方在全面掌握真实情况的基础上自觉服从或朝预期方向发展变化,避免控制性或病理性说服,建立在充分事实信息基础上的思想政治教育活动才会具备巩固性效果[3]。

随着社会的成熟、公民的成熟,社会本身可以发挥思想政治教育功效。

---

① 《马克思恩格斯选集》第1卷,北京,人民出版社,1995年版,第98页。

② 陈晏清:《重建新世纪的价值观》,《天津社会科学》2001年第1期。

③ 一般来说,思想政治教育要的实施和展开必然要借助政治权力和意识形态的力量,人们不会公然提出异议,一般人们很少反思提高思想政治教育有效性的前提。但是,在不负责任的思想政治工作者那里,我们往往会发现他们存在着诸多弊端:方式方法上的说教性、政治和意识形态上的实用性、知识运用的随意性、阐释的实用性,导致一些不良影响。

通过调动社会教育系统、社会团体、大众传媒的各方力量,加强社会的自我完善、自我治理和自我建设能力,开发社会成员自我教育和自我管理的空间,减轻社会公共事务对于政府的片面依赖性。同时改善政府行为,消除阻碍公民思想政治素质发展的不良因素,落实思想政治素质生成的基本制度性安排,均可以取得良好的思想政治教育效果。约翰·怀特明确指出:"社会制度一般说来有助于个人思想意识和道德特征的形成,这点首先被希腊人发现,在现代又被黑格尔和马克思发现。一个社会的法律、政治体系和其新闻媒介、工业组织、家庭和社会生活的惯例与习俗等,这些和其他因素,都是教育的或好或坏的潜在因素。"①思想政治教育要富有生气和责任感地衡量每个教育步骤及决定,将道德和精神的动机引入每一个教育活动,寻找所有制度、活动、事件当中的教育性尺度和价值。这不是一种简单的宣称和表白,而是每个思想政治工作者都要切实地去做的事情。

(一)增强思想政治教育者的权威性

在思想政治教育的过程中,教育对象往往先接受思想政治教育者,然后才接受他们所传递的教育信息。如范梅南所言:"我们可能会终身感激父母或老师,即使我们从这个人那里学到的物质性的知识会逐渐丧失了其适切性。这部分的原因可能是由于这样的事实:我们从一位伟大的老师那所'获得'的与其说是一个具体的知识体系或一组技巧,还不如说是这位体现和代表知识的老师的行为方式——他或她的生活热情、严于律己、献身精神、人格力量、强烈的责任,等等。"②思想政治教育者本身所呈现和展示的理论水平、知识结构、业务素质、道德修养、责任心、教育态度、人格魅力,以及由这些因素所产生的感召力、亲和力都会直接影响到教育对象对思想政治教育者及思想政治教育本身的信任度,影响到教育对象的心理、思想和行为的改变。

思想政治教育系统中各机构和部门的专业思想政治工作者和兼职人员是思想政治教育队伍的主力军,是代表着国家意志的实践主体。他们的主体地位既是获得性的,又是派生性的,是社会分工赋予的权利和职责,他们是国家这一思想政治教育实在性主体在具体思想政治教育过程中的替身和代言人,他们的行为虽是个人行为但代表的国家意志,是组织行为,背后站立着整个国家体系。这样的获得性、替代性、派生性的思想政治教育主体的

---

① 〔英〕约翰·怀特:《再论教育目的》,北京,教育科学出版社,1997年版,第159~160页。

② 〔加〕马克斯·范梅南:《教学机智:教育智慧的意蕴》,北京,教育科学出版社,2001年版,第98~99页。

行为意向仍是严肃的、严格的、规范的，必须不打折扣地按照国家意志的要求展开工作，其主体性的发挥绝对不能超越主导价值体系的规训，要与国家的本体性主体意向吻合。思想政治教育实践主体活动的开展，主要包括两部分教育内容：一是特定的社会和阶级给定的思想理论体系；二是根据教育目的和规律的要求对思想理论体系的内容编制思想政治教育信息。在将上述内容作用于教育对象的认知本体过程中，离不开实践主体的个人理解和诠释，甚至是榜样示范和案例"教学"，思想政治教育实践主体的个性特征和精神自我色彩难以割舍。思想政治教育者对于教育信息的规范传性传递和人格特质彰显应该努力在差异中寻求契合，争取相得益彰，用人格内涵活化思想政治教育功能，增强自身和思想政治教育的"可读性"。

在思想政治教育过程中，思想政治教育者发动、传递、诠释的教育信息能否被教育对象接受，能否触动教育对象的心弦，能否有效解决教育对象的思想、心理、行为的问题，均取决于思想政治教育者本身的权威性和可信程度。在实践中，相同的信息内容与目标对象，同样的教育情境，有的人劳神费力，却毫无成效，甚至还引起对方的反感；有的人通过一次推心置腹的畅谈，就可以使教育对象心悦诚服地接受和改变。可见，思想政治教育者作为思想政治教育主导者、设计者和实施者，若想提高思想政治教育的接受性，就必须提高自身的权威性和可信度。小原国芳指出："不管想要实施多么有意识的、有具体方案的教育，话说得多么大，自己没有的东西终归是传授不出去的。同样，尽管不想传授，而欲隐藏，可是内在的我必然要向外表现，不知不觉之间，就使他人在受影响。"①苏霍姆林斯基认为："如果没有教育者的真情实感和敏锐的智慧赋予真理以活的灵魂，那么即使最高尚的道德真理，对学生来说仍旧只能是空洞的词句。如果没有教师这样一个活生生的人的炽热的心、高尚的情操和审慎的理智，任何一种教育理论，不管它们多么高明，都会变得毫无用处。"②思想政治教育具有人格化的特征，思想政治工作者的教育内容与教育活动是一种"共生"的关系，是否相信自己所教的内容，是否把自己所教的那些价值理念外化为自身的行为准则，时刻影响着教育对象的接受程度和学习效果。

思想政治教育者的业务素质将成为影响其权威性的主要因素。思想政治教育者必须加强自身的综合修养。一方面，要积极投身于各种社会实践

---

① 〔日〕小原国芳：《小原国芳教育论著选》上卷，北京，人民教育出版社，1993 年版，第159 页。

② 〔苏〕苏霍姆林斯基：《苏霍姆林斯基选集》第四卷，北京，教育科学出版社，2001 年版，第786 页。

中,丰富社会经验与人生阅历,提高自身的工作能力,包括创造性思维能力、分析判断能力、自我调节能力、语言表达能力及人际关系的协调能力等。另一方面还要丰富自身的知识结构。"就本质而言,德育是一种通识性的教育,而不是一种专业性的教育。"作为当代思想政治教育者,"要注意自觉吸纳先进的科学文化知识和思想理论成果来丰富自己的教育内容体系,要自觉遵循教育对象思想道德素质发展变化的规律来设计自己的教育运作过程"①,总而言之,思想政治教育者只有具备较高的专业性、权威性,融真理的力量和人格力量于一身,增强思想政治教育活动的亲和性和实效性,才能在教育工作中获得较高的可信度。

(二)有效传递思想政治教育信息

通过思想政治教育引导个体形成正确的认识,纠正错误的认知,要提高思想政治教育信息传递效率,以利于个体接受正确的信息。"从受教育者的立场出发"进行说理教育,才能取得较好的效果②。个体在接受思想政治教育信息时,往往以自己的已有认知为基础,而且个体更愿意接受与自己的认知基本一致或者有支撑意义的信息,排斥与自己的认知不一致的信息,即"人们通常总是被自己亲身所发现的道理说服,更甚于被别人精神所想到的道理折服"③。随着时代的变化,信息传递的迅速化,价值的多元化,个体会迅速形成多样的认识,产生自己思想认知的热点,开展思想政治工作要力求做到生动活泼、喜闻乐见,切忌形式主义、教条主义、照本宣科。"教育者必须尽量避免把一套死板的价值观强加给学生,但是他们必须系统地组织正式和非正式的活动,使学生明确他们形形色色的价值,使之具体并加以检验。"④在思想政治教育过程中,教育者和教育对象要经常开展社会热点、难点问题和思想政治教育直接相关问题的争论、讨论活动,这是培养学生思想政治需要的有效途径。正如苏霍姆林斯基所说:"争论和讨论的意义在于,可以对道德知识做到反复再认识,它使青年人不是从旁观者的角度看待对真理的各种对立观点,而是亲自投于这场思想斗争。斗争吸引了他的理智和感情,使他不能无动于衷。"⑤因此,思想政治教育应分析个体认识的特点,切实传授能解决个体所关心问题的新知识,帮助个体在正确认知的基础

① 沈壮海:《通识教育视野中的学校德育》,《思想·理论·教育》2002 年第 7、8 期。
② 吴倬:《论"以知识教育为依托实现科学价值观教育"的德育规律》,《教学与研究》2002 年第 9 期。
③ 〔法〕帕斯卡尔:《思想录》,北京,商务印书馆,1985 年版,第 8 页。
④ 〔美〕阿尔温·托夫勒:《未来的冲击》,北京,中国对外翻译出版公司,1985 年版,第 116 页。
⑤ 〔苏〕苏霍姆林斯基:《帕夫雷什中学》,北京,教育科学出版社,1983 年版,第 233 页。

上接受思想政治教育内容,促进思想政治教育个体价值的有效实现。

思想政治教育信息的立场与教育对象的原来态度存在着某种差距,这种差距的调整就是思想政治态度的改变。"我们的政策就是允许看。允许看,比强制好得多。我们推行三中全会以来的路线、方针、政策,不搞强迫,不搞运动,愿意干就干,干多少是多少,这样慢慢就跟上来了。"①要提高思想政治教育的接受性,就必须针对教育对象原有观点和态度的特点,合理使用论据信息,有针对性地组织和传递思想政治教育信息。在教育内容上,综合考虑教育对象求真、求善、求美、求新等方面的多种需要来组织信息内容。信息内容要具有真实性,真实性是教育对象对思想政治教育内容最基本的要求,直接关系到人们对思想政治教育的信任度,是影响思想政治教育接受性的基础条件。信息内容要具有一定的价值性,即教育内容能够反映社会发展和人自身发展的要求,能够帮助他们坚定信念与意志,更好地适应社会、发展自己,满足其自身心理和谐、与他人、社会及环境和谐的需要。信息内容要具有时代感、新鲜感,能够紧跟社会发展变化的步伐,反映现实问题,解决现实问题。信息内容的组织要情理交融,不仅要以一定的理论深度和逻辑说服力来阐释某种观点的科学性、合理性,并解答教育对象感到困惑的问题,还要组织一些生动、鲜明、感人的现实资料,将理论与实际结合,将理性的深邃性与感性直观的感染性完美结合,使教育对象感到有理、有情、有趣,感悟深刻。

（三）发挥社会环境的隐性教育作用

思想政治教育价值的实现除了主体的努力、客体的发展外,良好的育人环境"是人的思想政治道德形成和发展的客观基础"②。人的思想观念的形成受外部客观的环境影响,思想品德观念产生于社会关系和人与人的关系之中。恩格斯指出:"人们自觉地或不自觉地,归根到底总是从他们阶级地位所依据的实际关系中——从他们进行生产和交换的经济关系中,获得自己的伦理观念……我们断定,一切以往的道德论归根到底都是当时的社会经济状况的产物。"③"既然人的性格是由环境造成的,那就必须使环境成为合乎人性的环境。"④布鲁纳认为:"不顾教育过程的政治、经济和社会环境来论述教育理论的心理学家和教育家,是自甘浅薄,势必在社会上和教室里

---

① 《邓小平文选》第3卷,北京,人民出版社,1993年版,第374页。
② 张耀灿、郑永廷、刘书林等:《现代思想政治教育学》,北京,人民出版社,2001年版,第234页。
③ 《马克思恩格斯选集》第3卷,北京,人民出版社,1995年版,第434~435页。
④ 《马克思恩格斯全集》第2卷,北京,人民出版社,1957年版,第167页。

受到蔑视。"①柯尔伯格也认为道德发展来自社会冲突情景中的社会性相互作用,个体思想政治素质形成过程是在受教育者自身与社会环境相互作用下,既有的思想道德经验不断结构化的过程。我们应该充分利用社会精神文化系统的思想政治教育功能,超越社会环境的自在性,充分利用和发挥社会环境的教育价值,实现思想政治教育目的。

思想政治教育环境直接影响到思想政治教育活动的实践成效。包括社会环境在内的社会精神文化系统对于思想政治教育的价值体现在两个方面:一是社会环境的异质性加大,影响力增强,海量信息使得其信息的互证性更强;二是社会环境是独立存在体,既独立于教育者,也独立于受教育者。优良的外部环境对人的思想政治素质的形成具有感召、促进和约束作用。思想政治教育活动的开展需要环境提供必要的物质条件、精神条件和活动场所,离开这些条件和场所保证,思想政治教育活动就无法正常展开。我们必须创设优良的外部环境,整合所有的教育力量,推动思想政治教育个体价值的顺利实现。

第一,制度具有重要的教育价值。人们的德性状况"在很大程度上取决于社会为其所提供的社会结构、制度体制及宏观调控手段的内容与方式。只有当社会能为其成员提供如黑格尔所说的'活的善'的社会客观关系结构及其实在化的制度体制时,其成员才能表现出普遍的善美行为选择。因为此时对于社会成员而言,选择德行不仅是道义上应当的,而且也是最明智的"②。任何一个社会要想培育、发展社会成员的思想政治素质,必须对制度本身的德性进行审视。首先明确哪些社会制度和常规在担当育成和提高思想政治素质的任务,然后确定并强化这些制度和常规。基本制度具有教育性和引导性,它会逐渐形塑在其中活动的人的性格。如果制度是非正义的且排斥道德,那么,无论在思想政治教育上投入多大精力,也很难取得什么良好的效果。通过配合有序的约束机制,使制度蕴含的伦理精神外化为个人的日常行为和实践活动方式,实现思想政治教育的目的。

依托制度建设提高思想政治教育有效性有两条主要渠道:尽快形成新的主流价值体系与公正的制度;在思想政治教育中注重制度教化与德性培育的结合。制度是人的一种价值存在,是"一个价值实体,它包含着一整套

---

① 〔美〕布鲁纳:《布鲁纳教育论著选》,北京,人民教育出版社,1989年版,第92页。
② 高兆明:《制度公正论:变革时期道德失范研究》,上海,上海文艺出版社,2001年版,第165~166页。

关于人的本性及其人与人之间的相互关系的价值观"①;"每一制度的具体
安排都要受一定的伦理观念的支配,制度不过是一定伦理观念的实体化和
具体化,是结构化、程序化了的伦理精神"②。制度所蕴含的道德价值和伦
理精神,决定了制度肩负着引导和塑造社会主导价值观的职责,可以而且能
够成为思想政治教育的重要价值资源。制度具有一定的权力机构予以强力
保障,具有强制性。制度为人们的实践活动规定了秩序,指明了方向。否
则,社会将充满矛盾和不确定性。制度不仅决定着经济活动以及与之相适
应的各种社会关系展开的框架,而且直接决定着各种活动合目的性的程度。
制度之所以对于人们的思想政治素质的发展具有引导和规范价值,在于"制
度是关于博弈如何进行的共有信念的一个自我维系系统。制度的本质是对
均衡博弈路径显著和固定特征的一种浓缩性表征,该表征被相关域几乎所
有参与人所感知,认为是与他们策略决策相关的。这样,制度就以一种自我
实施的方式制约着参与人的策略互动,并反过来又被他们在连续变化的环
境下的实际决策不断再生产出来"③。无论从思想政治教育的本质特征来
说,还是从思想政治教育的社会使命来讲,都需要把制度环境作为建设思想
政治教育的着眼点和诉求点。

　　社会成员思想政治素质的养成有赖于社会作为一个整体的道德基础原
则,社会成员的思想政治素质获得发展的基本途径是他们的生活方式和他
们的社会生活赖以展开的制度。"制度不论是作为文化特质还是作为象征
符号,都显示着特殊的价值和意义,它们联结在一起,结构成一个价值和意
义的人生网络,左右着人生意义的价值认识和判断,并强制人们作出某种价
值选择。"④"社会制度一般来说有助于个人思想意识和道德特征的形
成……一个社会的法律、政治体系和其新闻媒介、工业组织、家庭和社会生
活的惯例与习俗等等,这些和其他因素,都是教育的或好或坏的潜在因
素。"⑤"社会制度或社会机构的文化,在很大程度上或好或坏地塑造着在这
些机构中工作着的人们的愿望、习惯和素质。"⑥也就是说,思想政治素质养
成的先决条件是社会结构的合理性、价值分配的正义性、社会成员间的平等

①　〔美〕R·T. 诺兰等:《伦理学与现实生活》,北京,华夏出版社,1988 年版,第 322~323 页。
②　〔美〕罗斯科·庞德:《通过法律的社会控制:法律的任务》,北京,商务印书馆,1984 年版,
　　第 35 页。
③　〔日〕青木昌彦:《比较制度分析》,上海,上海远东出版社,2001 年版,第 28 页。
④　司马云杰:《文化悖论》,济南,山东人民出版社,1992 年版,第 140 页。
⑤　〔苏〕苏霍姆林斯基:《给教师的建议》,北京,教育科学出版社,1984 年版,第 350 页。
⑥　〔英〕帕特丽夏·怀特:《公民品德与公共教育》,北京,教育科学出版社,1998 年版,第 7 页。

和尊重、公共生活的有序与合作①。一个社会在社会建制、法律、经济等方面都有良好的、正义的秩序,有利于社会成员思想政治素质的发展。

丹尼尔·贝尔曾指出:"一切社会制度若要得到民众最大的支持,必须拥有为全社会所接受的、行使社会权威的道德正当性。"②"归根到底,任何社会都是一种道德秩序,它必须证明它的分配原则是合理的(社会学的术语是'给予合法地位');它必须证明自由和强制的兼而并用对于推行和实施它的分配原则来说是必要的,是天经地义的。"③公平、正义的制度设计能够使人们"自愿地接受了这种安排的利益,或者为了促进自己的利益已经自愿地接受了这种安排所提供的机会"④;"国家树立一种以公共利益为依归的社会正义原则,并在社会公共生活中发挥必要的启发和引导作用,从而推进个人和公共道德的完善,就成为信仰马克思主义的社会主义国家不可推卸的重要责任。……从人的道德发展和精神自由的角度,强调社会需要一种共同的价值取向和对理想的共同追求。由于这种价值取向和共同追求需要通过全社会的广泛讨论和认同方式而达成,作为社会共同利益代表的国家就必然有责任组织社会成员进行这种活动"⑤。假如社会体制不公平或其不公平的程度超过了可以容忍和接受的限度,人们势必产生普遍的愤愤不平,对社会的伦理道德要求抱冷漠和轻视的态度。这时的思想政治教育和社会道德教化也只能产生事倍功半的效果,甚至产生逆反心理或双重人格等负面效应。"一旦社会失去了超验纽带的维系,或者说当它不能继续为它的品格构造、工作和文化提供某种终极意义时,这个制度本身就会发生动荡。"⑥反之,如果社会体制是公正的,具有道义上和效率上的双重合理性,那么思想政治教育内化就有了巨大的社会推动力,思想政治教育将会取得事半功倍的良好效果,个体也比较容易接受、信奉和履行社会道德要求。

---

① 国家和社会一旦产生便作为脱离个体并凌驾于个体之上的独立实体而存在,社会对个体提出的责任和义务就难免带有外在的、抽象的性质。要使这外在的、抽象的社会责任和义务变为个体内在的自愿,先决条件是社会制度安排必须是公平和正义的。

② 〔美〕丹尼尔·贝尔:《资本主义文化矛盾》,北京,生活·读书·新知三联书店,1989年版,第124~125页。

③ 〔美〕丹尼尔·贝尔:《资本主义文化矛盾》,北京,生活·读书·新知三联书店,1989年版,第309页。

④ 〔美〕罗尔斯:《正义论》,上海,上海译文出版社,1991年版,第123页。

⑤ 韩冬雪:《马克思主义政治哲学诸范畴初探》,长春,吉林出版集团有限责任公司,2007年版,第200页。

⑥ 〔美〕丹尼尔·贝尔:《资本主义文化矛盾》,北京,生活·读书·新知三联书店,1989年版,第67页。

第二,协调思想政治教育场域的教育合力。思想政治教育充满着整个属人世界。由于个人的活动涉及社会生活的各个层面、各种单元,因此,构成社会的各种单元、组织、机构就都具有思想政治教育的性质和功能,特别是以直接影响国家和社会公共生活为目标和活动内容的各种组织和机构,如政府、社区组织、公众团体、传播媒体以及家庭、学校等特定的社会结构或场域,对实施思想政治教育负有直接责任。在布迪厄看来,场域是一个由各种客观的社会关系交织而成的空间,是"由具有相对自主性的社会小世界构成的,这些社会小世界就是具有自身逻辑和必然性的客观关系的空间,而这些小世界自身特有的逻辑和必然性也不可化约成支配其他场域运作的那些逻辑和必然性"①。基于社会主义优势而产生的集中力量解决主要矛盾的实践与理念,我们形成了齐抓共管的思维模式及以此为基础的政治体制,为思想政治教育营造了一个非常好的社会环境,体现为毛泽东所强调的:"思想政治工作,各个部门都要负责任。共产党应该管,青年团应该管,政府主管部门应该管,学校的校长教师更应该管。"②邓小平则进一步强调:"从事教育工作的同志,各个有关部门的同志,整个社会的家家户户,都来关心青少年思想政治的进步。"③思想政治教育不仅是学校的责任,同时还要求全社会各种教育力量相互配合,协调一致地对公民施加统一的教育影响,"如果社会或社会中某一特定的机构想要有意识地来塑造其年轻的公民,建立各社会化机构之间的一致性是首要的促进因素"④。因此学校、家庭和社会团体、社会单元应彼此配合,系统地对公民施加价值取向趋于一致的有意义的思想政治教育影响,减少内在的撕扯和乖张。

道德社会学的研究表明,在伦理道德社会化的过程中,"连续"和"强化"是较为重要的因素。如果个人就某一伦理道德观念获得了一组前后连贯和一致的信息,特别是当这些信息又涉及他们自己的生活时,他们就有可能形成一套相对稳定的道德信念。反之,如果个人所得到的是一系列零星的、缺乏一致性的信息,那么他们就很可能对自己的判断力丧失信心,感到道德抉择难于把握。因此,如果社会成员从各种不同的社会化机构那里得到连续的、同样的思想理论信息,那么他们的价值取向就极有可能被强化,

① 〔法〕皮埃尔·布迪厄:《实践与反思:反思社会学导论》,北京,中央编译出版社,1998年版,第134页。
② 《毛泽东文集》第7卷,北京,人民出版社,1999年版,第226页。
③ 《邓小平文选》第2卷,北京,人民出版社,1994年版,第105~106页。
④ 〔美〕阿尔蒙德:《比较政治学:主体政治的社会剖析》,上海,上海译文出版社,1987年版,第29页。

极有可能按照某一特定方式形成。"如果一个社会在道德教学中偏重言辞，缺乏实践模范，或是教的是一套，社会上普遍行的又是另一套，那么这个社会就产生了道德危机。"①在我国的思想政治教育和公民社会化过程中，恰好在这一方面存在着一定的弊端，那就是作为社会化主要场所的家庭、学校和社会诸多场域之间不完全一致，乃至错位，甚至在一定程度上存在着尖锐的矛盾，如孟德斯鸠所言，"社会教育对我们所说的，把父亲和师长所教育的思想全部推翻"②。人们在学校教育中学到的是一种道德观和价值观，在家庭中或者社会上所接受的可能却是另一种与此不同，甚至是相互矛盾的道德观和价值标准，这就使得我们的政治社会化难以形成合力，因而也就难以达到一个好的效果。因此，思想政治教育应该注意各教育场域影响力的一致和配合，形成良性的教育合力。

第四节　转化思想政治教育基本矛盾

　　教育在一定程度上是教育对象的内心旅程，任何外来影响只有深入教育对象的内心或生命，引发教育对象对当下自我存在状态的"解放欲望"，进而产生自我教育的需要，才能对人的存在状态产生实质性影响。鲁洁认为："教育虽然存在一种外部施加影响的过程，但是其主题却是促进、改善受教育者主体自我建构、自我改建的实践活动的过程。"③教育对象在权衡是否接受思想政治教育时，会从思想政治教育所呈现的"真理性判断、价值性体验、愉悦性感受"④等方面来考虑。真理不见得都是通行无阻的。以为真理就一定会被接受的自信，简单化地理解了思想政治教育对象的接受心理。

　　思想政治教育中的接受，是教育对象以自身的思想政治需要为内动力，选择、加工、整合、内化、外化思想政治教育者所传递的思想理论信息、基本观点、思维导向、人格品质等方面内容的持续的能动反应过程⑤。思想政治教育接受一般有三种过程和层次："一是他律性接受，是根据思想教育者的要求，社会发展需要的'认知性'接受；二是自律性接受，是自我实现需要与

①　韦政通：《伦理思想的突破》，成都，四川人民出版社，1988年版，第192页。
②　〔法〕孟德斯鸠：《论法的精神》，北京，商务印书馆，1961年版，第34页。
③　鲁洁：《教育：人之自我建构的实践活动》，《教育研究》1998年第9期。
④　张世欣：《思想教育规律论》，杭州，浙江大学出版社，2008年版，第111页。
⑤　参见陈秉公：《21世纪思想政治工作创新理论体系》，长春，吉林教育出版社，2000年版；王敏：《思想政治教育接受论》，武汉，湖北人民出版社，2002年版；张世欣：《思想政治教育接受规律论》，上海，上海三联书店，2005年版；张琼、马尽举：《道德接受论》，北京，中国社会科学出版社，1995年版。

思想教育者要求、社会发展需要相一致的'愿意性'接受；三是自由性接受，是出于实现自我需要的体现自由选择的'满意性'接受。"①思想政治教育接受往往从被动接受状态开始，随着思想觉悟和理解能力的发展与提升，逐步走向主动接受状态，从而达到自由接受的境界。提高人的思想政治教育接受层次和境界，首先要处理好思想政治教育的基本矛盾，推动思想政治教育基本矛盾相关子环节的顺利运转②，优化思想政治教育过程，推动思想政治教育接受的同步实现。

（一）分解思想政治教育基本矛盾

思想政治教育是教育者根据一定社会的思想品德要求和受教育者思想品德形成发展的规律对受教育者施加有目的、有计划、有组织的教育影响，促使受教育者产生内在的思想运动，以形成社会所期望的思想政治素质的过程。"这一过程的实质就是把一定社会的思想观念、价值观点、道德规范转化为受教育者个体的思想品德。"③这个定义科学地揭示了思想政治教育过程本质上就是一定社会所要求的思想理论体系、政治观念、道德和价值规范的社会分享共有、传递流播、继承发扬的过程，说到底，就是转变人的思想，使教育对象既有的思想品德水平向一定社会的期望水平趋向和接近，造就和再生产德行主体的过程。思想政治教育的基本矛盾就是一定社会的思想品德要求和思想政治教育对象既有的思想品德水平的矛盾。正是这一基本矛盾的客观存在，才使思想政治教育实践的存在具有必要性和价值性：思想政治教育就是要拉近个体思想政治水平与社会期望水平之间的距离，弥合他们的罅隙，促进人的思想政治素质的发展。

思想政治教育作为一种特殊的、相对独立的教育实践，其主体具有多重性特征：国家（社会）是其本体性主体，思想政治教育者作为国家（社会）的代言人是派生性的实践主体，思想政治教育对象是自我教育主体④。从思想政治教育独特的国家意志性和阶级性入手，思想政治教育着眼于一定社会的思想品德要求与受教育对象既有的思想品德水平之间的矛盾，在这个矛盾基础上开展思想转化和境界提升工作。有学者认为基本矛盾应是"教育者所实施的社会对于受教育者思想政治品德发展的要求和受教育者思想

---

①　张世欣：《思想教育规律论》，杭州，浙江大学出版社，2008 年版，第 115 页。

②　参见沈壮海：《思想政治教育有效性研究》，武汉，武汉大学出版社，2001 年版，第 120～125 页。

③　张耀灿、郑永廷、刘书林等：《现代思想政治教育学》，北京，人民出版社，2001 年版，第 278 页。

④　王颖：《试析思想政治教育主体的三重形态及其特征》，《思想教育研究》2003 年第 4 期。

政治品德水平现状之间的矛盾"①，这种观点虽然混淆了确立基本矛盾的主体前提，却透露了将基本矛盾存在形态做深度具体化的学术意识，实际上，基本矛盾运动的具体化、实在化正是由不同形态的思想政治教育主体共同完成的。人的思想的转化、思想政治教育过程基本矛盾的运动演化和形态转换都要依托这三种主体的共同作为。

第一，思想政治教育基本矛盾转化的具体过程。思想政治教育过程的展开其实就是在基本矛盾推动作用下人为地去解决基本矛盾的努力过程。它始于一定社会的思想品德要求的确立，成于思想政治教育对象既有的思想品德水平的逐步提高以及对该社会的思想品德要求水平的趋向和接近。这些活动都必须在思想政治教育矛盾的子过程中得以逐步解决和最终完成。

首先，解决一定社会的思想品德要求与思想政治教育者的矛盾。一定社会的思想品德要求是外在于思想品德教育过程的、自在的社会要求，而思想政治教育者则是思想政治教育活动和过程内生的组织者、实施者、调控者。只有具有相应的主体意识、主体素质的思想政治教育者才会自觉地肩负起教育使命，全面、深刻地认识社会要求和教育对象的现实特点，完整、准确地把握、选择社会要求。根据社会要求和教育对象的思想品德发展规律确定教育目的、编制教育内容，使外在于思想政治教育过程的社会要求进入思想政治教育过程中成为"为我"的、被教育者所掌握的社会对思想政治教育对象思想品德发展水平的要求，此为基本矛盾具体化的准备阶段，是矛盾转化的入口。在这个阶段，思想政治教育基本矛盾表现为第Ⅰ形态：一定社会要求的思想品德与进入思想政治教育过程的社会要求（教育目的、教育内容）之间的矛盾。一定社会的思想品德要求只有通过思想政治教育者才能置入到思想政治教育过程中来。

其次，思想政治教育者将基本矛盾推进到思想政治教育者与教育对象之间的矛盾。思想政治教育者自从把一定社会的思想品德要求置入思想政治教育过程里来以后，他就成为社会要求的代言人和思想政治教育的实践主体，发挥实践主体的组织、实施、调控功能，教导教育对象，促进其思想品德结构的优化和既有水平的提高，敦促其接受、认同教育者所传递的社会要求。但是，思想政治教育对象本身具有双重身份，在接受教育的同时也是自我教育主体，会自觉、能动地以主体视角审视教育者的教育活动及其传递的教育信息的价值和意义，以自己的认知图式理解、评价、选择、内化教育者所传递的教育目的和内容，进行知情意信行的转化。因此，思想政治教育对象

① 王效仿：《对思想政治教育过程基本矛盾的思考》，《思想教育研究》1999 年第 6 期。

是否有明确的接受意识和自觉性,有没有相应的知识储备和接受能力支撑起对教育目的和内容的体悟和共情,就构成了基本矛盾的第Ⅱ形态:思想政治教育者传递的具体的思想政治教育目的、内容与思想政治教育对象接受可能性之间的矛盾。

再次,思想政治教育对象自身的思想矛盾及其转变。人是一个追求自我超越的是其所不是,不是其所是的精神存在,每个人都会对自身的实存现状不断质疑,拷问其合理性与可能性。思想政治教育对象在接受教育之时对自身已有一种评判性的自我认识,在思想政治教育者所传递的社会要求鼓舞下,在思想政治教育目的和内容的指引下,产生一种新的自我意象,那是一种相对高阶的理想的"应然"和"将然"状态。反观自身当下的现实状况,教育对象会产生一种强烈的自我教育期望和意向,形成一种较高层次的"心境"。这种自我期望将增强他对思想政治教育目的、内容的理解、体悟和追求,也为他的自我教育设定方向,提供内在动力,不断地改造现实的自我,不断提高既有的思想品德水平。当然,理想的"应然"状态的自我教育期望不能脱离实际,要接近"最近发展区",要有不断接近,逐步实现的可能性,这二者之间的距离和张力则构成基本矛盾的第Ⅲ种形态:思想政治教育对象在教育情境中达成的自我教育期望与自身既有的思想品德水平之间的矛盾。

最后,思想转变的效果最终落实在思想政治教育对象的知行合一上。思想政治教育过程是以知识教育为内容,价值教育为主题的价值引导和意义建构的相对独立的特殊教育过程,核心是要使理想、信念、价值规范在教育对象内心深深扎根,成为其行动的自觉的指南。所以,思想政治教育过程在完成思想政治教育内容传递的同时,更要实现价值分享和创新,教育对象仅仅知识性、观念性地掌握了教育内容和目的的知识形态,却体味不到其中蕴含的价值理性,思想政治教育就远没有达到"内化"的境界。所以,完整的、真正意义上的思想政治教育过程,离不开思想政治教育对象对思想政治教育内容和目的的信念性、价值性、践履性的掌握。这种形式的掌握意味着他们能自觉、主动地用相应的理论框架认识问题,用相应的理性思维分析问题,用从思想政治教育过程中传承来的理想、信念和价值观指引自己的生活实践;在新问题、新现象面前也能主动思考,积极探索解决方案。

思想政治素质的发展是教育对象自身知情意信行内部矛盾的客观运动结果,知情意信行的矛盾链接上了思想政治教育过程的作用链条,思想政治教育过程基本矛盾转化才能扣住关键环节,思想政治教育要通过教育对象自身思想的内部矛盾转化起作用,而教育对象知信行的矛盾运动和价值冲突又是在思想政治教育活动作用下自觉形成的。知而不信,信而不行,行而不远,都意味着基本矛盾尚未真正解决。所以说,基本矛盾的最终解决取决于思想政治教育对象,取决于思想政治教育对象对教育目的和内容的观念性、知识性掌握和价值性、信念性、践履性掌握之间矛盾的解决,唯有这样,才能产生新一轮的高层次的基本矛盾运动。这也正是思想政治教育过程基本矛盾运动的第Ⅳ种形态。

第二,思想政治教育基本矛盾运动具体表现形态分析的启示。我们把思想政治教育过程中的具体矛盾表现形态以图4-1的形式展现如下。

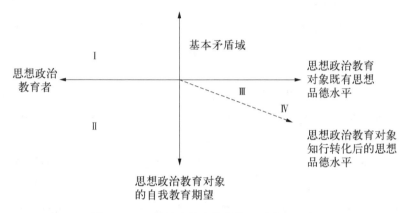

图4-1 思想政治教育的具体矛盾表现形态

值得注意的是,图中横坐标轴上的思想政治教育者和教育对象分别居于不同矛盾域的临界,这意味着他们同时承担着两类矛盾转化的推动者角色,他们应该具有这种角色意识和素质发展意识,力争在推动基本矛盾转化中真正担纲。比如,思想政治教育者担负着基本矛盾从第Ⅰ形态向第Ⅱ形态乃至第Ⅱ形态向第Ⅲ形态等一系列的转换任务。思想政治教育对象则担负着实现思想政治教育过程基本矛盾由第Ⅱ形态转化为第Ⅲ形态,以及由第Ⅲ形态向第Ⅳ形态转化的任务,使基本矛盾从外在于教育对象的存在形态转换为内在于教育对象的形态,并推动基本矛盾在教育对象内在思想品德的矛盾发展中得以最终解决。解决之余,思想政治教育对象又担负起推动新一轮基本矛盾形态的确立和新的运动形态的次第转换职责,这构成了完整的思想政治教育运动过程。这对我们的思想政治教育实践和理论研究不无启示。

首先,思想政治教育者和教育对象在基本矛盾的第Ⅲ形态转换即思想政治教育对象在教育情境中的自我教育期望与自身既有思想品德水平之间的矛盾转换中共同发挥推动作用,这一阶段尤其应注意发挥二者的主体性作用。在强调教育者主体意识自觉和主体素质效能的同时,尤其要重视教育对象自我教育的自觉性、主动性、能动性、创造性的发挥,创造、构建双方和谐、平等、民主交流,沟通理解的教育关系,推动教育对象思想的内在改变,这样才能形成高质量的思想政治教育。

其次,转变教育对象的思想观念意味着思想政治教育要多做实事。思想政治教育主要通过对群众进行思想教育和政治引导,提高群众的思想认识水平,转变思想观念,解决思想矛盾,完成政治任务,促进工作目标的实现。坚持物质利益原则,多办实事,增强教育的心理认同,避免心理逆反等负面情绪的影响,使个体获得更持久的心理动力,并借助于个体的内心冲动完成激励,淡化外在人为强加的痕迹,不易出现情绪波动。在利益需求认同的基础上,以解决实际问题为信息载体,全息地传播思想政治教育的内容,同时加强理论的现实性建设,使思想政治教育的要求和内容完整呈现在群众的价值理解和意义世界里,真正把握群众和为群众所把握,提高思想政治教育的针对性和实效性。

(二)努力促进教育与自我教育相结合

思想政治教育的理论和实践证明,在思想政治教育过程中,没有自我教育的他人教育是难以扎根、虚伪的教育;离开他人教育的自我教育则是缺乏导引、没有方向的自我教育。"只有通过教育的导引,才能避免思想接受的盲目性,才能保证自己的思想接受与社会发展需要相吻合。……自我教育较之于外来的思想政治教育,有其明显的优势,例如外来的思想政治教育往往停留于共性化,而自我思想教育则易于个性化,外来的思想教育往往停留于知识化,而自我思想教育则易于品质化,外来的思想教育往往停留于泛化性,自我思想教育则易于针对性。"[1]教育者的建构性主导功能要与教育对象的自觉自为、能动积极的自我教育相结合才能使整个教育过程富有成效。教育者和教育对象共同对思想政治教育的有效性承担责任。而且,有无教育对象的自我教育及其实现程度的大小,是思想政治教育最终得以完成的内在动因。作为我们党思想政治教育的优良传统之一,"教育与自我教育相结合"这一宝贵经验因之得以上升为思想政治教育理论原则体系的重要组成部分,在实践中经受反复检验,行之有效,并最终成为我们耳熟能详的基本工作方法。

我们应该对思想政治教育的"教育与自我教育相结合"原则进行理论上的挖掘,充分揭示该原则的全面价值意蕴所在,阐明它的操作意向,使它充分科学化、明确化。在此,相对于思想政治教育的教育对象的自我教育活

---

[1]　张世欣:《思想政治教育接受规律论》,上海,上海三联书店,2005年版,第94~96页。

动,我们倾向于将思想政治教育者的教育活动视为他人教育而展开下面的论述。

第一,"教育与自我教育相结合"强调思想政治教育的境遇性。思想政治教育作为阶级社会的人类学事实,通过多种方式把统治阶级的思想转化为占统治地位的思想,培养人们具备统治阶级所希望和要求的思想政治素质,借助意识形态来控制社会,这些工作在很大程度上是渗透性的、感染性的。专门的思想政治教育体系作为集约式、效益化的教育形态,更好地、更有效地保证了上述目的的实现。有时候我们会误以为在专门的、体系化了的思想政治教育中,对教育对象的教育(他人教育)和教育对象的自我教育相结合就是为了保证完成上述诸多的教育目的。其实不然,在思想政治教育过程中,教育和自我教育相结合其实是一种境遇性的交往式存在方式,尤其是现代思想政治教育,它愈来愈显示出它的平等性、开放性、对等性、民主性、主体性色彩,旧式的居高临下、自以为是的教育模式已经逐步地转化为相互辨识、相互交往、平等互动,最终达成一种"视界融合"的教育取向和习惯。

"教育与自我教育相结合"体现在思想政治教育过程中其实是一个微观而又具体的教育情境。在此情境中,那些宏观的教育目的和价值诉求作为一种"宏大叙事"话语体系是大而无当的,极易引起教育对象的反感和厌烦,事实上,教育者对此种话语模式已经不大抱有信心。所以,"教育与自我教育相结合"应该锁定在教育对象身上。他人教育通过启发教育对象的自我教育意识,为自我教育准备必要的客观条件,使教育对象在开放、多元、变动不居的教育环境中依据教育者所传递的价值观进行自我选择和自主建构,并对自己的选择切实地承担选择的责任。联合国教科文组织的一份报告指出:"未来的学校必须把教育的对象变成自己教育自己的主体。受教育的人必须成为教育他自己的人;别人的教育必须成为这个人自己的教育……教育必然是从学习者本人出发的。"①苏霍姆林斯基所说的"自我教育是学校教育中极重要的一个因素","没有自我教育就没有真正的教育""只有能够激发学生去进行自我教育的教育,才是真正的教育""唤醒人实行自我教育,按照我的深刻信念,乃是一种真正的教育"②,正是对这种变化和教育本质的深刻把握。事实上,这种变化已经超越了学校的围墙,弥漫到教育的一切

---

① 联合国教科文组织国际教育发展委员会:《学会生存》,北京,教育科学出版社,1976年版,第200~201页。
② 〔苏〕苏霍姆林斯基:《给教师的建议》,北京,教育科学出版社,1984年版,第321~362页。

形态中去了。

思想政治教育的"教育与自我教育相结合"原则是一种微观的具体原则，它所昭示的结合目的应该是培养教育对象自我教育意识、自我教育习惯和自我教育能力的教育意向和动机，努力培养教育对象的价值观，确立正确的价值标准，在多元化的开放社会中对自我进行积极负责的精神建构和身心发育，这也是一个人真正实现精神成长、永不衰竭的动力所在。应该鼓励教育对象开展思想政治学习活动，这种思想政治学习活动基于学习者自身的思想政治需要才有可能。人们承认、理解、参与并接受思想政治教育活动的根本原因在于人有这样的一种需要（即前文谈及的包括人在思想理论上的求知求证需要和个人发展方面的自我实现需要的思想政治需要）。

当人的思想政治需要由潜在向显在状态发展，从自在向自觉自为层面显明之际，心中充满困惑和矛盾，人的精神意识会呈现一种冲突，他们自身在积极地寻求解决冲突的各种方案的同时，迫切需要来自思想政治教育者的解释和介入，这是教育和自我教育的最佳结合时机，如果教育者抓不住这一时机，或者教育的针对性不强、解释力不足、说服力不强、作用力度不够，就会造成人的思想政治需要的消退和疲软。如果回避理论"硬核"，"能讲清的天天讲，讲不清的从来不讲"，绕开有争议的疑点、难点、热点问题，就会在一定程度上泯灭人的旺盛的思想政治需要，使之荒芜化，同时也使人误以为思想政治教育的重要性只是在"纸面上的"重要性，其实是可有可无的。事实证明，"有为才能有位"，思想政治教育如果长期无所作为，其重要性和地位都会受到损害。

第二，"教育与自我教育相结合"结合点重在教育对象。"教育与自我教育相结合"二者结合点的对接处应该在哪里，应该坐落于哪一方的身上，这是一个被长期遮蔽的重要问题。思想政治教育要富有实效性，必须从增强针对性入手。针对性就意味着要针对人的思想政治需要的现实状况开展教育工作，必须明确思想政治教育是为了教育对象而存在的，绝不能蜕变成为思想政治教育者的方便和生存而保留。如果思想政治工作者缺乏一种必要的教育情怀和坚定的政治信仰、职业信念，主要精力不用于钻研思想政治教育理论业务，人浮于事，孤陋寡闻，也会导致教育和自我教育结合不起来。

现代教育学认为，教育是价值引导和自我建构的统一，作为一种文化—心理过程，是双方相互交往、平等互动的过程，伴随着知识的传递和衍生、智识的挑战和脑力的激荡以及情意的感染和深刻体验。理想的思想政治教育应该具备教育的这些基本属性和品质，应该是价值引导和自我建构的珠联璧合。思想政治教育在进行思想意识教育和价值引导过程中向教育对象所展示的可能的意义世界,使教育对象在此局部的知识学习基础上进行自主建构和重构,这种建构过程是教育对象自我教育的重要组成部分。一个人的成长和成就,相当程度上取决于其自我建构的积极性和坚持性,鼓舞教育对象发挥自身主体性、发展主体能力、积极主动地创造美好的可能生活,追求意义世界,基于现实世界合理设计人生和自我,建构未来,是思想政治教育推动教育对象进行自我教育和自我学习、自我提升的应有之义,其深远意义在于进一步发挥思想政治教育的主体性,进一步促进教育对象主体性的生长。

有鉴于此,在贯彻"教育与自我教育相结合"原则时应该强调增强、提升思想政治教育的自我教育因子。何谓思想政治教育活动的"自我教育因子"? 凡是能够有效满足教育对象的思想政治需要、解决教育对象需要冲突的思想政治教育活动中的认知成分和情意成分,均可视为思想政治教育的"自我教育因子"。唯有着眼于满足人的思想政治需要,着力于解决人的思想政治需要冲突,才能与教育对象的自我教育渴望和诉求在性质上同构并完全契合,才能有效地保证他人教育和自我教育的对接和沟通,才能使二者顺利地实现教育内在矛盾转化环节的顺利链接而不致于"掉链子",才能保证宝贵的教育资源不被浪费掉、糟蹋掉,才能保证教育时机不被延误。也许有些问题一时解决不了,只要从情意上予以认可、鼓励并许以承诺,也能够保持并激发教育对象思想政治需要的可持续生长,增强思想政治教育的吸引力和美誉度。

第三,"教育与自我教育相结合"有助于克服情意障碍。人的情感是驱动主体定向活动的重要心理要素。马克思指出:"激情、热情是人强烈追求自己的对象的本质力量。"[1]"情感,以其与个性生命活生生的联系,以其比逻辑—理智在先的地位,以其作为动力系统的优势,打开了通往价值理性的道路。"[2]情感因素是思想政治教育重要的载体之一,要在教育者和教育对象之间营造积极的情感体验,杜绝双方的"情感抗拒"现象。"没有'人的感情',就从来没有也不可能有人对真理的追求。"[3]人的感情体验微妙地影响着人的认识和行为的走向,也是思想政治教育价值实现的重要条件。朱小蔓认为:"人的认识并不一定导致行为。从认识到行为发生,其中介是情感

---

① 《马克思恩格斯全集》第 3 卷,北京,人民出版社,2002 年版,第 326 页。
② 朱小蔓:《情感教育论纲》,北京,人民出版社,2007 年版,第 46 页。
③ 《列宁全集》第 25 卷,北京,人民出版社,1988 年版,第 117 页。

为中心的意向系统。情感在其中作为评价的震荡机制使人选择某种行为，并使它现实化。"①情感主义道德教育学理论认为，主体对于道德信息的接受以情绪的活动为初始线索，主体首先通过感情表明他们的需要，建立或割断与他人的联系，同时，他人的情绪表也是主体借以判断或接受某种信息的重要线索。因此，思想政治教育要注意满足个体的情感需求，了解人的情感情绪的倾向和状态；实施情感教育，以高尚、炽热的情感去关心、激发和培养人的积极情感，克服消极情感，发挥情感在学习和生活实践中的作用，实现情感与理智层面的整合，引导个体以积极的情感体验接受思想政治教育。

　　教育者对教育对象和教育内容的情感情绪、教育对象对教育者和教育内容的情感情绪对"教育与自我教育相结合"原则的实现程度和质量都有影响。这种结合能否实现或能在多大程度上实现，取决于教育对象的学习动机与教育者的动机方向是否一致或在多大程度上吻合重叠。二者动机方向的差异性越小，吻合度越高，重叠共识部分越多，教育过程就越积极，结合效果也越好，教育者的教育意图完成得也越充分，教育对象的教育需要也能得到较大程度的满足，教育和自我教育的目的也就都可能得到最大限度的实现。反之，结合会产生隔膜，发生阻断，令教育质量、教育过程大打折扣。所以，要充分尊重教育者和教育对象的主体意识，他们是平行互动、共生互决的双主体关系，应该是第一主体和第二主体关系，而不是颐指气使下随风转形般的决定与被决定、主动与被动的关系②。思想政治教育的教育者和教育对象之间平和融洽的情感关系是教育内容得以最大化、最优化传递的首要条件，任何抵触、反感和敌对情绪都会阻碍甚至中断知识的传递，而教育过程在此不利情境中犹如逆水行舟，事倍功半，甚至发生"教育危机"。

　　思想政治教育要创造热爱、向往、仰慕、亲切、和善等有助于教育过程正向运动的情感情绪，避免厌恶、鄙夷、憎恨、提防、生冷、抵触等不利于教育过程正向运动的情感情绪的出现，使教育过程"喜人"，除了教育者以真诚的教育热情感染外，其中最主要还是取决于教育内容中能够满足教育对象诸多思想政治需要的成分。充斥在教育中的大量的臆想成分常常理想化地变革现实，简单化地解决复杂矛盾，表面化地处理深层次问题，严重妨害了教育

---

①　鲁洁、王逢贤：《德育新论》，南京，江苏教育出版社，2002年版，第88页。

②　在一定程度上，笔者认同以下观点："在思想政治工作中，严格地区分主体和客体、教育者和被教育者，这极易诱发逆反心理和抵触情绪。因为这种区分内含着地位上的不对称性，它确立了教育者的主导地位，同时也预设了受教育者的被动性、服从性和落后性，这本身就是对受教育者的贬低。"林建成：《关于思想政治工作的两点认识》，《思想政治工作研究》2007年第7期。

和自我教育的有效结合。必须始终强调思想政治教育是为了教育对象成长和发展的思想政治教育,必须突出它的人本关怀价值,着眼于处在当代多种矛盾中的人的现实生存状态,反思社会发展对于人的生存发展的基本意义和价值,引导人们通过服务社会,在为经济、文化政治发展作贡献的过程中找到个人全面发展的途径和精神归宿。这样才能把外在于人的他人教育和内在于人的思想政治需要贯通起来,把思想政治教育转化成人的一种生存方式和自我发展的内在需要,使得自我教育成为人们须臾不离其身、不可或缺的自我要求和主张,他人教育和自我教育的结合使命才得以最终完成。唯其如此,思想政治教育才是有活力、有吸引力、有生命力的思想政治教育,才是能够引导启动并实现自我教育的思想政治教育。

思想政治教育的"教育与自我教育相结合"要精心策划在前,巧妙驾驭于后。要千方百计地寻找、分析教育对象的思想政治需要之所在,有的放矢地开展教育工作,启发、催生、巩固人的自我教育需要和愿望,使之持续发展。教育主体之间应该感情融洽、情绪平和、互相理解、相互欣赏。理解、欣赏要以接触、交往为前提,愉快的接触是理解、欣赏和深刻认知的开始。只有多接触,多了解教育对象,又敢于把自己呈现给教育对象以寻求理解和欣赏的教育者才能做到这一点。思想政治的"教育与自我教育相结合"归根结底有赖于思想政治工作者职业道德意义上的职业自觉性和责任心,需要思想政治工作者怀着做好思想政治工作的事业心,创造性地开展思想政治工作。

第五节　优化思想政治理论课教学

高等学校思想政治理论课是对大学生进行系统地思想政治教育,培养大学生树立正确的世界观、人生观和价值观的主渠道,对高等教育全面实现培养目标发挥着重要的作用。近年来,高校思想政治理论课改革不断深化,逐渐形成了课堂教学和社会实践两个阵地。社会实践因其联系实际且形式多样深受广大师生的欢迎。作为主阵地的课堂教学的改革虽然也取得了一定的成效,但长期以来由于对我党思想政治教育灌输方法的片面理解和移植,又受知识教学的影响,灌输成为思想政治理论课课堂教学的典型实践形态。其基本特征:一是教学目标和内容突出理论知识的传授,忽视价值和意义的引导;二是教学方式惯以强制的说教、非理性的方法迫使学生无批判地接受某种特定思想、观点,无视学生主体。从高校思想政治理论课的发展过程来看,这种知识灌输的教学对于促进思想政治理论课教学组织形式和授课方式的规范化、定型化以及教学内容的普及发挥了积极作用。在人的主体性尚未完全觉醒的年代也能够较好地为受教育者所接受。

随着改革开放的扩展和深化,中国的经济、政治、文化以及人们的生活方式、思维方式都发生了巨大的变化。社会主义市场经济体制的建立和发展促进了原来国家吞并社会的社会结构向国家(政府)、市场、社会三元结构的转变,越来越多的政治空间和社会空间被释放出来,以建设社会主义民主和法治为目标的政治体制改革也因之不断推进,成为中国现代化的既定奋斗目标。随着政治民主及社会民主的不断发展,国家和社会需要的不再仅仅是忠诚和服从,而是能够积极参与民主生活并能够推动民主进程的社会主义现代公民,他(她)既是日常生活中人格独立的个性主体又是公共生活中效能的责权主体。而作为教学主体的教育者和受教育者也发生了很大的变化,市场经济的发展促使人的主体意识全面觉醒,主体性不断增强,教育者不再满足于充当传声筒的角色,而受教育者对于知识的接受和事物的评判也不再是不予异议。尤其是网络时代的到来,大学生获取知识的渠道和方式立体化、多样化,出现文化反哺现象,加上权利意识、法律观念和自我选择的愿望使得大学生对思想政治理论课教学的灌输产生抵牾,形成潜在的逆反心理。教育者和受教育者都希望教学能成为双方平等交流并取得共同发展的过程。教育有两个基本规律:一是教育必须适应社会的发展并为社会发展服务的规律,二是教育必须适应人的身心发展并为人的身心发展服务的规律。思想政治理论课教学归属于思想政治教育,具备教育的一般属性,理应遵循教育的基本规律。社会的发展和教学主体(教育者和受教育者)的变化必然要求思想政治理论课教学相应地变化。

1995年,国家教育委员会正式颁布试行《中国普通高等学校德育大纲》,明确提出:"高等学校德育的任务,是用马克思列宁主义、毛泽东思想和邓小平建设有中国特色社会主义理论教育学生坚持社会主义方向,树立科学的世界观和正确的人生观,形成良好的道德品质,把学生培养成为有理想、有道德、有文化、有纪律的一代新人。"党的十五大则明确提出要"培养适应社会主义现代化要求的一代又一代有理想、有道德、有文化、有纪律的公民"。党的十六大把发展社会主义民主政治、建设社会主义政治文明确定为全面建设小康社会的重要目标,并把它和社会主义物质文明、精神文明一起,确定为社会主义现代化建设的三大基本目标,充分肯定了社会主义政治文明的理论价值和实践意义。因此,包括高校思想政治理论课在内的思想政治教育必须坚定确立推动社会主义政治文明建设的社会目标和培养民主公民的教育目标,为社会主义政治文明的发展提供合格的政治主体。

目标决定手段,手段服从目标,高校思想政治理论课应立足于培养具有健全人格的民主公民这一目标的逐渐明朗化使得传统的灌输式教学无法避免理论上遭解构,实践中受抵制的命运。从理论上看,首先,灌输体现了权力,忽视了民主。在灌输式的教学中,教育者运用说教方式,要求受教育者被动接受,使受教育者的个人主体性受到压制,在政治人格上形成某种"权威人格",即依赖外在权威的威慑才能维持自身行为的合理性,这与民主社会所需要的公民应具有的素质是相悖的。其次,灌输关注着传递,忽视了创新。灌输式的教学是一种单向的传递活动,教育者负责把思想政治教育内容传递给受教育者,后者则"学习""领会""接受"内化为自己的观念,再以此指导行为。这是守成式的思想政治教育,在传递已有政治文化的同时,没有创新与增收,制约了政治文明的发展,也是与思想政治教育推进民主政治、促进政治文明发展这一应有目标和任务不相一致的。正因为如此,在实际的教学中,灌输式教学实践形态已经成为学生对思想政治理论课厌倦甚至逆反、教师产生畏难情绪乃至职业倦怠的最主要原因之一,更严重阻碍了思想政治理论课教学目标的达成,影响了思想政治理论课教育价值与功能的发挥,导致教学效果的低下甚至面临着合法性危机。高校思想政治理论课从教学理念到实践形态都需要一个大的转变。

对话的思想在很多学科(如语言学、哲学、美学、政治学、社会学、文化学等)都涉及,而对将对话思想运用于教学领域进行的研究,滕守尧1997年出版的《文化的边缘》一书是最为系统的著作,并勾画了对话式教育的特征;夏正江1997年发表在《华东师范大学学报(教育科学版)》上的《对话人生与教育》阐述了教育对培养学生对话生存方式或生活方式的意义和责任;保罗·弗莱雷《被压迫者教育学》、小威廉姆·E. 多尔《后现代课程观》、金生鈜的《理解与教育》等著作也对对话式教学有着精辟的分析。刘庆昌2001年发表在《教育研究》上的《对话教学初论》一文,正式将对话教学作为一种教学范式来研究,此后,有关对话教学的研究性论文相继发表,对话在教育教学中的理论研究和实践探索日益丰富和完善。

对话式思想政治理论课教学不是对灌输式教学的修修补补,而是对它的一次颠覆,其革新性必将为沉闷的思想政治理论课教学带来清新的空气。虽然目前关于对话式思想政治理论课的研究还很少,既缺乏理论上的系统建构,在实践层面也尚处初步探索阶段,然而现有的成果却为对话式思想政治理论课教学的深入研究提供了一定的借鉴与参考。本书从这些研究成果中获得启示,力图对对话式思想政治理论课教学的理论阐释提出自己的见解,对其主要特征做精要分析,并探讨高校思想政治理论课教学走向对话的可能性,提出实施过程中的可行性策略,以期为高校思想政治理论课教学在理论和实践上的改革与发展注入新鲜的血液。

（一）对话式思想政治理论课教学的特点

1. 对话

对话是日常生活中一种常见的语言现象,是与单个人独白相对应的一种言说方式。所谓独白就是从头至尾始终是自己一个人在自说自话,而对话则是超过两个及以上人参与的对于某一话题的共同讨论。在讨论中,并不以其中任何人的观点为是,不同的人从各自的立场出发,以直接的第一人称的方式平等地、面对面地或发表自己的观点或倾听辩驳别人的主张,在相互协调和激发中扩大了对话各方的视界,最终深化对某一论题的认识。这是对对话的狭义的理解。

广义的对话可以不直接发生在人与人之间,而包括人与自然、人与文本,以及人与自我的对话,也可以不局限于语言的交际,而包括情感的交流等。对话的含义因此更为宽阔,成为一种独特的意识或精神的体现,这种独特的意识或精神就是"对话意识"（或者说是"对话精神"）,它"是一种民主的意识,是一种致力于相互理解、相互合作、相互共生和并存,致力于和睦相处和共同创造的精神的意识"[①]。这种意识（或精神）可以支配人的一切语言与非语言性的相互交流活动,使之成为对话式的交流活动。而如果没有"对话意识"（或对话精神）,"即使使用了纯熟而优美的语言,即使在谈话中有问有答,即使这种问答花样百出,那也只是机械的问答。没有对话意识的问答,就像是一具只有骨肉而无灵魂的僵尸,绝非真正的对话"[②]。因此,对话最广泛的含义是一种"对话意识"（或对话精神）。

无论是狭义的还是广义的,对话发生的前提条件是对话者必须承认对方的主体地位,承认对话方与自身是完全平等的主体,用马丁·布伯的话说就是"我—你"关系。在这种关系中,"你"对"我"亲切地说话,而"我"则对"你"所说的一切做出积极回应。"我—你"不是分析与被分析的关系,而是相互提问又互相应答、互为依存的关系。这种关系区别于"我—它"关系,在"我—它"关系中,每个人都各自以"我"为主体,为中心,而把他人视作客体,视作研究对象,这样他人就被剥夺了作为主体的身份。可见,主体间性是对话最为根本的特性,是对话的精神实质。

"对话"是主体双方从各自的前理解出发,以语言、符号为中介,通过交

---

① 滕守尧:《文化的边缘》,北京,作家出版社,1997年版,第177页。

② 滕守尧:《文化的边缘》,北京,作家出版社,1997年版,第177页。

往、沟通进行知识、情感、观念、信息的交流以促进双方取得更大视界融合从而使主体双方得以发展的过程或活动。它既是人的一种认知方式，更是人的一种存在方式。作为认知方式，对话具有创造性和开放性，而不是机械重复的或复制性的。对话的过程是对话主体双方从各自前理解出发所达成的一种视界融合。所谓前理解指的是对话主体的存在状态，也就是对话主体已有的价值观念、经验、知识、思维方式等，所谓视界也就是从个体已有理解背景出发看问题的一个范围，即以某种前理解建立起来的范围。在对话过程中，对话双方都有各自的"视界"，对话的过程就是双方视界相互交融形成新的"视界"的过程。这种新的视界是对对话双方已有视界的改组和重建，是新知识与新观念生成和创造的过程。对话作为一种认知方式具有开放性和随机性。对话的过程是新的观点不断迸发的过程，是一个不断激起更多更好的对话的过程，因此，它永远面向未来开放、面向人类永无止境的未知领域敞开。对话作为一种认知方式还具有独特的伦理品格。由于我们每个人对生活往往有着与众不同的独特看法与感受，当来自不同社会阶层、不同职业、不同身份、不同知识领域里的不同主体，就某些共同关心的主题自由地发表意见和看法时，常常能够克服单个主体因生活领域的局限所带来的认识的闭锁性与狭隘性，常常能够突破单个认识主体认识上的自我中心性与独断性。

对话也是人的存在方式。人的存在具有语言性。无论意向、意识和文化都表现为一种语言的形式。离开了语言，我们既不能认识自己，也不能理解别人。我们关于自身和世界的哪怕最简单的"感觉"也是由语言参与其中完成的。所以，语言不仅仅是交流的工具，也是人存在的表征。工具是可用可弃的东西，而语言与人的生活一刻也难以分离。对于个体而言，话语方式是个体生存姿态的表征，"失语"和"言说"是完全不同的生存状态。从某种意义上来说，改变我们的话语方式就改变了我们自己。对话作为一种存在方式，是平等的公民身份在话语方式上的体现。没有对话的机会，没有对话的愿望，没有对话的能力，也就丧失了作为民主公民的真实资格。关注对话性话语方式更深的层面是关注作为现代民主公民的生存方式，关注我们在社会中出场的平等姿态。

随着民主进程的不断推进，经济全球化的日益凸显，对话逐渐成为一种强势话语。从国际事务到人与人之间，从政治领域到学术领域，对话已经成为人们达成目的的有效策略。而当对话成为人们普遍使用的策略，并得到人们在认识和情感上的肯定的时候，人们将生活在对话之中，对话也就成为人的一种生存状态或生存方式，这个时候，一个对话的时代也就到来了。对话作为现时代的精神使得人类生活各个领域都不可避免地染上了"对话"色彩。教学与对话原本就应是紧密联系的,"在所有的教学之中,进行着最广义的'对话'……不管哪一种教学方式占支配地位,这种相互作用的对话是优秀教学的一种本质性的标识"①。回顾教学的历史,以对话为教学手段的自觉行动早已出现。中国的孔子和古希腊的苏格拉底就是这方面的典范。孔子在先秦时期首倡"私学",在向门人弟子传授知识的过程中,孔子不以师者之尊硬性地向他们灌输自己的主张,而是以公开讨论的方式就相关问题面对面地与弟子们展开对话。苏格拉底的教学更是充盈着对话的精神。他主张教育不是知者随便带动无知者,而是师生共同寻求真理。苏格拉底开展教育活动时,既无教材,又无课堂,在街头、广场等场所因人因事而异对人施教。他用讨论问题的问答方式与人谈话,不直接把结论教给人,而是提出问题并引导人最后得出正确的结论,后人称之为"苏格拉底对话法"。苏格拉底的学生并没有直接获得正确的结论,而是在与苏格拉底的语言交流和思想交锋中自己生成了正确结论。黑格尔曾盛赞苏格拉底的对话法是一种"不自以为是,不好为人师,不强人从己,充分保证并尊重他人的自由权利,避免一切粗暴无礼的态度"②。对话在孔子和苏格拉底那里是自觉应用的,而且产生了良好的教学效果。但是,他们所处的时代等级森严,民主的精神只能限于教育家个人的民主作风,整个时代还是非对话时代。在非对话的时代,对话就只能是一种技术,教学对话也只能是一种有意义的、令后人无比推崇的教学的方式和方法。随着民主进程的推进和对话时代的到来,在主体性教学、主体参与式教学、教学与交往等研究的基础上,对话逐渐从教学方法升华为教学精神。

在思想政治理论课教学活动中,由于对话既可以是一种教学的方式方法,又可以是一种教学的精神,就很容易导致人们从两个方面理解对话式思想政治理论课教学:一是把以对话为手段的教学视为对话式思想政治理论课教学;二是把以对话为精神或理念的教学视为对话式思想政治理论课教学。两种理解的意义差异是很大的。前者的实质是对话方式在思想政治理论课教学中的应用;后者是指体现现代对话精神的思想政治理论课教学。作为一种语言学形式的对话和作为一个时代精神的对话虽有一定意义上的联系,但又截然不同。因此,本书认为对话式思想政治理论课是以对话为精神或理念的教学形态。对话式教学可能以对话方式的教学呈现,但其他方

① 转引自钟启泉:《对话与文本:教学规范的转型》,《教育研究》2001年第3期。
② 〔德〕黑格尔:《哲学史讲演录》第二卷,北京,商务印书馆,1997年版,第52页。

式只要是在对话精神的支配下使用也属于对话式教学。所以,判断思想政治理论课教学是否是对话式教学,"不能仅仅依据表面上是否存在一种你来我往的言谈,关键取决于教育者的教育意向与教育过程互动的实质"①。有时,从表面看,教育者是在"自说自话",但是,此时此刻的"自说自话"只是在交代问题的背景,只是在介绍有关这一问题的不同观点和解决这一问题的各种可能性,意在引发教育对象的好奇与兴趣,为教育对象提供原始的事实材料,供教育对象对话讨论之用,这种教学实为对话式教学。有时,从表面看,教学过程中教育者与教育对象一问一答,但这种"对话"是机械式的,特别是教育者面向众多教育对象提问时,不同理解程度、不同掌握水平的受教育者混在一起附和,这种教学就不是对话式教学。真正的对话式教学发生在对话双方自由的探究中或相互碰撞中,发生在双方认知视界的真正融合中。

2. 对话式思想政治理论课教学具有的特征

对话式思想政治理论课教学是以人为目的的教学。这是从教学目的的角度对对话式思想政治理论课教学的界定。对话意味着人类思维方式的转变,即由一种"物化"思维、对象性思维转变为"人"的思维。对话双方将对方看作是与自己平等的"你",而不是可以控制、利用、占有的对象化的"它",真正做到了以人的方式看待人,而不是以物的方式看待人。在思想政治理论课教学中,作为教与学的承载者的教师和学生都是作为完整、真实的人出场,并且共生、共存。学生不是用来改造的客体,教师也不是学生用来获得知识和观念的工具。他们以"人"的身份进行着情感的沟通和知识的交流,其目的也是"成人"而不仅仅是传授知识,知识成为"话题"、手段,知识的掌握只是教学的一种副产品,教学的最终目的是"成人","成人"即人的生成,对话式思想政治理论课教学要达到的是一种完整的、有主体性的民主公民生成,他(她)不是单子式的主体,而是与他人共生的主体,这样的人能够克服个体的"为我性",能够站在他人的立场上去理解他人,关心他人,体谅他人,他(她)既拥有"以何为生"的知识和技能,又懂得"何以为生"价值和意义;不仅具有对外部世界进行改造的能力,而且拥有对自身内部世界进行反思和改造的品质;他(她)有平等和参与的民主意识,有理性、宽容、怀疑、批判的民主态度,更有表达、沟通、协商、辩护等民主实践能力。只有这样的人才是具有健康人格的人,只有这样的人才能成为民主社会最合格的公民。而这种"成人"的目的并不仅仅指向全体的学生,同时也指向教师。

---

① 夏正江:《对话人生与教育》,《华东师范大学学报(教育科学版)》1997年第4期。

　　对话式思想政治理论课教学是平等、民主的教学。这是从教学伦理的角度对对话式思想政治理论课教学的界定。人总是生活在一定性质的人际关系中。人际关系的性质往往决定了一个人在关系中的思想和行为方式。教师和学生的关系是教学中最基本的人际关系,它的性质自然也制约着教师和学生的思想和行为方式。传统的师生关系,由于受传统社会政治和社会生活的规定,是一种不平等的权威依从关系。如果遵循这种教学伦理原则,对话教学是无法进行的,培养能动的、创造的、富有对话理性和健康心理的人的教学目标也会化为泡影。对话式教学需求民主的、平等的师生关系。只有这样,师生才可能向对方敞开精神、彼此接纳,无拘无束地互动交流。这样的师生关系,自身就具有极大的教育价值。同时,学生与学生之间也是平等的,他们不是相互隔离甚至充满敌意的,而是既自立又相互依存的平等的合作关系。

　　对话式思想政治理论课教学是关注生活世界的教学。这是从教学内容的角度对对话式思想政治理论课教学的界定。对话式思想政治理论课要实现生成完整的人的目的,在教学内容上必须实现向完整的人及其完整的生活的转向。之所以必须如此,原因在于思想政治理论课教学内容中能够对学生的精神成长、人格建构发挥作用的并不是抽象的概念、原理、观念,而是相关知识对于学生的生活的意义,是教育意义在引领学生的发展。对话关注的正是意义的生成:"对话便是真理的敞亮和思想本身的实现。……在对话中,可以发现所思之物的逻辑及存在的意义。"①对话是开启教学意义之门的钥匙,没有对话与理解,世界对师生来说就难以构成意义,而意义源于对生活世界的理解,生活世界是学生建构教育意义的场所。所以,关注生活世界奠定了对话式思想政治理论课的教学内容的基础。

　　对话式思想政治理论课教学是互动、合作的教学。这是从教学方式的角度对对话式思想政治理论课教学的界定。师生之间以及学生之间民主平等的关系必然带来教学方式上的师生间的互动交流和学生间的合作探究。这种互动不是表面的你一言我一语,而是真正的智慧交锋,思想碰撞。这种合作也不是貌合神离或纯粹依赖而是既自立自主又相互依存。所以,对话式思想政治理论课需要有理性的人,培养人的理性也是对话式思想政治理论课教学的当然目标。

　　由于对话不仅仅指人际对话,对话式教学的方式还包括人与作为文本

①　〔德〕雅斯贝尔斯:《什么是教育》,北京,生活·读书·新知三联书店,1991年版,第12页。

的课程、教材之间的视界融合,这时候的文本不是一个客观对象,而更像对话中的另一个人;还有人与自我之间意在反思重构的对话,这是对话式思想政治理论课教学中最高级的阶段,学生与自我的对话是学生自我省察发现自己的局限、偏见、愚昧、丑陋、冷漠、恐惧,发现自己的热情、灵感、勇气、创造力、想象力和独特个性的过程,是一个人的悟性从晦暗到敞亮的过程,也是一个人最终完成自我建构的过程。

对话式思想政治理论课教学是生成的、创造的教学。这是从教学过程的角度对对话式思想政治理论课教学的界定。对话作为一种认知方式所具有的开放性使对话式思想政治理论课的教学过程成为生成的过程而不是预设的过程,对话式思想政治理论课也有计划,但教学计划、教学方案只是为课堂上的创造性的教学提供支撑,不是课堂上教学活动的"紧箍咒",课堂教学并不拘泥于预先设定的固定不变的程式。预设的教案在实施的过程中开放地纳入直接经验和弹性灵活的成分,教学目标潜在地和开放地接纳始料未及的经验,随时欢迎即兴的创造。在对话式思想政治理论课教学中,无论是知识还是观念都是在对话中生成的。体现对话时代精神的对话教学,不只是教学的又一新策略,而是充满了把学生从被动世界中解放出来的情怀。它要把学生培养成能动的、创造的、富有对话理性和健康心理的现代人。

由于对话发生在平等而不同的主体之间,对话所生成的常常是第三种新质,来自他人的信息为自己所吸收,自己的既有知识被他人的视点唤起,从而产生新的思想,促成新的意义的创造。在对话式思想政治理论课教学中,教师与学生、学生与学生,就教学内容进行平等地交流、真诚地沟通,互相借鉴,取长补短,在合作的氛围中,各自生成或建构了自己的认识与知识,整个教学过程充满创造色彩。对话式思想政治理论课借助生成性、创造性的教学过程,使学生不再仅仅是知识、观念的接收者,更是知识、观念的创造者。

3. 对话式思想政治理论课教学的理论基础

赫尔巴特(J·F. Herbart)在《普通教育学 教育学讲授纲要》的绪论中指出:"教育学作为一种科学,是以实践哲学和心理学为基础的。前者说明教育的目的;后者说明教育的途径、手段与阻碍。"①对话式思想政治理论课教学作为教育学的应用研究,既扎根于坚实的哲学和心理学基础,又直接汲取了教育学的理论成果。由近代的主体性哲学转向现代的主体间性哲学是

---

① 〔德〕赫尔巴特:《普通教育学 教育学讲授纲要》,杭州,浙江教育出版社,2002 年版,第207 页。

人类哲学发展史上一次具有深远意义的全方位变革,并为"主体间性""对话"等理论向教育领域的渗透奠定了逻辑前提。"主体间性"是德国哲学家胡塞尔最先提出的概念,又译作交互主体性或主体际性,指两个或两个以上的主体之间的交互关系。主体间性哲学是相对于主体性哲学而言的,主体性哲学肇始于笛卡尔,它以主客二元对立为特点(传统的思想政治理论课教学以此为哲学基础)。主体间性并非对主体性的绝对否定,而是对主体性的修正,是在新的基础上重新确立主体性,旨在打破笛卡尔勾勒的"单子"式主体观而倡导一种交互主体观。主体间性已成为众多哲学派别构筑其学说最基本的范式和理念,成为继认识论转向和语言学转向之后,人类哲学运动又一次全方位的转向。它不仅体现在胡塞尔的现象学、维特根斯坦的语言哲学中,也体现在伽达默尔的解释学、马丁·布伯以及巴赫金的对话哲学、罗蒂的教化哲学以及哈贝马斯的社会批判理论中。主体间性哲学关注的是生活世界中人与人之间的关系,它打破了主客二元对立的思维模式,使人类逐渐放弃唯我论、自我中心主义的传统观念,得以对我与他人的关系作出全新的思考,从而为主体之间的平等对话提供了基础。主体间性哲学转向引发的人类思维方式的变革,也将带来教育观念的全方位的巨大变革,对话教学正是"主体间性"理论向教育领域渗透的结果。较之以主客二分为思维方式的传统思想政治理论课教学,对话式思想政治理论课的哲学基础已经进行了置换。

建构主义心理学是对话式教学的心理学基础。建构主义心理学建立在皮亚杰的同化、顺应理论,奥苏贝尔的有意义的学习理论,以及维果斯基的"最近发展区"理论的基础之上,被认为属于更广泛意义上的格式塔心理学和现代认知心理学的范畴。通过对"顺应"方面的深入研究,建构主义探讨了认知主体新旧经验相互作用在认知过程中的机制,认为知识不是被动吸收的,而是由认知主体主动建构的。"知识在一定程度上能被传播,但是传播的知识只有在它被重新构造之后,即得到解释并且与学习者的已有知识联系起来,才在各种情况下变得可用。"[①]在对教学(学习)活动的看法上,建构主义者认为教学是一个学生主动建构知识的过程,"情境""协作""会话""意义建构"是学习环境中的四大要素,学习不是行为主义所描述的简单的S-R过程,也非认知主义信息加工论所认为的信息的输入、存储和提取的过程。学习者在学习新知识时头脑并非白板一块,他们在日常生活和学习中

---

① Kurt Pawlik、Mark R.Rosenzweig:《国际心理学手册》上,上海,华东师范大学出版社,2002年版,第236页。

已经形成了丰富的经验,学习者在学习中也并非被动的刺激接受者,而是以已有知识经验为背景的主动建构知识者。所以教师不能置学生已有经验于不顾,简单地从外部对他们实施知识的填灌,而应把学生已有的知识经验作为新知识的生长点,引导学生以既有的经验为基础,主动去建构、生成知识。这时教师的作用就不再是呈现或传递知识,而是学习者建构知识的促进者,教师需要与学生共同针对某些问题进行探究,并重视倾听学习者的想法和观点,以此为依据引导学习者丰富和调整自己的见解。不可否认,建构主义在对行为主义和认知主义关于学习的看法等方面的弊端进行激烈的抨击之余,也表现出极端化的特点,比如它强调事物的意义源于个人的建构,没有对事物唯一正确的理解,就过于强调了真理的相对性。但从改革传统教学的角度看,这却是有益的探索。

我国教学理论对"交往"问题的普遍关注始于 20 世纪 90 年代。1998年 5 月,全国教学论专业委员会还就教学交往问题进行了专题学术研讨。教学交往理论逐渐形成和完善。教学交往理论认为交往即以语言为交流媒介的师生间的相互作用是教学活动的本质。首先,从教学的起源来看,"教育起源于人类的交往活动"①。其次,教学具有交往的全部要素,包括具有交往需要的主体、人类长期积累保存下来的交往内容以及为人类自己创造的交往媒体。再次,教学是一种体现交往实质的典型形式,交往的内容具有系统性和丰富性,交往的手段具有多样性,交往的过程具有直接性和长期性,交往的程度具有广泛性和深刻性,交往的环境具有优化性。所以,交往不是教学活动的副产品,教学活动在本质上就是交往活动。教学交往的主要形式和途径是对话,只有通过对话,师生才能形成真正的沟通和交流,形成真正的相互作用。所以,以交往为本质的教学在实践形态上通常采取对话式教学。教学交往理论为对话式思想政治理论课奠定了教学本质观。

对话式思想政治理论课教学在课程观上汲取了后现代课程观的合理成分。后现代课程是对课程的"现代性"进行深刻反思的基础上形成的。后现代课程学家布洛克批判了现代课程的线形、预定性、控制性本质,认为课程的功能在于带领学生离开机械的、单调的、预先设定的、清晰可见的路线,而进入"迷途",转向创造。"在后现代框架之中的课程不是一种包裹,它是一种过程——对话和转变的过程,以局部情境中特定的相互作用或交互作用为基础。"②课程是一个开放的系统,不只是由教材这一单一因素构成的静

---

① 叶澜:《教育概论》,北京,人民教育出版社,1991 年版,第 40 页。

② 〔美〕小威廉姆·E.多尔:《后现代课程观》,北京,教育科学出版社,2000 年版,第 201 页。

态课程,而是师生、教材、环境等多因素相互作用形成的动态生长的建构性课程。教学过程也不是单纯忠实执行课程计划的过程,而是师生在平等交流和对话中,共同实施和创生课程的动态发展过程,是实现课程内容持续生成与转化,意义不断建构与提升的过程。师生应将自身对教学内容的深刻理解和丰富联想,注入自己丰富的情感体验,来实现自我建构和社会建构,获得意义的生成和丰富。这种不完全受预设计划束缚的对话交流、共同探讨的教学过程,其最大意义就在于将当下的存在激活起来,使课程保持鲜活的生命力,教学也由此走向了开放,走向了生成。对话式思想政治理论课的提出绝不是追逐哲学潮流的一时兴起,也不是对教育教学理论的牵强附会,其从理论构建到诉诸实践有着深刻的必要性和切实的可能性。

任何一种有意义的社会实践活动都必须建基于必要与可能。理论的彻底性也要求我们既要揭示出对话式思想政治理论课教学的必要性,阐明对话式思想政治理论课教学的可能性。对必要性的认识反映着人们对时代要求的科学理解和准确把握。可能性则总是存在于现实之中,不能在现实之外去寻找。社会主义市场经济和民主制度的运行需要自由、平等的现代公民作为其参与主体。从更深层的意义上,我们还应该看到公民是人类身份现代化的文明标志,也是人类寻求主体自由发展进程所跨出的重要一步,是人的自由全面发展在现时代的表现和要求。

公民的身份是由法律赋予的,公民的素质却需要教育来培养,培养学生具备成为合格公民所需要的素质不仅应成为学校教育的首要目的,更应是思想政治教育的重要任务。作为高校思想政治教育主渠道的思想政治理论课无疑承担着重大的责任。公民的素质是多方面的,思想政治教育应着力于培养学生具备适应民主的社会和政治生活应具备的素质。具体来说,包括以下四方面的内容。

第一,民主知识。民主作为一种社会实践,需要一定的知识基础。个体从事民主实践所需要的知识可以做如下分类:一是"民主的知识",既包括"民主是什么"的知识,也包括"如何实施民主"的知识。二是"关于民主的知识",主要是指一些与深入理解民主制度相关的历史、政治、经济、文化、法律乃至宗教知识。这种知识的价值在于能够提高人们对民主制度的认同度。三是"为了民主的知识",指在某些特殊情况下对某些特殊事务进行决策必须具备的特定知识。一个理想的民主社会的公民应该同时具备这种知识结构。如果一个国家有大多数或相当一部分人都不知道或不能确切知道民主为何物,又何以实现充分的民主呢?如果一个人根本不了解专制对于个人和社会、国家的害处,他/她又如何能与专制告别呢?如果一个人根本就不具备进行民主选举和决策所需要的专业知识,他/她又怎么能够成为一个积极的民主参与者呢? 所以,民主知识的储备和修养应该作为培养公民的一个前行性任务。

第二,民主意识。民主意识是指人们对于民主的最基本的认识以及建立在这种认识基础上的行为倾向性。它包括:一是平等意识。专制社会的最大特征就是特权和社会不平等。在这种不平等关系中,一方享有特权或绝对权威,处于支配地位。另一方处于弱势地位,处于服从地位。民主社会首先从政治权力上打破了这种不平等的社会关系,认为所有的公民在政治权力上都是平等的。每一个人都应该以平等的眼光来看待别人,同时也以平等的眼光来对待自己。这种平等意识构成了民主意识的基石。二是公共意识。在专制制度中,天下是一人之天下,单位是一人之单位,公私不分,化公为私。民主制度则认为,天下是众人之天下,单位是众人之单位,公私分明,反对损公肥私。在民主制度下,人们能够认识到公共领域的存在,并严守公共领域与私人领域的界限,在公共政策问题上尊重公意,在利害得失上能够维护公共利益。三是参与意识。参与意识是平等意识和公共意识在行动领域的自然体现或表现。参与意识反对那些公共生活的"看客"或"旁观者",鼓励人们积极参与到公共问题的讨论和公共政策的制定过程中去,从而使不同层次和范围内的民主实践都变得真切真实。在某种意义上,我们可以将参与意识看成是民主意识的核心。

第三,民主态度。一个人要成为合格的民主公民,除了要有起码的民主意识之外,还应该有基本的民主态度。所谓民主态度就是指一个人在过民主的生活时应该具备的比较稳定的思维与行为习惯。它主要包括"理性""宽容"和"怀疑"三种态度。民主公民应该具备理性的态度。只有具备了理性的态度,人们才能心平气和地讨论公共问题;只有具备了理性的态度,人们才能从各种各样公共政策或候选人中选择最好的;只有具备了理性的态度,民主才不至于成为"多数人的暴政",而成为一项不断改进的社会实验。民主公民应该具备宽容的态度。民主制度鼓励和保护个人的自由,提倡和促进个人的自主性,接纳个性的多样性。因此,民主公民应该具有宽容的态度。只有宽容才能使我们接纳不同的意见、个性、价值观念和生活方式;只有宽容才能使我们远离"异端"的责备;只有宽容才能使每个人说出他/她想说出的话,否则就会出现虚假的众口一词。民主公民应该具备怀疑的态度。民主是一种社会建制,有受到人所固有的劣根性的影响而失去原本精神的可能。因此,对任何的民主实践都应持一种审慎怀疑的态度,识别一些不实的宣传,以便能够更真实和更仔细地检查民主实施的情况,始终保持民主健康发展的方向。

第四,民主能力。民主意识、态度及知识,最终都要转化为民主能力或通过民主能力体现出来。民主能力即一个人有效地从事民主实践的能力,大致包括表达能力、沟通能力、协商能力、辩护能力四个方面。民主公民需要具备良好的表达能力。因为民主公民需要经常地表达自己的意见,陈述自己对某一项公共政策的评价,对自己的观点进行辩护,并为形成公意或共识提供良好条件。民主公民需要具备良好的沟通能力。民主制度鼓励每个人自由地表达自己的意见,因此,自然地就会出现意见的分歧。尽管民主社会能够容忍这些不同的意见,但是,如果在公共政策制定过程中不能够超越歧见达成共识的话,那么最后就什么决议也形不成。为了达成共识,不同民主公民之间的沟通就极其重要。通过沟通,每一个人表明自己的立场,理解别人的立场,寻求共同的立场,从而达到求同存异的目的。为了能够更好和更有效地沟通,一个民主的公民还应该具有"倾听的能力"(准确地把握别人想要表达的意见的能力)、理解的能力(弄清楚别人意见产生背景、立场或所想达到的目的的能力)、克制的能力(能够冷静地对待别人的不同意见的能力)、交换意见的能力(能够选择合适的时机以合适的方式与别人互通有无的能力)、视界融合的能力(明晰并超越各自认识视角以达成共识的能力)等。民主公民需要具备良好的协商能力。"民主的基础是妥协",没有协商或妥协,就没有任何共识和公共利益,也就没有任何的民主可言。因此,每一个民主的公民都应该学会妥协,理解妥协在民主生活中的价值,对自己的观点不那么固执己见;对别人的观点持以开放的态度,能够有效地和不同意见的人达成一致,能够在协商的过程中创造一种和谐的和积极的氛围,能够并愿意和不同意见的人或集团建立长期的和建设性的对话关系。

民主公民还需要具备辩护能力。一个民主公民要想说服别人接受自己的意见或方案,就必须学会为自己辩护:讲究逻辑;寻找证据;揭示对方观点中的逻辑漏洞;质疑对方观点的事实证据;善于利用有利的证据;引导听众区分什么是至关重要的、什么是无关紧要的;讲究辩论时的风度;选择合适的词汇;诉诸历史上已经形成的基本价值准则等。正是由于民主公民或民主实践需要较高的辩论能力,在古代民主比较完备的雅典和罗马共和时期,人们都注重逻辑、修辞和辩证法及演说术的训练。在对民主公民应具备的素质的分析中,我们已经发现了对话与民主公民生成的契合性。对话与民主的精神是完全一致的。正因为如此,随着民主政治的发展,在政治领域及社会生活的各个方面,对话正成为人们追求的一种理想状态。培养具备对话意识和对话能力的民主公民也就成为包括思想政治理论课在内的思想政治教育的责任,而这种责任只有对话式思想政治理论课教学才足以担当。

主体性是人的本质特性。一般而言,主体是相对于客体而言的,因而主体性是在"主体—客体"关系中的主体属性。正如国内有的学者所总结的那样:"主体性问题从本质上说则是关于人作为主体是如何作用于客体的问题,亦即人的活动的能动性问题。""主体间性"这个词很容易使人发生误解,似乎它不是主体即人的属性,而是外在于人,在主体与主体之间的某种性质。事实上,主体间性是人作为主体的主体间性,实际上是人的主体性在主体间的延伸,它在本质上仍然是一种主体性,所以说成"交互主体性"更为合适。它既包含了"主体性"的基本含义,同时又强调其"交互"的特征,即主体与主体相互承认,相互沟通,相互影响。从纯粹个人主体性的角度看,他人作为客体可以成为手段,但在我们把他人也当作是和我们同样的主体来看时,他人也是目的,也同样具有主体性。如果每个人都坚持自己绝对的主体地位,只把自身作为目的,而把别人都作为手段,那么,在我们力求以一切人为手段的同时,又不可避免地沦为一切人的手段。在这种"一切人反对一切人的战争中",谁也不可能是自由的,谁也不是真正的主体,因而不会有真正的主体性。真正的主体只有在主体间的交往关系中,即在主体与主体相互承认和尊重对方的主体身份时才可能存在。在这种情况下,每个主体首先以自身为目的,又必须在一定程度上作为手段而起作用,在主体间的相互关系中,人们是相互需要的,相互之间既是目的又是手段,而不纯粹是目的或纯粹是手段。所以,真正的主体性必须以交互主体性为必要补充,或者内在地包含着交互主体性。事实上,脱离主体间性规约的主体性,已经成为极端个人主义的温床。

在市场经济条件下,伴随着等价交换原则的普遍建立和市场规模的迅猛扩大,市场经济行为规范的确立,使社会中的几乎一切人都能自主、自由地追逐利益,这就有可能使把他人视为达到自己目的的手段的现象较为普遍。对个人主体性的片面强调,往往忽略个人对社会和群体的现实依存性,片面扩充自主性,孤立行使自主权,过分享用公共资源,甚至做出非道德、不合法的事情,危害他人和社会。这恰恰是悖逆于人的主体性的生成和发展的。从弘扬主体性到弘扬主体间性是适应社会发展对主体性重新解释的必然结果。教学实践行走在对现实的适应和超越之间,它不仅要适应现实社会,还要引导和超越现实社会,要预示某些新的社会状态并加速它的变化。因此,当片面强调个体主体性所带来的社会问题在西方已成痼疾,在中国也初露端倪的情况下,教育教学必须先行一步,高举主体间性的大旗,以培养与他人共生共存共发展的主体而不是单子式的主体为己任。

从世界范围看,提倡主体间性教育已成了一种发展趋势。从"学会生存"到"学会关心",联合国教科文组织教育理念的这一变化蕴含着对主体间性的关注日渐明朗。1972 年,联合国教科文组织的报告《学会生存:教育世界的今天和明天》的主题是要求教育担负起传授年轻一代在当今社会激烈变化的条件下求得"生存"的各种知识和能力。但主体间性已经在它的"生存"思想中初露端倪,如在倡导国际教育时指出:"教育有一个使命,就是帮助人们不把外国人当作抽象的人,而把他们看作具体的人,他们有他们自己的理性,有他们自己的苦痛,也有他们自己的快乐;教育的使命就是帮助人们在各个不同的民族中找出共同的人性。"①《学会生存:教育世界的今天和明天》认为教育的目标是培养"完人",为了克服人的分裂,"教育的一个特定目的就是要培养感情方面的品质,特别是在人和人的关系中的感情品质"②。1989 年,联合国教科文组织在北京召开"面向 21 世纪教育国际研讨会","学会关心"是这次会议的主题。大会呼吁教育要让学生学会关心自己、他人以及全人类;学会关心群体、社会以及整个国家;学会关心经济、生态、人权以及其他物种等。"学会关心"已有了明确的主体间性思想。1996 年,联合国教科文组织组建的"国际 21 世纪教育委员会"发表了《教育:财富蕴藏其中》的报告,该报告提出了学会认知、学会做事、学会做人和学会共处的思想,并把它们作为教育的四大支柱,这就使主体间性思想更加丰富。20 世纪 80 年代以来,日本的教育改革思想经历了从培养"丰富的心灵"到培养"丰富的人性"再到培养"人性丰富的日本人"的一个演变过程,这个过程也是主体间性意识日趋增强的过程。美国于 1988 年发表了《美国学校中的国际理解教育》,把"具有世界意识的美国人"作为教育目标。他们改变了过去对个人主义的推崇,而走向了"民主主义""新个人主义"。他们认为教育要"使学生不仅仅对他们自己,而且要与人民和各种文化保持联系,而不能局限于地方和国内,也要在全球范围内建立伙伴关系"③。可见,关注主体间性已成了世界教育改革的发展趋势。包括思想政治理论课教育教学在内的思想政治教育一向致力于引导人们正确处理个人与他人、个人与集体、个人与社会的关系;正确处理个人需要的多样性与社会现实的条件

---

① 联合国教科文组织国际教育发展委员会:《学会生存:教育世界的今天和明天》,北京,教育科学出版社,1996 年版,第 191~192 页。

② 联合国教科文组织国际教育发展委员会:《学会生存:教育世界的今天和明天》,北京,教育科学出版社,1996 年版,第 194 页。

③ 国家教育发展研究中心:《发达国家教育改革的动向和趋势》第五集,北京,人民教育出版社,1994 年版,第 254 页。

性的关系;正确处理个体活动的随意性与社会生活的规范性的关系;正确处理索取与奉献、享受与创造的关系等。在培养学生成为具备主体间性的人方面,思想政治理论作教育教学既有先天的优势更担负着重大的责任。教学内容必须和教学本身、教学的方式方法以及过程具有一致性、统一性,能够培养人的主体间性的教学其教学过程本身必须体现这种精神。有学者早已指出:"学科教学如果一味灌输,其重心如果放在学生被动的学习、自私的吸收和排他性的竞争上,学生养成的将是个人主义的意识和习惯。学生的社会精神不但得不到进一步的发展,而且将因未得到充分利用而逐渐萎缩;由于被个人主义学习动机所取代,学生反而会逐渐养成反社会的倾向。相反,学科教学的重心如果放在学生主动参与、积极贡献、相互合作和互惠共享上,学生养成和不断发展的将是民主生活的意识和习惯。"①对话式思想政治理论课正是适应培养学生主体间性的教学形态。

知识观是人们对于知识的内涵、外延、类型、作用以及获得方式等方面的根本看法。人类的知识观会随着时代、社会以及文化背景的变迁而不同,知识观的变迁将对人类的思想、行为和生活方式产生深刻的影响,也将造成教育思想、教育制度以及教育方法等方面不同程度地变革。当前人类知识观正面临着由现代知识观向后现代知识观的深刻转变。现代知识观以哲学认识论为出发点,认为知识是静态经验积累的结果,是客观事物在头脑中的反映,具有客观性、普遍性、绝对性等特点。知识对学生来说只是冷冰冰的事实和无情的规律,他们只有接受的义务而没有争辩的权利,致使知识的意义与价值被放逐与遗忘。教师与学生的关系就如同"壶"与"杯"的关系,教师将学生的头脑看作一件容器,其主要任务就是向学生灌输这种"客观的""普遍的""绝对的"知识。后现代知识观认为知识的性质面临着从普遍性到境域性、从客观性到文化性以及从中立性到价值性等方面的转变。在后现代主义者看来知识并非对认识对象的"镜式"反映,它是在丰富复杂的真实情境中通过人自身与环境的相互作用而建构生成的,不存在"纯粹客观""价值中立"的知识,所有知识都有待于检验和反驳;认识者也并非一面"磨光的镜子",谁也不是确定的知识主体,也没有谁是知识的客体。如罗蒂指出,知识的客观性不再是指知识按其所是的那样来再现事物,而是指知识能够为人们所一致同意。这样,知识在本质上就变成了一种话语实践。而作为现代性的维护者,哈贝马斯与后现代思想家对知识的理解有着相同之处,他认为只存在"共识真理",它是参与讨论的人通过对话而形成的。后现代

① 黄向阳:《德育原理》,上海,华东师范大学出版社,2000年版,第200页。

知识观视野中的知识教学就不能被视为知识的单向传授,而是师生在教学活动情境中通过相互协商而动态生成的。学生也就不必将知识视为固定的、绝对的教条加以接受,而是在与知识展开平等的对话中获得新的知识,知识在对话中生成,在交流中重组,在共享中倍增。思想政治理论课是在知识教育基础上的价值引导,知识观的变革必将带来知识教育的革新,教学中的知识教育也必然从知识授受走向知识对话。在过去单一的、高度集中的公有制经济条件下,国家吞并社会,政治全方位控制社会,作为社会一员的个人没有多少选择的余地,单个的个体处于失语状态,只有服从"大一统"的规训。社会主义市场体制的确立和发展,促进了原来国家吞并社会的社会结构向国家(政府)、市场、社会的三元结构转变,越来越多的政治空间和社会空间被释放出来,多种所有制经济的共同发展带来了社会存在的多样化,随之而来的必然是思想观念多样化,主流意识形态对多样化的思想观念不再一味排斥,而是在尊重的前提下引导。社会大环境的开放和宽松为对话式思想政治理论课教学的开展奠定了社会基础。

对于对话在思想政治理论课中是否可行的最大困惑在于思想政治理论课如果实施对话教学,对有效传播主流意识形态会不会产生冲击。每个人的生活环境、兴趣爱好、思维方式等不一样,这就必然造成多样化的对话内容,问题是在这些差异性面前我们要不要达成一种一致的观念?是采取"社会价值取向"还是"个人价值取向",采取"社会价值取向"会不会造成个性的泯灭和丧失?采取"个人价值取向"会不会导致多元价值的淆乱和干扰,并陷入一种不可知论或相对论的泥沼?这种困惑在了解了对话式教学对学生产生教育影响的过程后可以得到解决。对话的过程是对话主体双方从各自前理解出发达成视界融合的过程。学生是从自己已有的"视界"出发,通过对话与教师所代表的主流意识形态、社会价值观点相互辨认、相互认可,形成新的"视界"。这种新的"视界"既不完全属于教师所理解的教育固有的"原意",也不是学生原来精神世界的主观想法,而是带有学生个人理解在内的教育意义。因此,主流意识形态或者社会价值观对学生的引导恰恰体现在学生自身作为主体的主动建构。这时的意识形态和社会价值观念已经是包含着个体理解的个性化了的意识形态和价值观念。这应该是对教育引导受教育者发展的真相还原。能够引导受教育者精神发展的思想政治教育意义不是其本身固有的原意,而是在受教育者的理解中生成的,意义不在理解之外,意义就在理解之中。长期以来我们普遍认为教育意义是教育本身所固有的,受教育者理解就是去发现或纯粹地接受教育中固定了的意义,原意的传达理所当然地成为教育的主要任务。对思想政治教育的这种理解无疑是一种误读。事实上,教育对受教育者的意义是处于未完成态的,只有受教育者的理解能确定它,正因为如此,思想政治教育无论怎么教育、怎么塑造,受教育者总是多种多样的,总要往不同的方向去发展。只有正视受教育者在思想政治教育意义生成中的作用,受教育者的主体地位才能真实地奠定。理论界一直呼吁思想政治教育要重视受教育者的主体地位、发挥主体性,主体地位并不意味着受教育者作为主体而发动接受教育意义的行为,它意味着受教育者作为精神主体,他的理解建构了教育意义。对话式思想政治理论课不仅不会影响思想政治理论课教学有效传播主流意识形态,相反,由于这种传播建立在教育对象的参与和理解基础上,更有利于教育对象的接受,从而提高思想政治理论课的实效性。

思想政治理论课课程的特殊性是对话式思想政治理论课教学得以开展的内在前提。第一,思想政治理论课的价值性。思想政治理论课教学内容广泛,涉及了思想、政治、道德、心理、法律等各个方面,但从要素结构上看都包含了事实成分和价值成分,从其总体来看也就包括了知识教育和价值教育两个方面,但两者在思想政治理论课教学中的地位是不同的。思想政治理论课具有鲜明的价值倾向性,它要实现和达成的不仅仅是知识的获得,更是价值的引导。当然,这个过程要以已择取和传播的知识为载体和依据,知识教育是价值教育的手段,价值教育才是知识教育的目的。知识和价值在把握方式上有明显的不同,对知识可以用认知的方式来把握,但对知识与我们的人生的意义关联这些价值性认识,则只能通过主体和主体之间经验的共享而形成。主体之间通过分享经验,使得相互间的理解成为可能,并且因此而构成相互间的交流,达到一定的意义的共享。对于主体来说,没有意义的存在不是主体的存在。意义不是在主体自身形成的,而是在主体和主体间形成的。第二,思想政治理论课的人文性。思想政治理论课的人文性是在价值性基础上的对其性质的更深一层的界定。当我们说思想政治理论课具有价值性时,我们是说思想政治理论课教学应该进行价值引导,而人文性则是说思想政治理论课教学不仅要进行某种价值引导,更要促使和帮助个体反思自己在生活中所信奉和实践的价值观念的合理性,并由此形成新的生活态度。民主社会因为保障人的自由、尊重个性的多样化,有助于健康人格的形成而成为迄今为止最具有人道主义气质的一种政治制度,所以民主社会对公民的要求和对人的要求具有最大程度上的一致性。而作为社会主义国家,我们的社会发展的最终目标是实现人的自由全面发展,在社会发展的不同阶段都应该体现这一目标。在高等教育中,思想政治理论课因为要引导学生反思人生意义问题,指引大学生过有意义的人生,在培养大学生的人文素质方面具有特殊的优势。人文教学的目的与其说是就某一问题给人们一个"结论",不如说是要"激起"人们更多的"反省";与其说是要达成一个"共识",不如说是要开发新的"歧见"或促成新的理解。所以,人文教学切忌"灌输"和"绝对化",因为灌输和绝对化阻碍了自由思考的空间和个体经验参与的道路,使与存在经验密切关联的人文知识变成一个个僵化的"结论"、"命题"或"教条"。人文教学还需要一种"真诚""自由""开放"的教学氛围,只有在这种氛围中,学生才能撕破一些生活的伪装而直面自己的存在经验,才能毫无恐惧地呈现、表达和反省自己的存在经验。任何的虚伪、强制和权威在人文教学中都是应该摒除的。思想政治理论课课程性质的特殊性使得其教学不像数理学科那样表达精确,分类清晰,而是有一定的模糊性,这就为对话式思想政治理论课教学的开展提供了内在前提。

后喻文化时代的到来为对话式思想政治理论课教学的开展提供了有效的参与主体。美国人类学家玛格丽特·米德从文化传递的方式出发,将整个人类的文化划分为三种基本类型:前喻文化、并喻文化和后喻文化。"前喻文化,是指晚辈主要向长辈学习;并喻文化,是指晚辈和长辈的学习都发生在同辈人之间;而后喻文化则是指长辈反过来向晚辈学习。"①在一个过去统治着现在,权威统治着众生的典型的农业文明时代,"前喻文化"的传递模式占据着主导地位,教育表现出"复制"前人文化的价值取向,典型的工业文明时代则是"同喻文化"占主导,教育表现出"适应"现实的价值取向并造成了制度化教育的产生。而网络时代则日益呈现出"后喻文化"占据主导的文化传递模式的倾向。今天的大学生思维活跃,意识超前,对新事物、新知识有很强的接受能力,获取知识的渠道和方式呈现立体化、多样化,不再局限于学校教育教学活动从而有可能比教师更早获取信息。后喻文化的凸显扭转了学生的"失语"状态,从而为对话式思想政治理论课教学走向实践提供了有效的参与主体。

(二)开展对话式思想政治理论课教学

从理论上建构思想政治理论课教学新范式是为了澄明既有迷思,进而服务于现实的教学实践。对话式思想政治理论课教学真正在教学实践中立足并获得发展,必须在师生关系、课程观念、教学内容、教学方法以及教学评价等诸多方面做出实质性的改善。

师生关系向来被认为是支撑教育大厦的基石,任何教学都是在一定的

---

① 〔美〕玛格丽特·米德:《文化与承诺:一项有关代沟问题的研究》,石家庄,河北人民出版社,1987年版,第27页。

师生关系中展开、完成的,师生关系能够决定师生基本的思维和行为方式。因此,构建新型的师生关系就成为对话式思想政治理论课教学付诸实践的突破口,也是对话式思想政治理论课教学得以实现的保证。可以说,在教学中,究竟把对话作为一种手段还是作为一种理念,其差别的关键就是教学过程中师生的关系,特别是学生的地位。一直以来,人们习惯于用二元对立的思维方式来看待师生关系,将师生关系局限于主客体的认识范畴,从而造成师生关系的对立。具体体现为以下三类模式:一是"教师中心"模式。这是以赫尔巴特为代表的"传统教育派"的师生观。在这里,教育者是教育过程中的主体,受教育者是客体,是被动接受知识的容器。二是"学生中心"模式。这是以杜威为代表的"现代教育派"的师生观。针对"传统教育"在实施过程中暴露出的弊端,19世纪末20世纪初,美国进步主义代表人物杜威提出"学生中心说",认为每一个学生内部潜藏着独特的发展式样和不同的发展程序,如果发育的条件适合,就会发芽、生长、最后成为人才,如果条件不适合,就会拒绝萌发和成长。作为教师必须明白,如果把自己的思想认识强加给学生,会影响学生的积极思考和发展。教师的职责和任务就是为学生创造良好的学习环境,让学生的内在潜能发挥、发展出来,教师的角色像是一个只起帮助和启发作用的"心理接生婆",只为学生提供即兴表现的机会。三是"教师主导、学生主体"及"师生互为主客体"模式。针对"教师中心"和"学生中心"各执一端的极端化倾向,20世纪80年代以来我国教育理论界先后提出了"教师主导、学生主体"和"师生互为主客体"等有关的理论学说。前者主张教师作为社会的代表和知识的"先知者",在教学活动中起主导作用;而学生作为拥有主观能动性的个体,是其自身学习活动的主体,二者不可偏废。后者则从动态角度来看待师生关系,提出师生互为主客体。即在教学活动中,教师既是教学活动的主体,又是学生认识的客体;学生既是教师改造的客体,同时又是自身学习活动的主体,师生双方都是主客体的统一。这两种学说都力图在"教师中心"与"学生中心"之间寻找一种恰当的平衡,体现出在师生关系上追求平衡的价值取向,但它们和"教师为中心""学生为中心"一样,仍属于主客体思维方式,以教师或以学生为主体的教育理论,要么认为教师是教育"主体",把学生放在"客体"的位置上,要么认为学生是教育的主体,把教师放在客体的位置上,教师和学生的地位始终是不平等的,都没有走出"我—他"对象性关系。在这种关系模式中,师生都互相作为客体被嵌入对方,致使师生成为互相利用、互相控制的对象,师生关系流于主客体关系或人与物的关系,而不是彼此交融的共生共存关系。

以对话精神观照思想政治理论课教学,师生关系就被理解为一种"我—

你"主体间的对话关系,在这种关系中,师生各方并不把对方看作一个对象,而是看作与"我"讨论共同"话题"的对话的"你",师生关系是直接的、相互的、亲临在场的,在这个关系中教师和学生都是作为真实的完整的人在交谈、相遇,各自的情感与理性、直觉与感觉、思想与行动、经验和知识等都时时展现在对方面前,都参与到"我"与"你"的对话中。通过对话获得沟通和共享。教师与学生的交流并不是对学生进行分析以便顺利地教学,也不是为了更好地控制、管理、约束他们,而是把学生作为整体的精神来接纳他,从而感染他、育化他,使他获得精神的完整性。学生也不仅仅把教师当作是知识的讲解者,与教师交往单纯是为了获得知识(这只是一种利用关系)。

师生"我—你"关系的基本特征是平等性和互惠性。"没有平等,就成了教训和被教训、灌输和被灌输,就好像水遇到了油,谈不到对话和交流,也撞不出美丽的火花。"[①]在传统的高校思想政治理论课教育教学中,教师有时出于更好地控制受教育者使其"亲其师,信其道",做出一种施舍性的"平等"姿态,给出一种理解性的平等待遇,这是虚假的平等。对话的平等在品质上是真实的,教师与学生之间的平等主要有两方面:从知的角度说,教师与学生只是知识的先知者与后知者的关系(有时是相反),二者并不存在尊卑关系;从情的角度说,每个学生在人格上都是独立的,有自己丰富的内心世界和情感表达方式。因此,师生之间的对话是具有独立人格的人之间真正的交流和沟通。这就对教师提出了新的要求:一方面,在教育目的的确定、教育内容的安排、教育手段的运用以及教育方法的选择等方面,教师要坚持从学生的实际出发,熟悉和掌握学生的认知特点和个性差异,对他们的年龄特点、思维方式、兴趣爱好和行为习惯等各方面有比较全面的了解;另一方面,在教育过程中,教师要让学生充分发表自己的见解,特别是不同的见解,在此基础上,同他们建立一种对话伙伴关系,形成自主互惠的共生关系。平等带来的互惠也是对话式思想政治理论课重要的价值取向。教师不仅仅是讲授者,他本身也受到教益,学生在被教的同时也反过来教育教师,他们在课堂生态系统中共同展现着自身的生命价值,在充分发掘自己的生命潜能中共同生长、共同进步。教师不再是默默无闻、甘作人梯的铺路石,也不再扮演"蜡炬成灰泪始干"的悲剧角色,教学是教师生命的一部分,教师"不仅照亮着别人",同时,也成就着自我,发展着自我。

当然,"我—你"关系并没有取消教师在教学中的独特地位和主导作用,因为没有教师的参与、引导、提升,对话将不真正存在,教育的功能也无法发

---

① 滕守尧:《文化的边缘》,北京,作家出版社,1997年版,第117页。

挥。对话式思想政治理论课教学对教师素质要求提高了,它不赞成教师利用社会赋予的权利而获得的"权势权威"来随便否定和控制学生的一切,而倡导教师要获得一种"权能权威",即因为自身的才能而自然赢得的热爱、尊敬和信任。教师成为"平等者中的首席","作为平等者中的首席,教师的作用没有被抛弃;而是得以重建,从外在于学生情境转化为与这一情境共存。权威也转入情境之中。……教师是内在于情境的领导者"①。要实现对话式思想政治理论课教学所倡导的平等,给予学生一种平等感是很重要的。而这种平等感主要在于教师是否有平等的观念,教学过程是否切实在追求平等,教育的方法是否科学地体现了平等的原则,教育者是否具有良好的审美及道德上的修养和平等意识等。应在这个过程中让学生感受平等,理解平等,追求平等,珍视平等。我们可能无法实现真正意义上的师生平等,但是在教学中让师生获得一种平等感是可能的。

　　课程是一种教学理念走向教学实践的中介。在传统思想政治理论课教学中,教材被视为课程的核心与全部,出现"教材统治课程"的现象,它强调课程是事先规定好的"跑道",以减少教学的随意性并保证教学的质量与效率,使得本应生动活泼、复杂多样的课堂教学变得毫无生气与活力。"教材"课程观实质上反映着二元对立的认识论,它只是将知识当作纯粹静态的、客观的认识对象,而不是作为发展资源让学生深刻领悟知识所蕴含的生命意义。文本不同于教材,教材内容可能只注意到了文本内容的某一部分,是按照编者的意图对文本做的一次精加工,是对文本的一种解读。而文本具有理解的多义性。对话式思想政治理论课主张教学过程的动态生成性,"教材"课程观需要被超越,形成"文本"式课程观。"文本"式课程观将课程内容视为"可能是什么",也即强调师生对课程的再阐释和再创造,这就需要师生之间、师生与文本之间通过真诚的对话与交流探讨课程的各种可能性。"文本"式课程观认为课程内容应具有丰富的多样性、疑问性和启发性,并且需要达成一种促进探索的课堂气氛,这样才能诱发、鼓励师生去阐释并与文本进行真正地对话。师生双方与文本的对话过程也是共同探究、共同创造的过程,师生作为具有完整人格的交互主体沉浸于生动活泼的探究之中而获得精神的富足与增长,教师与学生都获得心灵的解放,其发展的主体性得以极大凸显,对话式教学的民主平等性也得以真正体现,教师不再仅仅是"知识的权威",而是文本的再组织者、再创造者,学生不再是知识的"奴隶",而是"文本"的理解者、发现者。不仅如此,文本也是有生命的。教学

① 〔美〕小威廉姆·E.多尔:《后现代课程观》,北京,教育科学出版社,2000年版,第238页。

内容不再是与我无关的静态的客体,而是如同一个"你",向我们诉说它们对于世界的理解和看法,正是在这种生命的诉说中师生获得了取之不尽的教育资源。

在对话式思想政治理论课教学中,教育内容成为对话的话题,而要能引起对话,话题必须源自生活,这些话题是学生的需要所在,学生的兴趣所在,它欢迎学生生活经验的参与,并引导学生走向新的生活。从更深层的意义上来看,在凸显人的主体性的今天,仅仅囿于传播意识形态的需要已不足以证明高校思想政治理论课的合法性,对其合法性的论证必须深入微观生活领域才算充分。思想政治理论课能否与学生的需要、学生的实际、学生的生活建立联系,是其合法性的根源所在。

高校思想政治理论课在教学内容上都必须与学生的生活建立联系,坚持理论联系实际,贴近实际、贴近生活、贴近学生,因此,在思想政治理论课教学过程中应注意把马克思主义基本理论置于现实生活的环境中来思考和讲解。这包括两个方面的含义:一是理解和阐述马克思的科学概念原理。要紧密结合对现实生活中相关情况和问题的分析,用现实生活中的事实来检验和论证它,用现实生活中的实践经验赋予其新的科学内涵和活力,并用它来解释和说明学生关心的各种现实问题。通过教学,使他们深切地感受到,这些理论问题既与现实生活密切关联,又与实际生活中的事实符合一致,也能用于指导解决现实生活中的问题。从而帮助人们把对科学理论的理解建立在坚实的感性基础之上,并对其产生亲近感。二是要紧密结合现实生活实践,把抽象的理论原则加以具体化,深入探讨这些理论原则对现实生活实践有哪些具体指导意义,在认识和处理现实生活问题时如何运用这些理论原则。通过教学,为学生运用科学理论指导现实生活实践搭一个由此及彼的桥梁、阶梯。

强调理论问题要贴近生活并不是要求思想政治理论课放弃理论,忽视其思想性和学术性,而是提醒思想政治理论课应该如何"讲理"。因此,在强调理论问题要贴近生活时,还要注意把生活问题理论化,就是把学生在现实生活实践中遇到的有普遍意义的问题上升到理论层面上来分析研究和讲解。既全面深刻地揭示出现实问题的具体成因、实质、各种可能的发展趋向和解决问题的正确思路,帮助他们在理性层次上搞清楚面对现实的具体问题,怎样想、怎样做是正确有益的,怎样想、怎样做是错误有害的,从而端正他们对现实具体问题的认识和态度;又注意从中揭示出对他们有普遍意义和长远意义的基本道理,给其以深刻的思想理论启迪,使学生从中学到观察问题和分析问题的正确立场观点方法,能举一反三,触类旁通,达到从根本上提高思想觉悟和认识能力的目的。通过教学,为学生从现实生活的感性直观上升到科学的理性思维搭一个由此达彼的桥梁、阶梯,实现科学理论与现实生活的有机融合、统一。

理性的教育方法暗含一种假设——把教育对象视为有理性的人,并且希望他们更具有理性。"理性"概念具有下列关键特征:第一,"理性"是人类精神生活的一种形式,是一种人类特有的思想活动,不仅包括了概念、判断和推理,而且包括了质疑、反驳和辩护;第二,作为一种思想活动,"理性"最主要的特征就是在一定的规则下就某一问题应用概念进行推理或认识的能力;第三,作为一种推理或认识的能力,"理性"不仅关涉到知识的获得,而且关涉到行为目的的正当性与合理性的辩护;第四,"理性"不仅是人类的一种认识能力,而且也是人类的一种存在特性。尽管唯理性主义有其偏失,理性的霸权也需要消解,但理性精神是任何时候都值得倡扬的。这种精神意味着不断进取、不断超越、不断探索的精神,意味着批判精神与怀疑精神,意味着不唯书、不唯上、不唯师、只唯实的科学态度。对话要求平等,不用一种观点强加于另一种观点,但也不是你一言我一语,而是改变双方的观点达到一种新的视界。因此,对话是对话者对自身的质疑、反思和超越。所以,对话式思想政治课本身就是理性的教学,即教学的目的、内容、过程及评价等各个环节对于教师和学生来说,都是经过理性的思考和理解的,具有充分的合理性辩护,而不是建立在一些外在的个人和社会权威基础之上。这样的教学只能采取理性化的教学方法。

理性化,从其过程发展看,不管具体对象是什么,一般都经历下列前后相承的思想过程:悬置、理解、质疑、批判与重构。"悬置"的概念来自现象学,意思是指将主体原来信以为真的东西暂时搁置起来,以便能够对其进行深入地思考,从而走出原有理解的陷阱。从心理过程来说,悬置还包括了一种积极的关注,即对某种教学观念、制度或行为方式合理性的积极关注。这种"悬置"或积极关注实际上也就是一种将原本"熟悉的"东西"陌生化"的过程,以备理性地审视。理解的过程,则是进一步分析和解释的过程,意在弄清楚某一种观念、制度或行为之所以存在的原因以及如何对师生行为产生影响。实际上,理解的过程,就是对所"悬置"的东西的"解析"与"还原"。通过"理解"的过程,师生就克服了"日用而不知"的生存状态,从种种习俗、惯例以及绝对的权威中解放出来,开始思考。"质疑"是"理解"的进一步深化,旨在检验通过"理解"所发现的日常观念、制度或行为基础的合理性、合法性与一致性。"批判"是对质疑所显现的原理进行逻辑地或价值地批评与分析。最后,在"批判"的基础上,结合教学内外环境或条件的变化,对教学的观念、制度或行为进行重新阐述、设计或重构,从而使得新的教学建立在比较充分的理性思考基础上,而不是建立在传统的惯例、个人的权威或偶然的条件作用基础上。因此,对话式思想政治课教学绝不能再使用简单的压服和灌输、宣传而应广泛采用分析、论证、讨论、辩论、启发、双向交流、平等对话、互教互学、自我教育等方式方法。

德国哲学家康德于 1764 年提出"模糊"概念,并认为"模糊概念比清晰概念更富于表现力"。1965 年美国著名控制论专家查德发表了论文《模糊集合》,标志着模糊理论的诞生。在模糊理论看来,精确和模糊都是为人们所需要的,二者既相互对立,又相互依存、相互补充并在一定条件下相互转化,现代社会越来越呈现出精确和模糊相互交融的趋势,模糊与精确相结合是未来可能的景观。这种结合将在教育领域导致崭新的模糊评价形态的诞生。应当指出,我们所说的模糊评价并非以非此即彼的思维方式将精确方法绝对抛弃,它力图从人文方法论与自然科学方法论中寻求模糊和精确的结合点,实际上是"精确"的模糊评价。此评价形态看似矛盾,实际并非如此,它指的"模糊"并非绝对的模糊,而是相对模糊,即模糊之中呈现某种清晰性,旨在通过模糊获得精确的效果,与单纯的精确评价相比,模糊评价更能逼近对于教学现象全面而准确的认识,这也正是模糊的魅力所在。

对话式思想政治课教学需要模糊化的教学评价是由教育作为复杂的人文系统所决定的。教育领域是一个庞大的模糊域,没有绝对精确的固定不变的事物与现象。查德曾指出:"当一系统的复杂性增加时,我们使其精确的能力和关于其行为的特殊的描述能力将随之减少。"[①]因此,教育作为复杂的"人—人"系统,精确方法是无法从根本上全面准确地对其进行评价的,看似精确的分数实际上并不能反映出学生的真实差异。因为模糊是绝对的,而精确是相对的、是模糊的特例,所谓的精确也非绝对的精确,只是一种模糊程度较小的精确。思想政治理论课教学评价不是一个简单直观机械的过程,而应是一个复杂的模糊过程,只有如此才能做出全面的评价。

对话式思想政治理论课教学所采取的模糊评价具有以下特点。首先,模糊评价具有动态开放性。由于思想政治理论课教学活动是不断生成、不断变化的,因此教学评价的内容、目标和方法等也会随着情境的不同而变化,从而表现出动态流变的特点。其评价话语并非判决式、终结式的,注重教学的过程而非教学的结果,这就需要评价者与学生进行长时间地对话。

---

① 转引自褚毅平、梁俐:《从模糊理论看科学主义和人本主义的认识观》,《南京师大学报(社会科学版)》1998 年第 2 期。

其次,模糊评价的内容具有整体性,它不仅评价学生在知识、能力等认知方面的发展,还要评价情感、人格等非认知领域的发展,因而模糊评价是以致力于"完整人"的生成为目的的对话性评价形态。模糊评价追求的是深度而非精确度,即在对话中不断深化对学生精神世界的理解,当然追求深度并非不要正确性。最后,它是多元化的教学评价,这种多元化又是牵涉相当广泛的概念,它既包括评价主体的多元化(教师、学生等),也包括评价内容的多元化(认知领域、非认知领域),还包括评价方法的多元化(自我评价、他人评价等)。模糊评价强调教师与学生在教学过程中通过对话进行评价。精确评价基本上是在一种不平等的情境中而采取的自上而下式的教学评价,评价者完全以一种权威姿态控制整个评价过程,被评价者完全游离于评价活动之外而没有任何发言权,二者没有交流对话的可能。在对话式思想政治理论课教学中,评价标准往往由师生依据专题和学生的实际情况共同制定,并且可以随着教学活动的变化而进行改变、调整和完善,让学生也参与到评价中来。

对话式思想政治理论课正在成为许多有社会责任感、有开拓精神的思想政治理论课教学实践者们努力的方向。思想政治理论课的教学越来越人性化,互动性强了,生活的意蕴浓了,师生的关系拉近了,研究型、参与型、体验型、谈话型、案例型……新的课型不断出现,"主体性""参与""探究""回归生活"……逐渐成为课堂上的关键词,对话精神呼之欲出。新教育之所以新就在于它对时代精神的紧密呼应、真实表达和虔诚传承。而且这种新的教育绝非能够自然降临,必须在新的教育教学理念的推广和践履中才能从可能成为现实。对话式思想政治理论课教学从理念到实践的落实有赖于理论界和实践者的共同努力,高校思想政治理论课教师兼理论工作者和实践工作者于一身的天然优势也有助于这一过程的实现。

第五章　深刻理解思想政治教育

思想政治教育学已经成为一门独立的学科,它必须反思自身的哲学预设,特别是对本体论和认识论的思考。本体论要回答到底什么是思想政治教育学,认识论是关于知识的问题,要回答关于思想政治教育现实的知识是如何获得的。思想政治教育是培养和发展人的思想政治素质的教育实践活动,是思想政治教育者依据教育对象思想政治素质生成的规律,将社会道德和政治规范内化为教育对象的思想政治素质,提升其思想认识水平和人生境界的教育活动。转换思想政治教育价值取向,发展本体性思想政治教育,不只是思想政治教育形式或方法上的触动和转换,思想政治教育的内在逻辑与品质的变革才是根本性的、决定性的变革。因此,思想政治教育的内在逻辑与品质的转换,是当代思想政治教育"轴心原则"重建的根本。这不仅要求思想政治教育本身要实现超越和发展,丰富和完善其基本功能属性,更昭示着我们要遵循思想政治教育的基本规律和时代要求,重新理解思想政治教育主体,把握本体性思想政治教育开拓的新视野和新境界。

思想政治教育是在国家(社会)领导下,在思想政治教育系统严格组织下进行的一项特殊教育实践活动,时空连续、广袤周延、阶级性和社会性极强。它的运动主体应该是以国家(社会)为背景和依托、内容丰富、函项多元的主体体系。所以,思想政治教育主体的研究,不能拘囿于哲学和教育学的研究范式,那样会窄化研究视域,必须把思想政治教育从教育体制还原到社会中去,在更广阔的社会生活、生产实践中将思想政治教育主体还原。唯有这样的还原和这样的思想政治教育主体观,才是完整的、涵盖所有思想政治教育现象的思想政治教育主体观;也只有这样的思想政治教育主体观,才能说明思想政治教育主体的属性特征和他们赖以生成的社会文化背景。同时,对于理论界尚存争论的关于思想政治教育主客体关系的诸多见解,无论是"双向互动说""主导—主动说""相互转化说",还是就思想政治教育主体本身而言的"单主体说""双主体说""互主体说""多主体说""相对主体说"的不同看法,笔者认为,归根结底是由于论者对思想政治教育主体系统本身丰富性的简单化和层次性的单薄化的认识偏失,同时又在逻辑上混淆了思想政治教育过程和思想政治品德形成过程这两个异质过程,才导致目前的众说纷纭状。必须在将思想政治教育和思想政治教育主体社会还原的基础上,探讨思想政治教育主体的不同形态和具体特征,才能廓清迷雾、厘定理路、把握住主体理论研究的逻辑起点。

国家是思想政治教育活动的本体性主体,这是每个人都能理解的。作为本体性主体,国家事实上也一直是思想政治教育这一实践—认识结构的当然设定者、控制者,它决定着思想政治教育系统的目的、内容和性质,并享受着思想政治教育活动的成果——所欲达致的政治—社会关系,舆论支持和社会、政治认同以及社会成员的特定的思想政治品德。马克思说过:"统治阶级的思想在每一时代都是占统治地位的思想。这就是说,一个阶级是社会上占统治地位的物质力量,同时也是社会上占统治地位的精神力量。"①思想政治教育肩负着将"统治阶级的思想"转换成"占统治地位的思想"的光荣而艰巨的任务,所以思想政治教育在同代间传播、分享和代际间传递、流存的意识形态必须也必然是体现国家意志的意识形态。思想政治教育既然列位于政治上层建筑,那么它的主要任务和职能就是维护观念上层建筑的发展变动和精神文明领域主导价值体系。所以,各国都要通过设计教育内容来表达和贯彻自己的意志,要培养建设者,更要培养接班人。我国把思想政治素质当作人的最重要的素质来对待,恰恰说明我国政府作为思想政治教育的本体性主体对教育本质和思想政治教育本质的准确把握。而非社会主义国家的思想政治教育也普遍包含对本国制度和意识形态的合理性、优越性的论证和对社会主义制度的抨击,天下皆然,无从超脱。这是国家作为本体性思想政治教育主体的原生性功能特征,思想政治教育必须也最能体现国家意志,它同意识形态天生逻辑关联,不可超越,我们思想政治工作者必须贯彻这一点。国家作为本体性的思想政治教育主体,在教育体制内会制定各级各类思想政治教育大纲,要求教育系统严格执行,力争达标;在社会生活和生产领域,也会以法规、文件、路线、政策的形式,进行舆论宣传和社会意识引导,上至大政方针,下至个人修为,面面俱到。国家对思想政治教育活动的绩效也会进行监督和考核评估,这种监督和考核看似软的,实质上是刚性的,国家极为重视这种监督、考核工作。在整个思想政治教育的强约束条件中,国家的意志最权威,也最有说服力。

思想政治教育系统中各机构和部门的专业思想政治工作者和兼职人员

---

① 《马克思恩格斯选集》第 1 卷,北京,人民出版社,1995 年版,第 98 页。

是思想政治教育队伍的主力军,是代表着国家意志的实践主体。他们的主体地位既是获得性的,又是派生性的,是社会分工赋予的权利和职责,是国家这一思想政治教育实在性主体在具体思想政治教育过程中的替身和代言人,所以他们的行为虽是个人行为却代表国家意志,是组织行为,背后站立着整个国家体系。所以这样的获得性、替代性、派生性的思想政治教育主体的行为意向仍是严肃的、严格的、规范的,必须不打折扣地按照国家意志的要求展开工作,其主体性的发挥绝对不能超越主导价值体系的规训,要与国家的本体性主体意向吻合。思想政治教育实践主体活动的开展,主要包括两部分教育内容:一是特定的社会和阶级给定的思想理论体系;二是在具体的思想政治教育活动中根据教育目的和规律的要求对思想理论体系的内容进行编制、转换后的教育信息体系。在将上述内容作用于教育对象的认知本体过程中,离不开实践主体的个人理解和诠释,甚至是榜样示范和案例"教学",思想政治教育实践主体的个性特征和精神自我色彩难以割舍。所以实践中思想政治教育实践主体的规范性传递和人格特质彰显应该努力在差异中寻求契合,争取相得益彰,用人格内涵活化思想政治教育功能,增强自身和思想政治教育的"可读性",同时在思想政治教育实践中通过理论和活动丰富、充实自身,提高素质,融真理的力量和人格力量于一身,增强思想政治教育活动的亲和性和实效性。

　　思想政治教育在进行思想意识教育、价值引导过程中向教育对象所展示的可能的意义世界会使教育对象在此局部的知识学习的基础上进行自主建构和重构,这种建构过程是教育对象自我教育的重要组成部分,不断的顺应、同化意味着连续的消解和建构,一个人的成长和成就,相当程度上取决于自我建构的积极性和坚持性,鼓舞教育对象发挥自身主体性、发展主体能力、积极主动地创造美好的可能生活,追求意义世界,基于现实世界合理设计人生和自我,建构未来,是思想政治教育推动教育对象自我教育的应有之义,其中深远的意义在于我们还要进一步发挥思想政治教育的主体性和本体性,进一步促进教育对象主体性的生长。

第一节　思想政治教育本身应具备深度

　　缺乏知识内涵的教育内容在某种程度上是不够清晰的,也是没有力量的,所以人们会本能地拒绝平面的、平庸的思想政治教育,我们希望一种具有说服力的,建立在对理论的深刻理解和对生活的真实把握基础上的思想政治教育,也就是有深度的思想政治教育,"少发些不着边际的空论,少唱高调,少来些自我欣赏,多说些明确的意见,多注意一些具体的现实,多提供一些实际的知识"①。"德育不仅要研究社会现实变动的逻辑,更要研究使德育成为一种文化存在,体现为一种人的文化价值追求的内在逻辑,使德育作为文化成为一种经常处于文化反思与文化自省的状态。"②但是,目前思想政治工作领域弥漫着疏离于人本身的"浅化"现象:思想政治工作重点落在教育对象内在生命感受以外的地方。思想政治教育的队伍在扩大,时间在延长,内容在增加,教育结构也得到不断调整,过程日益科学化,教育评价也以满足社会功利性需要的程度为转移③。思想政治教育学的"有效性""实效性""科学化""学科建设"讨论,却很少触及有着真实的生命感受、在各种各样的内心冲突中不知所措的人的存在。思想政治教育者更多地把思想政治教育作为一种"社会职业",而认识不到思想政治教育与教育对象的存在之间的深层关系。不解决人的存在意义和生活态度问题,思想政治教育也就只能解决社会上一时的问题,不能解决社会的长远问题;只能解决社会的表层问题,不能解决社会的深层问题;只能解决社会的个别问题,不能解决社会的整体问题。

思想政治教育要想在现代社会和人的生存与发展中起到更大的作用,必须首先把教育对象作为一种真正的人的存在来对待,通过教育条件促使人们在为解决生活问题做准备的同时重新深刻反省自己的生活方式、态度与意义问题。"我们不应该给年轻人留下这样的印象:他们的任务是枯燥乏味地守候那些年代久远的价值。相反,我们应该使他们认识到这一无情而令人振奋的事实:他们的任务是在自己的生活中从不间断地重新创造那些价值。"④这才是思想政治教育深刻的根本所在。如果说,"教育应当促进每个人的全面发展,即身心、智力、敏感性、审美意识、个人责任感、精神价值等方面的发展。应该使每个人尤其借助于青年时代所受的教育,能够形成一种独立自主的、富有批判精神的思想意识,以及培养自己的判断能力,以便由他们自己确定在人生的各种不同的情况下他认为应该做

---

① 《马克思恩格斯全集》第 27 卷,北京,人民出版社,1972 年版,第 436 页。

② 竭长光、张澎军:《马克思哲学中的主体性问题之我见:对某些"实践—主体性"模式的当代反思》,《东北师大学报(哲学社会科学版)》2007 年第 5 期。

③ 檀传宝教授从道德教育学的角度指出:"在中国德育现实中人们看到的是太多的应时、应景、应制的成分。起初为适应政治需要,后来为了适应经济发展、商品社会和市场经济,德育研究和实践穷于适应、频换内容体系。"穷于适应,缺乏超越精神和内在深度的道德教育,会导致自身可信性的不断丧失。参见檀传宝:《德育美学观》,太原,山西教育出版社,1996 年版,第 10 页。

④ 转引自〔美〕路易斯·拉思斯:《价值与教学》,杭州,浙江教育出版社,2003 年版,第 7 页。

的事情"①。那么,作为有深度的思想政治教育,要着眼于思想政治教育的整体建设,致力于促进人的全面发展,努力保证思想政治教育实现认识—解释的科学性、价值—信仰的高尚性、目标—策略的有效性,深刻理解时代精神和人的发展需求,根植于人的需要和存在,牢牢地把自身奠基于日常生活世界之中,培养高起点的全面发展的人才。

第二节 以教育对象的发展为目的

康德认为,人都应该"自在地作为目的而实存着,他不单纯是这个或那个意志所随意使用的工具"②。人是任何其他目的都不可取代的,一切其他东西都是作为手段为他服务。人之所以不单纯是工具,在任何时候都必须看作目的,是由人的本性决定的。

人们一直把思想政治教育理解为一种外力,传统的思想政治教育也侧重于统一人才的培养,要求人的思想、行为、言论的一致性,塑造为社会服务的"工具",而不是有主见、有思想、有能力的社会主体,这种状况不利于人的发展和进步。现代思想政治教育要适应社会变革的要求,培养个体的主体性,使个体形成鲜明的自主、自立、自我负责的独立意识和能动的创造精神。由于人的生命存在是丰富多彩,极具个性差异的,那么,思想政治教育也必然要依循、发展、解放人的个性,也就是使人的个性不断得到扩充和丰富。

马克思在《1844年经济学哲学手稿》中说:"你只能用爱去换爱,用信任换取信任。如果你想欣赏艺术,你必须是一个有艺术修养的人;如果你想对他人施加影响,你必须是一个能促进和鼓舞他人的人。你同人及自然的每一种关系必须是你真正个人生活的一种特定的、符合你意志的对象化表现。"③胡锦涛指出:"思想政治工作说到底是做人的工作,必须坚持以人为

---

① 联合国教科文组织国际21世纪教育委员会:《教育:财富蕴藏其中》,北京,教育科学出版社,1996年版,第85页。

② 〔德〕康德:《道德形而上学原理》,上海,上海人民出版社,1986年版,第80页。根据康德的主体性道德哲学,德育最重要的是自觉地唤起理性的尊严,个人制定道德法则的能力,从个体内部找到道德教育的突破口,而不是从外部强制个体行为合乎道德,道德灌输或强调学生对道德标准的机械记忆和服从其实就是不道德的。在这个意义上,道德教育原则或方法乃是从个体内部进行教育,提高人的道德意识,深化人对道德本质的理解。道德教育的最终目的不在于个人是否掌握了最高的道德律令,而是看是否促进了人的道德发展和更好地满足了个人的道德生活的需要。

③ 马克思:《1844年经济学哲学手稿》,北京,人民出版社,2000年版,第146页。

本。"以人为本,决定了思想政治教育实践"既要坚持教育人、引导人、鼓舞人、鞭策人,又要做到尊重人、理解人、关心人、帮助人"[1]。人类社会进入现代工业文明以来,越来越强化思想政治教育保证社会政治、经济、文化发展的工具性价值,淡化了其满足自身创造升华和人类素质发展需要的本体性价值。长期以来我们习惯于突出党性原则,注重灌输马克思主义,在一定程度上忽视人的个性发展;宣传强调党的路线、方针、政策,不够关心人的实际利益和素质发展。往往把自己和受教育者看作传输和接受政治教育内容的政治工具,强调灌输而忽视激发,工作方式表面化和简单化,甚至堵塞和压制,慢慢地脱离了群众,脱离了生活。

思想政治教育本不应该归结为公式化的灌输和千篇一律的说教,多年以来,我们所进行的思想政治教育,方法过于空泛抽象,缺乏实际性的可操作的施教方式和具体程序,也没有形成行之有效的社会性思想政治教育机制和体系。行政推动下的社会动员和运动式的教育形式,理论容量本就不足,教育教学方法也面临挑战,外在原则性的宣传和灌输方式难以承诺思想政治教育的全部使命。

贺麟曾指出:"如果教育者仅仅以应该怎样做来规范受教育者的行为,这样的教育者就是一味只知下'汝应如此、汝应如彼',使由不使知的道德命令的人,当然就是狭义的、武断的道德家。而那不审问他人行为背后的知识基础,只知从表面去判断别人行为的是非善恶的人,则他们所下的道德判断也就是武断的道德判断。"[2]使由与使知不仅仅是教育方式的纠正问题,究其实质,是如何确定教育内容的问题。"在教育中,内容是至关重要的"[3],"教育若要使人们普遍获得现代生活的准则,就必须能够传授参与社会生活所需的所有知识与技能,并能在现代社会中生产和发展"[4]。在某种程度上"教育实际上就是知识的选择和人的选择"[5]。除了以对某些理论、规范、准则的最充分而又深刻的理解和掌握为前提[6],组织好教育内容,尊重教育对

---

①　胡锦涛:《在全国宣传思想工作会议上的讲话》,《人民日报》2003 年 12 月 8 日。

②　张学智:《贺麟选集》,长春,吉林人民出版社,2005 年版,第 373 页。

③　〔英〕彼得斯:《道德发展与道德教育》,杭州,浙江教育出版社,2003 年版,第 63 页。

④　埃内斯托·奥托内:《全球化与教育改革:现代思想与公民意识》,《教育展望》1997 年第 2 期。

⑤　〔英〕麦克·F·D·扬:《知识与控制:教育社会学新探》,上海,华东师范大学出版社,2002 年版,第 18 页。

⑥　对此美国价值澄清学派的见解是有启发性的。价值澄清学派认为,面对社会日趋复杂、多变、多元化的情形,要把道德教育的重点从限制选择(采取一些措施、手段让青少年不接触或不知道我们认定的那些不好的东西)、强调说服(用各种方式说服青少年接受教育的某种认定和规范)、树立榜样(即根据教育认定的模式树立道德典范)转向以培养分(转下页)

象,把教育对象本身的发展作为目的,改善现有的思想政治教育方式,创造一种合乎国人生活现实的思想政治教育方法系统和操作程序,也是思想政治教育有效实施的前提之一。

第三节　重视自我教育的特殊意义

梁启超曾提出"自治"是培养新民德、进行道德教育和道德修养的重要方法。"自治"即"不依赖他人","故不待劝勉,不待逼迫,而能自治于规矩绳墨之间,若是者谓之自治"①。梁启超重视发挥自我教育在道德形成中的作用。同时,梁启超认为"自尊"是"自治"的开始。"自尊者,实使人进其品格之法门也","凡自尊者必自牧","愈自尊者愈自任,愈自任者愈自尊"②。自尊、自牧(自我修养)、自任等都是强调道德教育和道德修养应当靠"自我"向内心用力的思想倾向,这是对古人"致良知"道德修养方法的吸收,也是对发挥人的主观能动性积极意义的强调。赫尔巴特认为道德存在于个人意愿之中,"德育绝不是要发展某种外表的行为模式,而是要在学生心灵中培养起明智及其适宜的意愿来"③。赫尔巴特提出对外来主张的服从要经过自己的选择,使外来的东西成为自己的意志,达到内心的自由,即"有道德的人是命令着自己的"④。

学习与教育既有一定区别又有天然联系。教育中的学习是"凭借经验产生的、按教育目标进行的比较持久的行为变化"⑤。学习既是教育的本体或本原,也是教育的目和或归宿。无论就一个人的成长过程还是从人类社会发展历史说,无论从教育起源的最初意义还是从教育全部发展历史说,无论就一堂课还是从教育的全过程说,没有学习就不可能有教育。未来社会是一种终身学习的学习型社会,十六大报告中曾明确地把"形成全民学习、

(接上页)辨、选择道德价值的能力上,并认为其中有四个关键的因素:以生活为中心,包括与学生自己的生活有关的问题,也包括更为一般的生活问题,特别是使学生感到困惑和困难的问题;接受实然;要求进一步反省;培养个人的能力。即强调教给学生一些澄清自己价值的技巧和自我评价、自我指导的能力,并使他们把这种能力转化为行为。这一点确实值得注意引起,但这并不是说现代道德教育完全不需要限制、说服、榜样,更不是只教人以道德的技巧,而是要在注重帮助教育对象提高道德分辨、选择能力的基础上,去进行有效的"限制",说服和树立真正能引导良性道德生活的榜样。

①　梁启超:《新民说》,郑州,中州古籍出版社,1998 年版,第 113 页。
②　梁启超:《新民说》,郑州,中州古籍出版社,1998 年版,第 138~140 页。
③　〔德〕赫尔巴特:《普通教育学》,北京,人民教育出版社,1989 年版,第 39 页。
④　张焕庭:《西方资产阶级教育论著选》,北京,人民教育出版社,1964 年版,第 251 页。
⑤　邵瑞珍:《教育心理学:学与教原理》,上海,上海教育出版社,1983 年版,第 13~14 页。

终身学习的学习型社会"作为我国全面建设小康社会的目标之一。作为一种现代教育理念,学习化社会至少应包括学习和受教育的平等性、教育的全社会性、学习的终身性、学习的主体性等基本特征。学习化社会的现代教育理念给教育领域包括思想政治教育领域带来一场深刻的变革,传统的教育者和教育对象的关系正在发生新的变化,"教师的职责现在已经越来越少地传递知识,而越来越多地激励思考;除了他的正式职能以外,他将越来越多成为一位顾问,一位交换意见的参加者,一位帮助发现矛盾论点而不是拿出现成真理的人。他必须集中更多的时间和精力去从事那些有效果的和有创造性的活动:互相影响、讨论、激励、了解、鼓舞"①。这就要求进一步激发和发挥教育对象的主体性,增强个体自我教育和自我发展的能力。

理论界关于素质教育和主体性教育的大讨论说破了一个事实:不能用施教者的认知规律取代受教育者的认识规律,教育要改变对象本身,是改变内部而不是外部。而且,我们所要做的,全部要通过教育对象自身去最终完成。说破这样一个事实,触动了教育的灵魂和实质,也使教育者终于注意到了教育对象的主体性。思想政治教育始终要做人的工作,目标是争取让教育对象心服口服,优化思想政治品德结构,心动意动付诸行动②。而思想政治素质的改变是教育对象在思想政治教育活动作用下的外化—内化过程,离不开教育对象自身主体意识的开发和培养,更依赖于其自身主体能力的发展③。教育对象在思想政治教育活动中处于重要地位,教育对象所具备的自我教育的主动性、政治学习的积极性、发现问题的敏锐性、解决问题的创造性都在一定程度上决定着教育的有效性。了解和掌握思想政治教育对象的实际需要,明白并维护他们的切身利益,有助于实现人的发展,是思想政治教育成功的关键所在。

在思想政治教育过程和思想政治素质形成过程中,教育对象的自我教育体现在他们对于来自思想政治教育过程和非思想政治教育过程的教育信息处理、建构的主动姿态、能动作用、积极态度和支配地位。这两个过程(思想政治教育过程和思想政治素质形成过程)不能截然分开,是一种交叉关

---

① 联合国教科文组织国际发展委员会:《学会生存:世界的今天和明天》,北京,教育科学出版社,1996年版,第108页。

② 就伦理学而言,已经有学者指出道德与主体间的关系已经紧密到不可分离的程度,即"不但没有主体,便没有道德,而且即便有了主体,但如果主体并不敬仰和服膺道德,也同样没有道德。"参见夏伟东:《道德本质论》,北京,中国人民大学出版社,1991年版,第149页。

③ 苏霍姆林斯基指出:"人生的真谛确实在于认识自己,而且是正确地认识自己。自我教育正是从这里开始。"参见〔苏〕苏霍姆林斯基:《少年的教育和自我教育》,北京,北京出版社,1984年版,第235页。

系,当教育对象在非思想政治教育环境下形成自己的思想政治品德时,两个过程是分离的,当教育对象在思想政治教育环境下和思想政治教育过程中不断形成自己的思想政治品德时,两个过程是合一的。但是,无论在什么环境下,在教育对象思想政治素质形成过程中,教育对象本身总是以主体身份和面貌活动于环境中,是思想政治教育的自我教育主体。环境的先验性和开放性也早已赋予教育对象以个人特有的生活经验、情感旨趣、价值观念、思维方式和认知结构,在此意义上我们说他们是处于"前理解"①状态。

思想政治教育对象在"前理解"的水平上以已有的认知结构和水平来截取、筛选、吸收、加工、改造思想政治教育传递的教育信息,进一步顺应、同化、整合起来,使之成为对自身有用的东西,纳入认知本体,最终潜入意识领域,成为行动的习惯性意向和不自觉的无意识的价值趋向,并内化为自身的某种深刻而稳定的心理结构,外化为一种现实的心理以及个体意识和行为习惯。在此过程中,教育对象的接受绝不是被动的。教育对象对教育的内容和信息、形式和方法的认同,是教育对象愿意不愿意接受、能否自觉内化的最关键因素。如果内容和信息、形式和方法不是教育对象所需要的,得不到教育对象的认同,当然也就无法实现对教育内容的内化,外化也就更无从谈起,思想政治教育的价值也就实现不了。教育对象个体对思想政治教育内容、形式和方法的认同,是实现思想政治教育价值,尤其是实现本体价值的关键。这就要求思想政治教育者必须以教育对象的需要为出发点,以教育对象的认同为着眼点。

第四节　思想政治教育要有验证平台

人们理解思想品德要求和政治规范是从看得见、摸得着的实际生活开始的。透过生活逻辑的综合的性质,并且能够用其证之以生活,尤其应该能够证之以现实生活,思想政治教育才有对于人心及人生的意义。俄国十月革命胜利后列宁在全俄省、县国民教育局政治教育委员会工作会议上指出:"老式的宣传方法是讲解或举例说明什么是共产主义。但这种老式的宣传已毫无用处,因为我们需要在实践中说明应该如何建设社会主义。整个宣传工作应该建立在经济建设的政治经验之上。……现在我们主要的政治应当是:从事国家的经济建设,收获更多的粮食,开采更多的煤炭,解决更恰

---

① 人们常说"有一千个读者就有一千个哈姆雷特""有一千个读者就有一千个林妹妹",说的就是人具有"前理解"的特性。

当地利用这些粮食和煤炭的问题,消除饥荒,这就是我们的政治。正应当根据这些来安排整个鼓动工作和宣传工作。"①在面对抽象化、知识化的价值规范时,只有将其还原于生活和实践,在实践的逻辑、生活的背景中去加以理解,才能得到最好的理解和拓展,才能把学来的思想政治知识与自己的生活经验和感悟结合起来建立相互间的"融合点",实现对规范、规则的真正理解。

实践是思想政治教育的关键,"没有体验的道德知识是'概念的木乃伊'"②。实践的教化比简单的说教更为重要。从学校的角度来说,我国的学校历来有社会实践之类的活动,但是由于"缺乏一以贯之的教育理念,这些活动基本上处于半自发和零碎、分散的状态。学生从中受到何种锻炼和教益,是不清楚的"③。流于形式的实践教学安排直接截断了思想政治教育的体验环节。思想政治教育应该是伴随着教育者施教过程的教育对象自身的认识过程、体验过程、活动过程和体验过程。"品德教育是要学生通过他的实践和生活体验来学习的,是要影响一个学生行为的习惯、态度的这样一种教育。这样一种教育,就决定了它不是单纯的知识传授,而是诱导学生健全道德发展的教育。"④思想政治教育过程虽然必定伴随思想认识的进步、道德行为的表现,但更为牢固的基础和深层的核心在于人的情感态度系统的改变。

一个人接受思想政治的规范原则是在具体的社会情景中亲自体验到的,也就是说,一个人必须有一个强烈的个人动机去寻找这些规范和原则所要求或所规定的东西。价值观念形成的关键在于对此种观念的逻辑认识与情感认识的统一。"德育的接受和内化过程一般需要三方面的支撑:一是经验事实的比照性支撑;二是情感信念的导向性支撑;三是理论思想的逻辑性支撑。"⑤对已经接受的思想道德观念或信念,创造、给予并实现反复"表达"的机会、场合和条件,也具有重要的固化作用。这主要出于三个原因:其一,表达出来的东西一般是经过深思熟虑的,本身就是一个强化和固化的

① 《列宁选集》第4卷,北京,人民出版社,1995年版,第308~309页。
② 孙迎光:《占有化德育与生活化德育》,《道德与文明》2002年第2期。
③ 黄向阳:《德育原理》,上海,华东师范大学出版社,2000年版,第276~277页。在美国,当前非常流行的道德实践形式是服务学习,它基本上是把社区服务作为学习教育内容的一个手段。在集体生活中通过类似的公民实践活动,激活这些公民知识并使之转化成为一种参与技能。通过社区(社会)服务、实际生活中的关怀活动加以推动和落实,使公民道德通过体验教育扎根于生活,值得我们借鉴。
④ 廖申白:《更新观念、加强品德教育》,《思想政治课教学》2004年第5期。
⑤ 张澍军:《德育哲学引论》,北京,人民出版社,2002年版,第285页。

过程;其二,表达出来的东西又会受到舆论和社会评价的制约;其三,表达出来的东西特别是多次表达出来的东西,具有自我约束的意义。如果仅以刚性化的强制方式介入思想政治教育,缺乏对教育对象主体心灵与情感的关切,则哪怕这种教育有何等的善性,也难以得到教育对象主体情感的支撑,结果只能将价值理性与主体心灵武断割裂,知识教学只是在意识的表层一掠而过,并未触及心灵,并未激起主体的心灵共鸣。所以理性化的思想政治教育认知导向要转化为个体内在的心性价值信仰,除了要求思想政治教育的内容折射社会正义与公共理性外,思想政治教育的具体方式还要切中个体自由的心性价值世界。有必要通过诉诸各种超出理性的范围的方法而把理性化的价值规范植入人的心灵与性格之中,实现理性化思想政治教育资源供给向教育对象本身意义建构的转换,在蕴含着生活体验的教育情境中获得多样性的思想政治生活体验,充分调动价值感受的可能性,提升主体价值认识、探究、体验的能力。在一种被更广泛理解的活动的情境中形成更加理性的服从规则的方式。这意味着思想政治教育要借助生活本身寻求教育支撑和验证平台。

　　思想政治教育效果对于生活和事实具有依赖性。思想政治教育内容及效果的可验证性,以及向受教育者主动提供验证平台,是提升思想政治教育针对性和有效性的重要途径。正如罗尔斯所言:"我们的道德理解力随着我们在生活过程中经历一系列地位而不断提高。"[①]杜威认为:"社会生活不仅和沟通完全相同,而且一切沟通(因而也就是一切社会生活)都具有教育性……个人生存的特定的生活条件引导他看到和感觉到一件东西,而不是另一件东西;它引导他制定一定的计划以便和别人成功地共同行动;它强化某些信仰而弱化另一些信仰作为赢得他人赞同的一个条件。所以,生活条件在他身上逐渐产生某种行为系统,某种行动方向。"[②]毛泽东曾经明确反对思想教育"从本本出发"而提倡从生活出发。刘少奇也认为:"人民对共产党和人民政府的每项政策,都要经过自己的亲身体验,才能真正相信。所以在实施政策的时候,要向人民进行宣传解释工作,打通人民的思想,有时还要等待人民的觉悟。因此,不能性急,也不能提倡盲从。"[③]邓小平也曾经明确指出:"群众从事实上感到党和社会主义好,这样的理想纪律教育、共产主义思想教育和爱国主义教育,才会有效。"[④]一般来说,思想政治教育的有

① 〔美〕罗尔斯:《正义论》,北京,中国社会科学出版社,2000年版,第470页。
② 〔美〕杜威:《民主主义与教育》,北京,人民教育出版社,2001年版,第10~17页。
③ 《刘少奇选集》下卷,北京,人民出版社,1985年版,第174页。
④ 《邓小平文选》第3卷,北京,人民出版社,1993年版,第144~145页。

效性是以事实说服力为基础的。假如教育者的教育与教育对象的生活体验不一致,或者说经不起教育对象的生活验证,很容易引发教育对象对教育内容与意图的质疑,产生接受存疑和信任徘徊,难以获得真正的教育效果。思想政治教育者应该有意识地展现生活世界的真实性,向教育对象提供真理验证的平台,通过教育对象的生活与实践验证,巩固其认知,消除质疑,明确接受,使其认知提升为信仰确立,使其认知转化为践行自觉,使其认知提升为实践冲动。

第五节　明确思想政治教育学的发展方向

海德格尔在就任弗莱堡大学校长的演说中强调,一个大学及其学科必须具有"自我领导"能力:"当一个学院因扎根于它的科学的本质中而具有展开精神立法的能力,从而将那逼迫它的此在的力量塑造为民族的一种精神世界的时候,一个学院才成为学院。"他还将这一思想进一步引申到学院的专业上:"当一个专业一开始就将自己置于这个精神立法的领域,并由此打碎专业壁垒,克服肤浅的职业培训的陈腐和虚伪,一个专业才成为专业。"①可见,一个学科要真正获得这种自我领导的能力和自由思考的能力,首先必须获得精神上的独立。精神不独立,学科必然萎缩、退化。这种精神独立,首先体现在对理论问题的解决上,以理论的方式联系实际,加强逻辑证明的规范性和推论的有效性。30多年来,思想政治教育的学科体系已基本健全,学科发展和学科建设价值应体现在更多地关注问题,把问题留给自己,主动回答思想政治教育实践中的具体问题,在从理论上解决思想政治教育现实问题的过程中,提高理论的生命活力,提升学术含金量,树立学科威望,提出并逐步实现学科科学发展的基本方案,发挥教育理念与价值取向的引领价值。

在系统的思想政治教育理论未初见雏形时,思想政治工作无论正反两方面都做得极其成功;当我们系统总结党的思想政治教育优秀传统并创制思想政治教育学科后,思想政治教育实践却显得空前艰难。当思想政治教育学经过30多年的学科化和科学化的艰苦卓绝的学术努力,获得社会和学林的广泛承认之际(思想政治教育从理论到实践的成熟,是德育学第九届全国学术年会将德育学更名为"道德教育学"的一个重要原因),思想政治教

---

① 海德格尔:《德国大学的自我主张》,http://www.cnphenomenology.com/modules/article/view.article.php/997.

育学界却有专家提出修改学科名称的动议并展开正式讨论。思想政治教育从理论到实践的确都要观照现实的时代背景和社会发展态势，寻求一种现代学术的深度发展，以免理论建设滞后于社会经济形态转型，与社会主义市场经济建设的实践相脱节。

学科名称作为学科发展和成型后的专有概念和专门称谓，也应该能够让人循名责实、以名举实、以辞抒意，使人觉得它名实相符、实至名归。这是科学的学科称谓的最起码标准，也是学科发展历史演进的逻辑必然。哲人海德格尔认为："真正的科学'运动'是通过修正基本概念的方式发生的，这种修正或多或少是偏激的、并对运动本身不甚了了。一门科学在何种程度上能够承受其基本概念的危机，这一点规定着这门科学的水平。在科学发生这些内在危机的时候，实证探索的发问同问题所及的事情本身的关系发生动摇。当今，在各种不同学科中都有一种倾向警觉起来，要把研究工作移置到新基础之上……一门科学的所有老问题对象都以事情区域为其基础，而基本概念就是这一事情区域借以事先得到领悟（这一领悟引导着一切实证探索）的那些规定。所以，只有同样先行对事情区域本身做一番透彻研究，这些基本概念才能真正获得证明和'根据'。"[1]从发生学上对思想政治教育学这个名称予以考察，我们不难发现它是在思想政治工作一词成型后才得以于1984年创制成为同名学科的，先期已经在党校系统设了思想政治工作学专业，在军校系统设了军队政治工作学专业（1983年）。提出这个概念是从教育学和教育工作的视角来研究思想教育和政治教育，着眼于提高人的思想政治素质和人的思想品德形成规律，它着眼于教育，因而有别于仅仅研究如何更好地完成某一项特定任务的工作学。所以思想政治教育学更清晰、更准确地体现了尊重人、尊重规律、教育人、培养人、帮助人的旨趣和态度，也更侧重和突出教育领域一个新学科的科学建设和学科生长。

当然"思想政治工作"一词也有其独特的历史演进过程。它大体经过了如下的酝酿阶段：政治工作—思想工作—政治思想工作—思想政治工作。政治工作在党的初创时期是最重要、最起码的工作，"政治工作"一词含义明确、使用规范，得以迅速流行。但是它也有范围较窄、内容单一，难以全面表达党的宣传鼓动教育工作，不能体现政治工作其实主要就是思想上的教育意蕴的缺陷。所以又有了思想工作这一涵盖性稍强的补充概念，进而又合并组合成为"政治思想工作"一词。"政治思想工作"重点鲜明、中心突出、

---

① 〔德〕马丁·海德格尔：《存在与时间》，北京，生活·读书·新知三联书店，1987年版，第12~13页。

补充合理、组合到位,但也有其致命缺陷:它窄化了政治工作和思想工作的丰富内涵,内容涵盖性和功能涵盖性都有所收缩,违背了造词初衷。"思想政治工作"一词又得以诞生,可以说,"思想政治工作"一词基本上包揽无余,整合了思想工作和政治工作的全部内容,最终定型并通用至今,在社会上成为一个约定俗成、耳熟能详的概念和专有名词①。所以,思想政治教育学在学科化初始阶段直接截取"思想政治工作"一词的核心成分,在高等教育专业目录中命名为"思想政治教育学"是水到渠成之举。30多年来,思想政治教育学虽然获得社会和学林的普遍认可,但如今在大转型的社会面前,似乎又处于一种进退两难之境:它既要执着于为意识形态的呐喊提供振振有词的理论支撑,又要为促生新文化的大声疾呼从学理上引路导航。思想政治教育学的历史预制与现实选择以及它所面对的未来前景,都使它不得不做出决断,在此转型的关键时刻,合理地确定自己的历史方位和目标,以期找到它的真正再生之地。因此有了更改学科名称的动议和讨论。但是从思想政治教育的实践对象、实践方式、实践范围来看,思想政治教育的基本理论是马克思主义,核心内容是政治教育,目的在于提高人的思想政治素质,为建设有中国特色的社会主义服务,它的政治内涵和政治特征一贯而又明显。我们觉得都没有太大的变动,因此作为思想政治教育实践的理论思考和现象反映的思想政治教育学的名称也无须变更,但是我们必须更为严格地使用这个专有名词,明确思想政治教育本身的意象和价值意蕴,重新审视其内涵与外延,进行双向综合治理。

目前,思想政治教育的基本内容包括三大部分:马克思主义基本理论的教育,党的路线、方针、政策的教育,日常思想教育。至于教育系统的思想政治教育(又称大德育)基本上以思想教育、政治教育、道德教育为主,各级各类德育大纲规定的名目繁多的内容显得非常冗杂(含思想教育、政治教育、道德教育、心理健康教育和法制教育)。我们认为,很有必要对这些基本的教育内容作专门分析,属于思想政治教育基本任务的我们当然义不容辞要做好本职工作,对于不属于本职工作或大家习以为常、约定俗成划归思想政治教育(思想政治教育实际上做不好的工作)的,应尽快创造条件,待时机成熟将其让渡出去。与其求大求全、包打天下,费力不讨好,不如分途而进、分工互助,精而美地各负其责。思想政治教育应该明确自己的"主导技艺"(亚里士多德语)是什么,能够把主导技艺完成,把核心工作做好,思想政治

---

① 许启贤:《中国共产党思想政治教育史》,北京,中国人民大学出版社,1999年版,第517~522页。

教育才能富有实效,才有价值,才能发挥应有的社会影响力,思想政治教育学也才能赢得尊重和合法性。比如,针对日常思想教育工作,目前已经有社会工作师专业,可以鼓励其发展,使日常思想教育从思想政治工作中独立出去。企事业单位的政工师也应该实行专业化的注册考核。学校思想政治教育本身就比较复杂,教育内容的组合不甚科学,有相互竞争和抵牾之处。学校思想政治教育五大块内容相互间的可通约性较差,基本上都有独立的学科系统和知识背景做支撑。虽然作为知识来说它们是互补的,但是为了完成各自的教育目标,它们发动的教育方式却是竞争的、矛盾的。简单地说,思想教育是方向性教育,需要启发、引导与渗透;政治教育是规范性教育,需要灌输、主导和控制;道德教育是养成性自律教育,借重于个体的内省、觉解与践行;心理健康教育是自我意识和心理素质的调适性教育和咨询工作,常常采用暗示、宣泄联想和角色互换等方法;思想政治工作者大包大揽地从事这么多方面的业务,单从知识储备来讲就显得勉为其难。事实上,这般不堪重负地把精力分散到如此广的领域,客观上也会损害思想政治教育事业。我们完全可以将道德教育让渡给伦理学和道德教育学乃至道德社会学的研究者和工作者去从事,而心理健康教育本来就是由专业心理咨询工作者从事的(心理教育和心理咨询是典型的"玩弄"感情的专业性工作,其十八般武艺绝非轻易就能掌握。对于认知、情感、意志三种心理障碍,笔者以为思想政治工作者只能止于对认知障碍的调适)。唯有如此,思想政治教育才能轻装前进,向纵深发展,搞好自己的主业——马克思主义基本理论教育和政治教育以及大政方针的教育,从容地潜沉其中,提高教育质量和实效,真正成其为"生命线""中心环节"和"政治优势"。"舍己之田,耘人之田"的现状早晚要有所更张,有所不为才能有所为,必须有所取舍。

我们独此一家的学校思想政治教育之所以在世界范围内找不到对应物,就是因为现代国家的现代教育系统内的思想政治教育都已经完成了分化、细化和专业化(包括新加坡这样的新建国家)。道德教育、公民教育、心理健康教育、价值观教育、品格教育各负其责、各行其是、井井有条,很少有像我们这样一顶帽子下面捂着五大块内容的。要还原思想政治教育的本来面目,思想政治教育学就必须从理论论证上鼓励、支持思想政治教育的分化、细化、专业化、专职化。而且要结合社会生活世界,不能囿于学校范围内,唯其如此,才能更敏锐地把握社会的发展态势和脉络,更细致地把握教育对象的心灵世界图景。要从学理上深刻领会思想政治教育的本质。思想政治教育绝不仅仅是学校的思想政治教育,思想政治教育学是治党治国的学问,思想政治素质是最重要的素质,思想政治教育就是要从现实的社会正义出发,通过政治社会化的方式提升统治阶级和上升阶级的思想政治素质,培养高起点的人。这需要我们改变原有的强必然性、决定论的教育模式和思维习惯,要承认思想政治教育不是万能的(承认必要性、重要性和可能性之间的距离),在教育目的和教育结果之间存在着大量的或然性因素,承认人的思想政治素质的培养与发展是多因多果的,从政治的高度和力度,用思想的智慧、教育的情怀、艺术的手笔、文化的渗透做好思想政治工作。思想政治教育学面临着新的尤为艰巨的任务:它要为现代化和全球化双重交织,社会大转型和大发展齐头并进背景下的中国思想政治教育事实提供新的分析框架、思维方式、解释工具,来说明接踵而至的新问题、新事物、新现象,以昂扬的姿态论证现行政治统治的合法性和合理性,引导人民群众对党和政府的政治认同,扩大政治合法性的基础,维持政治统治,可见思想政治教育学未来的发展前景虽然艰难,却也潜藏着巨大的发展可能性:它必然要突破理论硬核,越出已有的学科圈层,与其他学科实现沟通和对接,再度探索实现其历史性的异质视域融合,在外引和传播的过程中实现内生和创造,生成中国作风、中国气派、中国特色的思想政治教育学。要想保证思想政治教育学独特的学科秉性和学术旨趣,要想在创造和发展的过程中彰显思想政治教育之真,追求思想政治教育之善,进而实现思想政治教育之美,就需要这一学科的研究共同体以职业的心态、专业的理性、学术的精神达成一种学术逻辑上的默契,作别理论研究的权宜性和随意性,少搞些空口白经、空花泡影似的青菜豆腐账,不再浅尝辄止、拼命地扩大外延,而做一种扎实的内涵式研究与创新开拓,登高鸟瞰、高屋建瓴,奠定宽广、坚实的学科基础知识体系,通过深入探讨思想政治教育本质、宗旨、功能、规律、特质等基本问题,让实践和社会真正理解思想政治教育的价值,通过一种打通、沟通式的共识性理论探讨,对古今中外的思想政治教育本质上的共通之处统一认识,赢取社会共同体的价值共识和支持,思想政治教育学才能深深扎根,发挥重要作用,改善目前教育什么反感什么的"无条件抗药性"尴尬而又严峻的思想政治教育生态,意识形态也才有可能因之不再漂浮,多元化的社会才有可能确立主导价值,由此彰显思想政治教育学的学科精神和学科价值。

　　针对目前思想政治教育实践和名称的混沌状态,思想政治教育学内容和形式的混沌状态,思想政治教育学的当务之急是确立学术逻辑,构建起自己的话语方式和体系,不至于出现陈述方式和内容以及宗旨的错位和断裂,以便发展思想政治教育学的分支学科,深入研究思想政治教育学中的某个独特问题,提出基本理论中没有或不可能详细研究的新观点,推动思想政治教育学的纵深发展,同时提升思想政治教育研究品质的专业性和严谨性,拒绝那些缺乏基本训练而又自认为是认为自己能对思想政治教育说三道四的人混入研究队伍。列宁说:"人的实践经过千百万次的重复,它在人的意识中以逻辑的格固定下来,这些格正是(而且只是)由于千百万次的重复,才有着先入之见的巩固性和公理的性质。"①学术逻辑是学术研究中表现出来的先验的"格"和"框架",其实是一种致思方式,具体表现为学科独有的学科标准、科学标准和价值标准,它保证人的学术思考具有确定性和不矛盾性,保证学术探究通向客观真理运动过程中的一致性。学术逻辑是使学术思考和理论活动具有一定程序和秩序的内在约束力量。通过学术逻辑对感性认识材料和实践经验的整理、过滤、筛选和甄别,才能把其中包含的真实性知识成分吸纳到既有知识体系和学术框架中来。学术逻辑凭借现有知识的力量可以检验假设的可靠性和真实性,排除臆测和附会,把新知旧识构造成系统、严密的知识体系进而推导理论发展前景和方向,坚定人们对学科理论前途的信心。

思想政治教育学科和理论发展的过程中,存在着学科理论沉闷和问题域的广大的问题,学理空疏、逻辑混乱、范畴缺失;定论少、争论多;概念多、范畴少;规律多、定理少,很多问题都有待探讨,学术研究难以引人入胜。循此笔者不禁猜想,思想政治教育学在卓有成效地稳固了自己的阵脚和队伍,打出学术旗幡,赢得学林共识之后,是否还要进一步构筑自己坚固的学术堡垒,增强理论质感和理智美感,迈向现代学术,获得学术界的尊重和敬畏。事实上思想政治教育学由于历史短,理论上不够发达,学科形态也欠成熟,有一段时期处境确实比较尴尬:文史哲的研究者蔑视它,教育学、法学、社会学的研究者漠视它,更不用说自然科学的研究者了,部分从业者的信心不足②。再加上学科理论建设过程中曾经大剂量地引用相关学科的知识,没有加以必要的逻辑洗练和理路甄别,因此基础理论中存在着比较严重的消化不良、理解不正,运用不当或运用不到位,囫囵吞枣、似懂非懂、半通不通、含糊不清的现象,妨碍学科的进一步发展和学术品位的提升。思想政治教育学学科理论发展面临着重大的转折时期,要通过确立学科自身的学术逻辑而生成为现代学术。十八大以来,党和国家高度重视马克思主义理论学科,明确意识形态责任制,从项目立项、职称评审、师资队伍建设、课堂教学指导各方面对马克思主义理论学科予以专项支持,思想政治教育学科整体

---

① 《列宁全集》第38卷,北京,人民出版社,1990年版,第233页。
② 参见孙蚌珠:《普通高校"两课"青年教师队伍状况分析》,《高校理论战线》2002年第12期;丁俊萍:《关于湖北地区高校"两课"教育教学实效性问题的调研报告》,《学校党建与思想教育》2003年第6期(上半月)。

实力明显提升,整体发展状态向上向好。

伊斯顿认为"任何社会科学的最初阶段显然是发现的阶段,并不过分关心阐述命题的严格态度或表达概念所含意义的确切程度"。在此阶段,"种种命题不可避免地作为真知灼见而不是作为说明研究的结果被提出来的"。然后,要进入"探究的阶段",在这探究的阶段,"要紧的事是要摸索出一条途径,来笼统地而不一定确切地发现那些重要的原理以及它们之间的关系,以达到真知灼见的地步"。因而这个阶段成其为"增加其可靠性的阶段"①。自1984年思想政治教育学得以创制以来,思想政治教育学先后启动并完成了两轮专业教材建设,"发现的阶段"已经基本上度过去了,"探究的阶段"从1997年设立首批三个博士点之后得以开始,由此学界探索思想政治教育学的基本范畴并加以论证,探讨思想政治教育的实现机制;令人信服地诠释思想政治教育的功能和价值;关注思想政治教育的载体、环境以及社会化过程并作系统地理论说明;论证思想政治教育作为"生命线""中心环节""政治优势"论断的科学性并使之深入人心,展开赋予思想政治教育"时代感""针对性""实效性"的开拓性、现代性、创新性、理论性的学术研究。通过这种"增加可靠性"的学术探究,可以为思想政治教育学理论工作者和研究共同体提供一份可以触摸的学术境界,一种可以贯通的学术精神,一种可以参考的学术逻辑,昂扬斗志,鼓舞学人士气,卓有成效地指导思想政治教育实践,以此来清扫社会和其他学科的偏见。凡此种种,都使思想政治教育学的概念群和原理体系更为科学、系统、严密、严谨;同时自觉地关注研究前瞻性的新问题、新形势并以此充实、扬弃原有体系;创新优良传统,总结新鲜经验,引入先进理念,拓宽服务领域,甘当新政策制度构建的理论先锋。如果说科学理论的发展一般要经过"准科学""前科学""常规科学""后科学"四阶段的话,那么目前思想政治教育学正稳健地从"准科学"向"前科学"奋进,至于进至"常规科学"阶段可能还需20年的时间,我们要满怀信心地报以"同情的理解""慢慢地着急"。

理论界有一句箴言:"只有一种观点的学术,是窒息了的学术;没有争鸣的学术,是趋于死亡的学术。"目前思想政治教育学界对于一系列重大的学术问题、理论问题,并不是没有不同意见和不同观点,问题是这些见解和观点还没有真正交锋。学者们著书撰文时往往是自说自话,即使是商榷,也是蜻蜓点水、搔不着痒处,无法深入,学术氛围不浓厚、不热烈,甚至于连以炒作、搞轰动效应冒充学术气氛等现象都没有(笔者绝没有欢迎这种不应该发

① 〔美〕戴维·伊斯顿:《政治体系》,北京,商务印书馆,1993年版,第42~45页。

生的现象的意思)。之所以如此,笔者认为一个关键的原因是没有形成有独到见解且自成体系的学派及领衔人物,还处于教科书集体汇编、统一定稿的粗放生产阶段,事实上,我们研究的对象纷繁复杂,研究者的知识水平不同、阅历不同、观察问题的角度不同,研究方法各异,理论上必然会形成不同的学术见解,加之学术本身就是一种"莽撞的冒险"(韦伯语),所以要在坚持学术研究正确方向的前提下,鼓动和支持学术界展开积极的"争论"和"争鸣"、讨论和辩论、批评和反批评,活跃学术研究气氛,刺激双方深入思考,这是促进理论创新的必要条件,也是学术界成熟的重要标志。思想政治教育学界寥若晨星的几本专业杂志不妨组织"学派论坛"和"学科论坛",精心地保护、扶植、培育学派,鼓励有真知灼见的学者创立学派,激励锐意进取的人才为之奉献才识,吸引更多的学人自觉融入其中,使学科发展后继有人。

　　学术界关于思想政治教育学科名称问题的小型讨论表明学术界对于思想政治教育认识的不确定性①。

　　思想政治教育学科成为独立的二级学科以后,要通过确立学科自身的学术逻辑而生成为现代学术。为此,一要继承前人的研究成果,努力综合运用多种研究方法。一方面综合运用比较的、历史的、社会学的、教育学的方法,另一方面运用精确的测定和实证的研究方法来描述思想政治教育现象。"研究方法不仅决定了社会科学提出怎样的问题,也决定了拒绝回答哪些问题。"②引进新的研究方法也许有助于我们解决部分难以解答的问题。二要提高思想政治教育学研究中学术论证的逻辑性和论据表达的真实性,这是学术研究和理论陈述中的关键问题,也是一个学科提升学术品位、巩固基本理论和学术观点的不二法门。追求知识的完整性,通过一定的逻辑体系将其表达出来,是每一门学科最基本的知识要求。思想政治教育学形成以来,作为人类知识系统的一个重要组成部分,其发展、变化也有其内在相对独立的逻辑规律。人类的意识形态、政治、教育、哲学、伦理、社会观念等相关领域的知识更新,审视和研究思想政治现象方法的改变,理解、评价思想政治教育实践概念框架的调整,客观上都会促进思想政治教育学知识的系统化、整体化和制度化。思想政治教育学知识走向体系化、整体化意味着要进行

---

　　①　参见黄钊:《关于思想政治教育学学科名称的思考》,《学校党建与思想教育》2002 年第 12
　　　　期(上半月);《关于思想政治教育学学科名称的再思考》,《学校党建与思想教育》2003 年
　　　　第 5 期(上半月);邱柏生、张怡:《思想政治教育新解》,《思想教育研究》2002 年第 9 期。
　　②　〔美〕J. 米格代尔:《农民、政治与革命:第三世界政治与社会变革的压力》,北京,中央编
　　　　译出版社,1996 年版,第 14 页。

长时间的、大量的、艰苦的知识积累工作①。三要进一步完善、分解基本范畴，逐步确定思想政治教育学范畴的内涵和外延，使范畴间的逻辑关联能够更准确地反映现实生活中各种思想政治教育现象之间的关系，深化基本原理研究。

作为"运用马克思主义理论与方法，专门研究人们思想品德形成、发展和思想政治教育规律，培养人们正确世界观、人生观、价值观的学科"②，思想政治教育学研究对象的复杂性、挑战性一点也没有降低；吸收知识、传播知识、创造知识的任务依然相当繁重；社会转型背景下的思想政治教育实践领域充满着创新性和不确定性，肩负如此重任的思想政治教育学科，置身于学科领域开放的大背景下，要在跨学科的交叉、协调与支撑中，继续实现学科的科学发展，必须怀有精神独立、自由思考的确定性追求，要有解决具体问题的勇气和信心。这对理论研究和学科建设提出了双重要求：一方面，要求理论工作者加强学术研究的创新与突破以及学术品性上的自我提升；另一方面，又要求学术研究为实践的变迁提供必要的支持，为实践主体提供新的理论参照系，剖析实践行为背后隐藏的误区，通过理论的渗透改变实践主体的思维方式，实现自我发展。思想政治教育要纯粹队伍、端正学术、纯粹学理，有赖于严格的学术逻辑把关，让一部分人知难而退，鼓舞一部分人知难而进，进一步巩固专业意识，尽可能地杜绝浮躁、肤浅、急功近利、粗制滥造现象，激励年轻的人才为之陶醉和欣慰，吸引更多的学人自觉加入其中，使学科发展后继有人。这些任务不可能由哪一个人单独完成，时不我待却又有赖众力，需要思想政治教育学研究共同体达成一种学术理性上的职业自觉，纵之以创新开拓之风、励之以宽容严谨之心、待之以求实科学之态而为之，坚持学术性与政治性、应用性与科学性、思想性和文化性的同张并举、共生共融，改善目前缺大家、缺精品、缺学派，优秀人才进不来、留不住的局面，达到一种引人入胜的理论境界。

---

① 毛泽东曾言："政治工作的研究有第一等的成绩，其经验之丰富，新创设之多而且好，全世界除了苏联就要算我们了，但缺点在于综合性和系统性的不足。"参见《毛泽东选集》第2卷，北京，人民出版社，1991年版，第554页。

② 国务院学位委员会学位[2005]64号：《关于调整增设马克思主义理论一级学科及所属二级学科的通知》。

第六章　优化和改进思想政治教育原理

思想政治教育学原理以其理论辐射面广、实践指导性强的鲜明特点成为支撑思想政治教育学科门户、维护学术尊严的核心课程，是展示学科思想魅力、体现理论价值的窗口，也是贯通思想政治教育史、思想政治教育方法论、比较思想政治教育学的理论"硬核"①。1980 年围绕"政治工作也是一门科学""思想政治工作应成为一门科学""思想政治工作是一门科学"等建议和论断展开的全国范围大讨论和广泛认可揭开了思想政治教育学原理研究的序幕。1984 年高校设立思想政治教育专业后，对思想政治教育学原理内涵、结构和体系从单一学科攻关过渡到跨学科研究，形成一系列原理教材，并在实践检验中不断修订完善，理论体系和话语体系日趋成熟，为思想政治教育学的专业发展、人才培养、学术研究和学科建设做出不可磨灭的历史性贡献。

随着时代的变迁、研究视角的转换、研究方法的转变、技术路线的转型、人员队伍的更替，理论和实践对思想政治教育研究的创新发展提出了新的更高的要求："思想政治教育正在研究什么？思想政治教育应该研究什么？思想政治教育怎样才能做好研究？"②思想政治教育学原理研究面临着"向何处去"和"如何突破"的抉择和追问：书本上（理论上）的原理和实践中的原理有什么区别，什么才是有说服力和解释力的思想政治教育原理，如何善待目前相对成熟的思想政治教育学原理体系和知识结构，如何进行基本原理的创新发展，如何把握各种学术设想、写作思路和创作计划体现出的不同方向和内在逻辑。新时代赋予思想政治教育学术发展新任务新使命新愿景，也提出了高远的理论期待和实践要求，这需要我们逐渐摆脱先验性思考

---

① 〔英〕伊姆雷·拉卡托斯：《科学研究纲领方法论》，上海，上海译文出版社，2005 年版，第58 页。

② 沈壮海：《思想政治教育研究的新 10 年：回顾与展望》，《马克思主义理论学科研究》2018年第 5 期。

和研究方式,从现实出发而不是从先验和想象出发,以鲜明的学科自觉、深刻的学科自省、强烈的学术担当,高度关注并研究真实、火热、劲道的中国思想政治教育事实和现象,积极构建新时代思想政治教育学原理体系。

第一节　思想政治教育学原理
创新的现实要求

马克思主义认为,原理、观念和范畴是一定时代社会关系的历史产物,具有时代性和暂时性。"人们按照自己的物质生产率建立相应的社会关系,正是这些人又按照自己的社会关系创造了相应的原理、观念和范畴。所以,这些观念、范畴也同它们所表现的关系一样,不是永恒的。它们是历史的、暂时的产物。"①刘建军认为现实的重大变化会影响到思想政治教育原理,要以变应变:"在现有原理及其理解不能合情合理地解释新的思想政治教育现象和趋势时,就有必要对原理及其理解做出相应的调整或修改。基本原理虽然是稳定的,但不是绝对稳定,更不是一成不变。认识到这一点,就要明白,与其被动地变,不如主动地变。"②沈壮海认为新的社会历史条件"提出了构建新形态的《思想政治教育学原理》的新要求"③,"思想政治教育学原理创新要在已有的基础上通过'古木新花'的形式打造升级版"④。余玉花、张萍萍主张"审视思想政治教育学原理体系的建构是否合理? 检视体系建构的根据是否发生了变化? 查验体系内部各部分之间的关系是否具有逻辑性?"⑤李基礼认为思想政治教育学原理"出现了某种程度的认同危机"⑥,陷入了深沉的知识困境和思想焦虑。邱柏生、董雅华对此展开了前所未有的自我批评:"研究领域已基本固化,结构没有多大变化,仅仅是内涵上做少许补充,对一些新问题和新的社会精神现象缺乏研究,或者即便有相关研究也缺乏解释力和现实针对性。"⑦思想政治教育学原理的学理基础和基本内容要随着时代的发展不断调整,不能明显地落后于新时代,要赶上新

① 《马克思恩格斯选集》第 1 卷,北京,人民出版社,1995 年版,第 142 页。

② 刘建军:《思想政治教育学原理建构中哲学思维的运用》,《思想教育研究》2012 年第 4 期。

③ 沈壮海:《构建新形态的〈思想政治教育学原理〉》,《学校党建与思想教育》2010 年第 25 期。

④ 沈晔:《思想政治教育学原理体系创新论坛〈思想理论教育〉杂志创刊 30 周年论坛综述》,《思想理论教育》2016 年第 3 期。

⑤ 余玉花、张萍萍:《思想政治教育学原理创新方法探讨》,《思想理论教育》2016 年第 7 期。

⑥ 李基礼:《思想政治教育学的实践发生学考察》,《学校党建与思想教育》2010 年第 12 期。

⑦ 邱柏生、董雅华:《思想政治教育学科理论研究:评价与展望》,《思想理论教育》2014 年第 2 期。

时代、投身新时代。

思想政治教育学原理体系创新不局限于教材体系创新却首先集中体现在对教材的高度关注上。1986 年陆庆壬主编的《思想政治教育学原理》建立了比较完整的学科理论体系,明确了构建思想政治教育学原理的四个基本要素:研究对象、理论基础、学科特点和规律,经 1992 年、1998 年修订后教材内容体系发生较大变化,开始出现多方向的分类研究趋势。通观 30 多年来各种版本的思想政治教育学原理教材和专著,或者围绕"目标、功能、任务、理论基础、基本内容、基本规律、环境、载体",或者围绕"发展论、本质论、目的论、主导论、结构论、主体论、环境论、过程论、方法论、载体论、管理论"等范畴建构体系,框架设计、结构安排、内容组合基本上形成定式①。近 10年来学术界结合新领域的理论探索对如何编写或改写原理教材提出了若干新思路。

目前的思想政治教育学原理体系是一种平面式、概论式的叙述和铺陈,面面俱到、细密周全而精深提炼不足,对于思想政治教育实践活动的基本理论和主要原理本质意义上的解读不深不透。经过 30 多年的学科建设和专业发展,新时代的思想政治教育学科建设进入了新的发展阶段,对此,学术界的认识和意见比较一致,只是表述和细节上有些差别,主要观点包括存量提升期(冯刚)、理性发展阶段(沈壮海)、稳定化和再理论化实践归化阶段(宇文利)、学术攻坚阶段(李艳)、系统化阶段(王学俭)。这意味着学界普遍认为思想政治教育学科步入了通过理论反思增加概念可靠性和命题真实性的探究阶段,要确切地发现基本原理以及原理之间的关系,使之成为真知灼见。

第二节　思想政治教育学原理
体系的主要问题

如何进一步创新发展思想政治教育学原理,优化理论体系,实现科学化发展,提高理论可靠性和命题真实性等问题引发高度关注,从学科创始人到中生代乃至新生代学者以极大的理论热忱和学术激情发表了系列意见和建议。

第一,教材缺乏学科特色和专业内涵。思想政治教育学经过 30 多年的

①　参见陈万柏、张耀灿:《思想政治教育学原理》,北京,高等教育出版社,2007 年版;张耀灿、郑永廷、刘书林等:《现代思想政治教育学》,北京,人民出版社,2001 年版。

专业发展和学科建设,形成了本学科的学术论域、学术话语和教材体系。荆兆勋认为教材内容缺乏学科特色和专业内涵,"教材通篇都给人一种似曾相识的感觉,很少有什么全新的概念,大多都是各门学科知识按照思想政治教育体系的要求重新组合而成的'大拼盘'而已"[①]。郑永廷、郭海龙认为有些思想政治教育学原理教材"缺乏理论的系统性与深度;前面所阐述的思想政治教育基础理论研究成果存在多样化表述问题;不能从理论上回答为什么思想政治教育具有必然性与普遍性问题;难以为人们提供解决当前所面临现实问题的理论"[②]。高峰认为全球化时代的思想政治教育学原理研究要观照横向联系诠释普遍性,要触及纵向发展揭示规律性,要拓展学科范畴增强系统性[③]。张澍军认为"以'中国现代实际'替代'人类社会普遍存在'而概括提升出来的思想政治教育原理,显然会有以偏概全之嫌。即使是试图提炼总结出具有世界普遍解释力的思想政治教育原理,也力不从心"[④]。随着学科建设和人才培养体系的逐步完善,思想政治教育学原理体系点上和面上的板块性和结构性话题已经被一系列博士论文和专著以一种"片面深刻"的形式予以精细阐发,在某种意义上既有的原理体系和架构基本上被架空了,导致"基本理论和基本观点始终不能形成一个稳定的形象"[⑤]。思想政治教育学原理中的概念和教育学、道德教育学原理中的概念拉不开明显的距离,没有基于自身经验构建起来的独特概念,使用其他学科的概念范畴和理论范式来描述中国共产党的思想政治教育实践略显别扭,也容易产生误导。

第二,教育学底色和范式较重。邱柏生、沈壮海、金林南、吴宏政、杨增崇认为思想政治教育学原理具有较强的教育学底色,在编撰体例上秉承教育学原理和道德教育原理的框架和理路,基本格局变化不大,各种名目的教育学概念和内容在思想政治教育学原理中曾先后登场,理论表述较为浅显。教育学界对于自身的理论发展水平也充满困惑和期待:布列钦卡认为"在世界范围内,教育学文献普遍缺乏明晰性。与其他大多数学科相比,教育学被模糊的概念以及不准确和内容空泛的假设或论点充斥着"[⑥]。陈桂生感

①　荆兆勋:《思想政治教育的学科定位及建设思路研究》,济南,山东人民出版社,2011年版,第53页。

②　郑永廷、郭海龙:《思想政治教育学原理的体系建构与深化研究》,《思想教育研究》2016年第5期。

③　高峰:《全球化时代的思想政治教育学原理研究》,《思想理论教育》2010年第7期。

④　张澍军:《试论思想政治教育学科前沿的若干重大问题》,《马克思主义研究》2011年第1期。

⑤　刘书林:《思想政治教育学原理专题研究纲要》,北京,人民出版社,2018年版,第189页。

⑥　〔德〕沃尔夫冈·布列钦卡:《教育科学的基本概念》,上海,华东师范大学出版社,2001年版,前言。

谓"教育学的迷惘与迷惘的教育学"及其个人反思至今不绝于耳,更有"教育学的坏理论"系列批评①。尽管如此,戴锐、韩聪颖仍认为目前还不能切断思想政治教育学原理与教育学之间的联系,要掌握教育学的精髓,加强吸收转化能力:"教育学不应成为思想政治教育学的'原罪',管理学、宣传学等也不是。教育学范式尽管在很多研究者那里受到了批评,但无论它在学科发展历史上的重要贡献(在一定意义上,也是凯洛夫体系的贡献),还是思想政治教育的以'教育'的形式进行政治行动的属性,都决定了它与教育学有着不可分割的联系。"②教育学理论的浅近和话题的丰富性在一定时期内仍然会对思想政治教育学研究具有较大的参考性。

第三,概念逻辑略显混乱。思想政治教育学原理在宏观、中观、微观三个层次上的概念使用是混乱的。刘建军认为"原理体系中有时把不同层次的逻辑关系搅在一起。这往往与'思想政治教育'概念的广义与狭义搅在一起有关。在原理教材中,广义狭义同时并存,而且甚至还有更广义、更狭义等多种层次。它们在原理中的同时并存有时会是不可避免,但是它们之间应该有规范的逻辑和语言上的过渡和转换,而不能在不同层次间随意转换"③。祖嘉合认为"由于概念的混乱,使思想政治教育学科的发展难求专业精深,也使思想政治教育学科建设难以获得实质性的进展。思想政治教育学科术语的随意使用、随意替换和有意无意地混用倾向,正在危害着学术的严谨性和严肃性"④。张澍军认为思想政治教育学原理体系的诸多矛盾如学科边界不够明晰、学科研究对象的历史局限造成了理论层次、学科内容规范、运动形式不够明晰等外生矛盾,根本原因在于"理论史的逻辑秩序走了相反的路,就是先有了'现代中国思想政治教育原理',而后我们才去创建它的元理论"⑤。张耀灿认为应从理论体系的结构和理论观点的解释力两大方面重新审视思想政治教育原理⑥,郑永廷结合思想政治教育学原理基点的变化提出要深化对思想政治教育本体论、本源论、结构论、发展论和重大现实问题的研究⑦。如何处理理论体系中的概念和逻辑序列问题,学术

①　杨开城:《教育学的坏理论研究之四:教育学的理论品性》,《现代远程教育研究》2014年第4期。

②　戴锐、韩聪颖:《面向行动的思想政治教育学原理体系擘划》,《思想理论教育》2017年第2期。

③　刘建军:《思想政治教育学原理建构中哲学思维的运用》,《思想教育研究》2012年第4期。

④　祖嘉合:《思想政治教育学科发展中存在问题的思考》,《思想政治教育研究》2011年第1期。

⑤　张澍军:《试论思想政治教育学科前沿的若干重大问题》,《马克思主义研究》2011年第1期。

⑥　张耀灿:《对"思想政治教育原理"的重新审视》,《学校党建与思想教育》2011年第10期。

⑦　郑永廷、郭海龙:《思想政治教育学原理的体系建构与深化研究》,《思想教育研究》2016年第5期。

界目前尚未给出明确的解决方案。

第四,新概念层出不穷。近10年来思想政治教育原理的研究著作涉及的概念包括"本质、有效性、主导性、主体间性、元问题、人学、载体、发生、范畴、价值、生态、和谐、环节、功能、经验、合力、内容结构、社会整合、系统、效益、政策环境、情景、课程、过程矛盾和规律、精神资源、公众参与、学科发展(建设)、交往、沟通、话语、现代转型、创新动力、道德矢量等诸多方面"①,出现了不少新概念新范畴。殊不知"思想政治教育学基本范畴的体系,并不等于思想政治教育学原理的体系。构建思想政治教育基本范畴体系对于构建思想政治教育学原理体系究竟具有何种作用和意义,还有待于进一步研究和确证"②。随着招生规模的迅速扩张和科研队伍的不断增长,可以预见新概念会随着学科间的理论旅行和理论移植变得越来越多。之所以会产生很多新概念或者玄而又玄的概念,不是因为概念不足或者不够用,而是因为对思想政治教育问题理解不足,对思想政治教育事实和事理分析不透造成的:"只有当我们提出了清晰的、专门化的问题并把相关问题同时解决时我们才能获得知识。"③提出一个概念尤其是新概念的目的是为了对发现的问题进行更加深刻的研究,提出概念和解决问题的过程也是思想政治教育学科基本理念主题化和概念化的过程,"一门学科像它的那些概念一样强劲有力"④,思想政治教育概念应该能够穿透问题进而直指人心,让人一下子就能领会到本学科的对象、内容、实践领域和实践方式。如何从完整、准确的"思想政治教育概念"出发,从规范思想政治教育各种概念的具体内涵指向出发,梳理基本概念间的层次结构和逻辑关系,加强思想政治教育学核心范畴体系和话语体系的建设,巩固概念基础,建构全面、合理、简洁的学科概念基础显得愈发重要。

第三节　思想政治教育学原理
体系的创新思路

思想政治教育学科建设和专业发展是几代学者孜孜以求、锲而不舍的

---

①　沈壮海、金瑶:《思想政治教育研究的新10年:回顾与展望》,《马克思主义理论学科研究》2018年第5期。

②　刘建军:《思想政治教育学原理建构中哲学思维的运用》,《思想教育研究》2012年第4期。

③　〔德〕沃尔夫冈·布列钦卡:《教育知识的哲学》,上海,华东师范大学出版社,2006年版,第20页。

④　〔美〕戴维·伊斯顿:《政治体系》,北京,商务印书馆,1993年版,第43页。

心血结晶和智力成果。如果能够主动了解"那一代人是如何奋斗,当时相伴而行的同事又是何人"①,就不难理解"现有的经验是难能可贵的,它是我们几代人花费心血、辛勤耕耘来的。它是我们进一步前行的导向,我们应该珍惜它、重视它、利用它,并在未来的发展中丰富它、完善它"②,也就不会误以为思想政治教育理论是"一种在思维世界中独自空转的概念范畴综合体"③。我们应该积极总结学科的创建者、学科史的书写者和见证者所积累的宝贵经验。邱柏生认为在优化思想政治教育学原理的过程中要进行学理判别:"第一,我们原先建构这一体系的逻辑思路是什么? 第二,我们如果要变更这种体系,新的逻辑思路又是什么?"④思想政治教育研究应将基础研究和动态研究相结合,服务需求,深度分析;将综合研究与专题研究相结合,点面结合,突出重点,提高思想政治教育研究的针对性、可操作性和前瞻性,通过学术研究和学术贡献维护学科尊严,促进学科发展。

党的十八大以来,思想政治教育进入了"新时代",出现了一些新变化,百年未有之大变局蕴含的不确定性因素急剧:教育对象多元,育人主体多元、育人方式方法多样、育人场域多变。变化发展的实践对思想政治教育基础理论创新提出新的需求,这种需求为学科创新发展提供了持续的动力;人们对于学科深化发展的意识逐渐增强,客观上推动了思想政治教育学科的持续发展。

第一,深化既有原理体系。邱柏生认为早期的思想政治教育学原理教材"在没有大量的专门研究文献和相关教材为基础铺垫的条件下,直接称为'思想政治教育学'的'原理'显然有些放胆了"⑤。他主张借用拉卡托斯的"科学研究纲领",建议通过理论硬核、中层理论和表层理论三种理论形态建构结构完整、形态丰满的思想政治教育学原理体系。余双好认为通过一大批专题研究和博士论文对思想政治教育系统和结构的深入探讨,实现了"从依附性发展向自主发展、从依托式发展向独立发展的转变"⑥。陈秉公认为应通过研究和解决思想政治教育理论的八个具体课题实现学科基本理论的再系统化⑦。孙其昂认为要推进思想政治教育学原理的第三次科学化,"形

---

① 刘书林:《思想政治教育学原理专题研究纲要》,北京,人民出版社,2018年版,第317页。
② 荆兆勋:《思想政治教育的学科定位及建设思路研究》,济南,山东人民出版社,2011年版,第188页。
③ 任志锋:《论思想政治教育理论的逻辑向度》,《马克思主义理论学科研究》2019年第2期。
④ 邱柏生:《思想政治教育学原理体系优化的学理抉择》,《思想理论教育》2016年第4期。
⑤ 邱柏生、董雅华:《思想政治教育学新论》,上海,复旦大学出版社,2012年版,第2页。
⑥ 余双好:《关于思想政治教育学科发展的战略思考》,《学校党建与思想教育》2014年第23期。
⑦ 陈秉公:《论思想政治教育学科基本理论的再系统化》,《思想理论教育导刊》2006年第8期。

成展现思想政治教育专业特征和思想政治教育学原理成熟形态的知识体系①,张耀灿认为思想政治教育原理的理论体系要创新发展思路,加强元理论体系研究,深化思想政治教育学理论基础,转向人学研究范式,全面落实学科研究对象,拓展和深化对于思想政治教育本质、核心内容和基本方法的认识和研究,发展核心概念,优化基本范畴②。思想政治教育学不能再热衷于对一些新概念、新话语的简单演绎,应从思想方法和思维范式的突破着手,自觉建构理论结构、研究方法与实践模式。

第二,宏微并进构建新形态的原理体系。创新发展思想政治教育学原理不仅体现为理论平台、概念内涵、研究范式的调整,也体现为理论视野和理论形态的差别,有"宏观教育事业现象"和"微观教育活动现象"之分。沈壮海认为目前的思想政治教育学原理"多是在微观的视野中观察、思考思想政治教育的理论与实践,聚焦于探索人的思想政治素质发展变化及其教育引导的规律,并以此为轴心展开对思想政治教育本质、意义、要素、过程、规律、环境等问题的理论探索"。他主张以"宏观视野、原理定位、时代特色、中国属性、教学逻辑、创新思维"③为原则构建宏观思想政治教育学。何志敏、卢黎歌建议直接把高校思想政治教育学划分为《宏观思想政治教育学》和《微观思想政治教育学》,并对二者的研究对象进行了比较研究④。刘亚军认为应运用马克思的总体性思想方法,加强宏观思想政治教育学研究,改进微观思想政治教育学研究⑤,刘建军认为在原理体系创新的过程中"要坚持问题导向、内容为王的原则,积极进行宏观构想的创新和微观领域的充实"⑥。王军认为建设宏观思想政治教育学的倡议获得了局部共识,应着眼于如舆论导向等宏观实践领域,提升理论自觉⑦。杨晓慧认为要加强思想政治教育宏观内涵和微观内涵的综合性研究⑧,黄蓉生认为思想政治教育

① 孙其昂:《关于"思想政治教育学原理"第三次科学化的思考》,《思想教育研究》2015 年第 7 期。

② 张耀灿:《对"思想政治教育原理"的重新审视》,《学校党建与思想教育》2011 年第 10 期。

③ 沈壮海:《宏观思想政治教育学初论》,《思想理论教育导刊》2011 年第 11 期。

④ 何志敏、卢黎歌:《建立"宏观思想政治教育学"与"微观思想政治教育学"的思考》,《思想教育研究》2011 年第 1 期。

⑤ 刘亚军:《论宏微并进的思想政治教育学研究:以马克思总体性思想为视域》,《湖北社会科学》2014 年第 2 期。

⑥ 沈晔:《思想政治教育学原理体系创新论坛〈思想理论教育〉杂志创刊 30 周年论坛综述》,《思想理论教育》2016 年第 3 期。

⑦ 王军:《推进宏观思想政治教育学建设的几点思考》,《湖北社会科学》2018 年第 5 期。

⑧ 杨晓慧:《对深化思想政治教育学科建设的几点思考》,《思想政治教育研究》2014 年第 1 期。

学科创新发展过程中要处理好理论研究中的宏观与微观取向问题,揭示思想政治教育的规律性,增强思想政治教育的学理性,协同创新,宏微并进,完善思想政治教育学科理论体系①。闫永新、陈志超认为宏观思想政治教育学是思想政治教育学科基本理论体系题中应有之义,"没有必要再剥离一种微观思想政治教育学与之相对应,以彰显自己的科学原理"②。宏观思想政治教育学研究虽然引起较大的注意,但处于起步探索阶段,基本定位和具体内容尚未达成一致,系统的教材尚未出版,刻意营造宏观和微观泾渭分明的两种类型思想政治教育学容易导致理论研究的自我固化和碎片化,不利于进一步深化学科基础理论。

第三,加强哲学思维指导。思想政治教育学原理体系的创立和发展,离不开运用哲学思维对思想政治教育实践和运行规则的抽象和凝练。孙其昂认为要通过强大的哲学思维"改造思想政治教育学原理,重构思想政治教育学原理'知识框架',力争建构理想形态的思想政治教育学原理"③。刘建军认为思想政治教育学原理接受哲学思维之火的煅烧存在着哲学运用不足和运用过度两方面的问题:哲学思维运用不足导致思想政治教育学原理的概念使用、命题阐发、原理构建在理论定位、逻辑关系、层次分别方面缺乏严密、自洽、持续的逻辑性。哲学思维运用过度又容易在概念套用中自我循环成了新的经院哲学,脱离思想政治教育本身的实践和需要,不仅没有澄清思想政治教育原理建构中的问题反而制造了许多麻烦④。他建议通过建立思想政治教育哲学迁移抽象争论,就思想政治教育本身来研究和阐述问题,展示思想政治教育自身的内在丰富性,简洁稳定地表述思想政治教育的基本道理。刘书林认为要在辩证法的统领下把握好科学性和时效性的关系、包容多样和思想斗争的关系、创新发展和坚持根本的关系、坚持民族文化和文化的世界认同的关系、批判错误思潮和健全思想政治教育学体系的关系、坚持正确导向与更新方法的关系,结合社会实践和社会实际,打开研究新局面,进一步改进、完善理论体系⑤。

第四,加强应用思想政治教育研究。戴锐、韩聪颖针对思想政治教育专

---

① 黄蓉生:《加强高校思想政治工作的学科创新发展思考》,《理论与评论》2018 年第 1 期。
② 张耀灿、钱广荣:《思想政治教育学科范式简论》,芜湖,安徽师范大学出版社,2018 年版,第 75 页。
③ 孙其昂:《关于"思想政治教育学原理"第三次科学化的思考》,《思想教育研究》2015 年第 7 期。
④ 刘建军:《思想政治教育学原理建构中哲学思维的运用》,《思想教育研究》2012 年第 4 期。
⑤ 刘书林:《思想政治教育学原理专题研究纲要》,北京,人民出版社,2018 年版,第 189～218 页。

业学生本科毕业后既不知道思想政治教育是什么、思想政治教育实践能力又不足等现实问题,提出以行动和实践性知识为中心,以思想政治教育原论、思想政治教育史论、思想政治教育者论、思想政治教育对象论、思想政治教育内容论、思想政治教育行动原理论、思想政治教育行动过程论、思想政治教育条件论为基本结构建立新的原理体系。戴锐强调仍然要以教育学为理论资源,充分吸收相关学科中的行动相关性理论,发展"思想政治教育实践学"抑或"思想政治教育行动原理"①。高德胜等人认为应发展应用思想政治教育,围绕"针对谁""教什么"与"如何教"三大问题,"坚持以问题为切入点,由理论转向实务,由泛化说教转向为切实解决社会中出现的小问题、具体问题、特殊群体问题,真正在实践中实现思想政治教育学的当代转向"②。李艳认为着眼于应用并从学理方面凸显实践理性是近年来思想政治教育研究的重大成绩,"在我们对社会文化历史的宏观视域中置入一个内在的、微观的、动态的、效用的、生活的大众层面,形成一种旨在中国特色社会主义的内在价值主导的应用于日常思想政治工作的方略"③。她认为应用思想政治教育通过解决意识形态的顶层设计与大众共识的形成问题,有助于实现学科发展,解决实际问题,增强说服力、影响力、生命力及战斗力。

第五,立足自身实践发现和提炼思想政治教育学原理。思想政治教育是面向现实以传播和应用意识形态为导向解决政治认同和价值认同问题的实践活动,面对深刻的理论教育教学问题和复杂的宣传教育问题,学科发展有其独特的理论逻辑和实践逻辑,它来源于实践又服务于现实,学科发展的水平也在于能否完成时代所提出的实践要求、经受住事实的考验:"学术研究来源于事实、植于事实、服务于事实,最终又接受事实的检验。判断一项学术研究的价值,不在于它依据了多少书本,而在于它依据了多少事实;衡量一项学术成果的水平,不在于它引用了多少文章,而在于它是否符合事实。离开事实,既无所谓理论、更无所谓创新。"④由于理论与实践的长期疏离,思想政治教育研究中弥漫着一种远离事实、脱离实践、凭空想象、自我推理、迷信演绎、奇求逻辑的形而上的研究风气,在一定程度上淡忘了学科体系之外的现实世界,忽略了学科建设的初心、目的和实质性追求,致使知识

① 戴锐、韩聪颖:《面向行动的思想政治教育学原理体系擘划》,《思想理论教育》2017 年第 2 期。

② 高德胜、王瑶、张耀灿:《思想政治教育学的当代转向:应用思想政治教育的内涵与特征》,《思想教育研究》2018 年第 5 期。

③ 李艳:《应用思想政治教育研究的内在规定及学理特征》,《东北师大学报(哲学社会科学版)》2018 年第 1 期。

④ 钱乘旦:《学术研究须植根于事实》,《光明日报》2018 年 4 月 16 日。

生产环境和生产路径的平面化、形式化、单一化和零散化,也导致这套思想政治教育学原理在实践过程中大多数都用不上,阻碍了新时代重建思想政治教育学原理的想象力和生命力。

思想政治教育原理的构建是以实践为激发,并以此为现实基础,以抽象的方式表达学科的新发展和时代的新要求,把现实问题转化为理论问题,升华为概念范畴,通过概念和理论更好地指导现实运动。新时代思想政治教育研究对于理论主题、概念共识、学科架构、话语体系、运行规律、政策体系、研究方法、质量评价等议题通过从理论到实践的双向建构与反哺,系统深入分析事实和问题,做事实和问题的提供者、发现者、加工者、提炼者,钻研问题、吃透事实,贴近思想政治教育现象本身,不断走进教育现场,在新时代精神文化氛围中增强实践意识和解决实际问题的能力,坚持全球视野与中国意识、研究主题上坚持主流集中与深化分支、研究方法上坚持规范分析与具体论证,为思想政治教育学原理的创新发展形成更辽阔的共识空间和话语平台。

始终如一地高度重视思想政治教育,卓有成效、全面系统地开展思想政治工作,是中国共产党的优良传统,也是中国共产党的独特优势。中国共产党一百多年思想政治教育的基本经验表现为:认清基本国情和教育对象,发挥思想政治教育的能动作用;坚持以人为本和围绕中心,实现思想政治教育自身价值;健全组织机构和规章制度,完善思想政治教育保障机制;创新教育内容和方式方法,加强思想政治教育的实际效果;坚持以身作则和言传身教,实现思想政治教育育人功能。应进一步加强制度分析和政策研究,对于党长期以来逐步形成的健全而完善的思想政治工作体制、工作体系、组织网络、规章制度、人员队伍以及对政工人员的定期培养和合理使用等具体内容加强研究。这对于我们进一步深入分析思想政治工作面临的新形势新情况,明确新时代思想政治工作的主要职责和任务,在新的历史条件下开创思想政治工作新局面,更好地发挥思想政治工作优势,为激励全党全国各族人民奋勇前进提供强大的精神力量,都具有十分重要的意义。

习近平总书记关于思想政治教育的重要论述既肯定了思想政治教育的成绩经验,又指出了问题缺陷;既聚焦于新时代思想政治教育改革发展中的重要问题和顶层设计,又对各方面、各领域、各环节的具体内容作出重要指导。思想政治教育焕发新的生机活力:在育人机制方面,形成了三全育人、协同育人、合力育人的大思政格局;在质量评价方面,规划系统育人体系,提高思想政治教育的科学性和实效性;在课程定位方面,推动思想政治理论课深化改革,构建大中小思想政治教育一体化体系,思政课程和课程思政相结合,把思想政治工作体系贯穿在学科体系、教学体系、教材体系和管理体系中,构建家庭、学校、政府和社会通力合作体系,思想政治教育的创新发展更富成效。党政军民学,东西南北中,党是领导一切的。党的十九大报告旗帜鲜明地指出:"中国特色社会主义最本质的特征是中国共产党领导,中国特色社会主义制度的最大优势是中国共产党领导,党是最高政治领导力量。"[1]学习贯彻习近平总书记新时代中国特色社会主义思想是当前和今后一个时期全党的重大政治任务,深入领会这一思想独特的理论品格和强大的号召力感染力,学懂弄通这一思想所彰显的中国共产党坚定的理想信念、真挚的人民情怀、高度的自觉自信、鲜明的问题意识、无私无畏的担当精神和价值追求。所以,坚持党的领导是当代中国的最高政治原则,是实现中华民族伟大复兴中国梦的关键所在。正是在中国共产党坚强有力的领导下,中华民族从一盘散沙实现了国家独立、建设现代工业化国家、人民走上了社会主义道路。

中国共产党自成立以来,在思想政治工作方面创造并提出了一系列符合中国实际的教育理论、基本原则和工作方法,切实有力地保证了党在不同历史时期顺利完成各项工作。具体系统地研究和总结中国共产党一百多年来的思想政治教育优良传统和经验教训,对于进一步把握思想政治教育的历史规律,加强和改进思想政治工作,具有极为重要的意义和价值。各个历史时期党是怎样把人民群众的思想觉悟提高到马克思主义基本原理和党的理论、纲领、路线、方针、政策所要求的水平上来的? 在解决思想政治教育基本矛盾的过程中,不同的历史条件和社会因素对人们的思想觉悟有什么样的影响? 思想政治教育如何推动党的事业健康发展、促进人的彻底解放和全面发展? 哪些经验更能反映思想政治教育的客观规律,为新时期新阶段思想政治工作提供借鉴? 置身历史语境和历史环节,通过对中国共产党思想政治教育理论与实践的综合性和系统性研究,捕捉理论和实践中的核心问题,探询这些重要问题是如何出现和如何得以解决的,解决问题的老办法能否启发新思路。通过历史和现实的比较研究,加强对思想政治教育历史发展的规律性研究,深化思想政治教育学科基础理论体系,研究中国共产党思想政治教育理论发展史,加强和改进当代思想政治教育实践,促进思想政治教育的科学发展。习近平总书记指出:"我们党要团结带领人民有效应对重大挑战、抵御重大风险、克服重大阻力、解决重大矛盾,必须进行具有许多

---

① 习近平:《决胜全面建成小康社会 夺取新时代中国特色社会主义伟大胜利》,北京,人民出版社,2017 年版,第 20 页。

新的历史特点的伟大斗争,任何贪图享受、消极懈怠、回避矛盾的思想和行为都是错误的。"①我们应牢牢掌握思想政治工作的领导权和主动权,寻找新的工作抓手,进一步寻找思想政治工作与业务工作新的结合点,切实增强思想政治工作的依托基础,充分展示思想政治工作的育人魅力。

---

① 习近平:《决胜全面建成小康社会 夺取新时代中国特色社会主义伟大胜利》,北京,人民出版社,2017 年版,第 15 页。

参 考 文 献

一、经典著作

（1）《马克思恩格斯选集》第1~4卷,北京,人民出版社,1995年版。

（2）《列宁选集》第1~4卷,北京,人民出版社,1995年版。

（3）《毛泽东选集》第1~4卷,北京,人民出版社,1991年版。

（4）《邓小平文选》第1卷,北京,人民出版社,1994年版。

（5）《邓小平文选》第2卷,北京,人民出版社,1994年版。

（6）《邓小平文选》第3卷,北京,人民出版社,1993年版。

（7）《江泽民文选》第1~3卷,北京,人民出版社,2006年版。

（8）《胡锦涛文选》第1~3卷,北京,人民出版社,2016年版。

（9）《习近平谈治国理政》第一卷,北京,外文出版社,2017年版。

（10）《习近平谈治国理政》第二卷,北京,外文出版社,2017年版。

（11）《习近平谈治国理政》第三卷,北京,外文出版社,2020年版。

二、文献资料

（1）《十三大以来重要文献选编》上、中,北京,人民出版社,1991年版。

（2）《十三大以来重要文献选编》下,北京,人民出版社,1993年版。

（3）《十四大以来重要文献选编》上,北京,人民出版社,1996年版。

（4）《十四大以来重要文献选编》中,北京,人民出版社,1997年版。

（5）《十四大以来重要文献选编》下,北京,人民出版社,1999年版。

（6）《十五大以来重要文献选编》上,北京,人民出版社,2000年版。

（7）《十五大以来重要文献选编》中、下,北京,人民出版社,2001年版。

（8）《十五大以来重要文献选编》下,北京,人民出版社,2003年版。

（9）《十六大以来重要文献选编》上,北京,中央文献出版社,2005年版。

（10）《十六大以来重要文献选编》中,北京,中央文献出版社,2006年版。

（11）《十六大以来重要文献选编》下,北京,中央文献出版社,2008年版。

（12）《十七大以来重要文献选编》上,北京,中央文献出版社,2009年版。

（13）《十七大以来重要文献选编》中，北京，中央文献出版社，2011 年版。

（14）《十七大以来重要文献选编》下，北京，中央文献出版社，2013 年版。

（15）《十八大以来重要文献选编》上，北京，中央文献出版社，2014 年版。

（16）《十八大以来重要文献选编》中，北京，中央文献出版社，2016 年版。

（17）《十八大以来重要文献选编》下，北京，中央文献出版社，2018 年版。

（18）《十九大以来重要文献选编》上，北京，中央文献出版社，2019 年版。

（19）《十九大以来重要文献选编》中，北京，中央文献出版社，2021 年版。

三、学术著作

（1）韦政通：《伦理思想的突破》，成都，四川人民出版社，1988 年版。

（2）陈百君：《思想政治教育学》，大连，大连工学院出版社，1988 年版。

（3）王瑞荪、竹立家：《思想政治教育学》，北京，北京师范学院出版社，1989 年版。

（4）瞿葆奎：《教育目的》，北京，人民教育出版社，1989 年版。

（5）夏伟东：《道德本质论》，北京，中国人民大学出版社，1991 年版。

（6）陆庆壬：《思想政治教育原理》，北京，高等教育出版社，1991 年版。

（7）袁贵仁：《价值学引论》，北京，北京师范大学出版社，1991 年版。

（8）马志政等：《哲学价值论纲要》，杭州，杭州大学出版社，1991 年版。

（9）司马云杰：《文化悖论》，济南，山东人民出版社，1992 年版。

（10）孙喜亭：《教育原理》，北京，北京师范大学出版社，1993 年版。

（11）陆庆壬：《人的发展和社会发展：思想政治教育学基础理论研究》，上海，同济大学出版社，1994 年版。

（12）戚万学：《冲突与整合：20 世纪西方道德教育理论》，济南，山东教育出版社，1995 年版。

（13）王钰墚：《中日价值哲学新论》，西安，陕西人民出版社，1995 年版。

（14）李德顺：《价值学大词典》，北京，中国人民大学出版社，1995 年版。

（15）张琼、马尽举：《道德接受论》，北京，中国社会科学出版社，1995 年版。

（16）陶行知：《中国教育改造》，北京，东方出版社，1996 年版。

（17）联合国教科文组织国际教育发展委员会：《学会生存：教育世界的今天与明天》，北京，教育科学出版社，1996 年版。

（18）李淮春：《马克思主义哲学全书》，北京，中国人民大学出版社，1996 年版。

（19）唐日新、李湘舟、邓克谋：《价值取向与价值导向》，长沙，中南工业大学出版社，1996 年版。

（20）高海清：《高清海哲学文存》第 2 卷，长春，吉林人民出版社，1997年版。

（21）廖申白、孙春晨：《伦理新视点》，北京，中国社会科学出版社，1997年版。

（22）梁启超：《新民说》，郑州，中州古籍出版社，1998年版。

（23）渠敬东：《缺席与断裂：有关失范的社会学研究》，上海，上海人民出版社，1999年版。

（24）王礼湛、余潇枫：《思想政治教育学》，杭州，浙江大学出版社，1999年版。

（25）陈立思：《当代世界的思想政治教育》，北京，中国人民大学出版社，1999年版。

（26）刘书林、陈立思：《青年思想政治教育学原理》，北京，中国青年出版社，1999年版。

（27）陈秉公：《21世纪思想政治工作创新理论体系》，长春，吉林教育出版社，2000年版。

（28）黄向阳：《德育原理》，上海，华东师范大学出版社，2000年版。

（29）张耀灿、郑永廷、刘书林等：《现代思想政治教育学》，北京，人民出版社，2001年版。

（30）陈秉公：《思想政治教育学原理》，长春，辽宁人民出版社，2000年版。

（31）沈壮海：《思想政治教育有效性研究》，武汉，武汉大学出版社，2001年版。

（32）高兆明：《制度公正论：变革时期道德失范研究》，上海，上海文艺出版社，2001年版。

（33）张澍军：《德育哲学引论》，北京，人民出版社，2002年版。

（34）王敏：《思想政治教育接受论》，武汉，湖北人民出版社，2002年版。

（35）鲁洁、王逢贤：《德育新论》，南京，江苏教育出版社，2002年版。

（36）陈新汉、冯溪屏：《现代化与价值冲突》，上海，上海人民出版社，2003年版。

（37）秦在东：《思想政治教育管理论》，武汉，湖北人民出版社，2003年版。

（38）李焕明：《思想政治教育要论》，呼和浩特，内蒙古大学出版社，2003年版。

（39）金生鈜：《规训与教化》，北京，教育科学出版社，2004年版。

（40）靖国平：《教育学的智慧性格》，武汉，湖北教育出版社，2004年版。

（41）赵汀阳：《论可能生活》，北京，中国人民大学出版社，2004年版。

（42）余亚平：《思想政治教育学新探》，上海，上海人民出版社，2004年版。

（43）李奉儒：《教育哲学：分析的取向》，台北，扬智文化事业股份有限公司，2004年版。

（44）赵汀阳：《天下体系：世界制度哲学导论》，南京，江苏教育出版社，2005年版。

（45）张学智：《贺麟选集》，长春，吉林人民出版社，2005年版。

（46）王东莉：《德育人文关怀论》，北京，中国社会科学出版社，2005年版。

（47）张世欣：《思想政治教育接受规律论》，上海，上海三联书店，2005年版。

（48）李景林：《教化的哲学》，哈尔滨，黑龙江人民出版社，2006年版。

（49）张彦：《思想政治教育主体性研究》，广州，广东人民出版社，2006年版。

（50）张耀灿等：《思想政治教育学前沿》，北京，人民出版社，2006年版。

（51）李辽宁：《当代中国思想政治教育意识形态功能研究》，武汉，武汉大学出版社，2006年版。

（52）万美容：《思想政治教育方法发展研究》，北京，中国社会科学出版社，2007年版。

（53）李合亮：《思想政治教育探本：关于其起源及本质的研究》，北京，人民出版社，2007年版。

（54）陈华洲：《思想政治教育资源论》，北京，中国社会科学出版社，2007年版。

（55）韩冬雪：《马克思主义政治哲学诸范畴初探》，长春，吉林出版集团有限责任公司，2007年版。

（56）程伟：《延安整风时期的理论教育及其当代价值研究》，北京，中国社会科学出版社，2008年版。

（57）〔苏〕苏霍姆林斯基：《给教师的建议》，北京，教育科学出版社，1984年版。

（58）〔美〕罗斯科·庞德：《通过法律的社会控制：法律的任务》，北京，商务印书馆，1984年版。

（59）〔日〕池田大作、〔英〕阿·汤因比：《展望二十一世纪：汤因比与池田大作对话录》，北京，国际文化出版公司，1985年版。

（60）〔美〕阿尔温·托夫勒：《未来的冲击》，北京，中国对外翻译出版公司，1985年版。

（61）〔美〕阿尔蒙德：《比较政治学：主体政治的社会剖析》，上海，上海译文出版社,1987 年版。

(62)〔德〕海德格尔:《存在与时间》,北京,生活·读书·新知三联出版社,1987 年版。

(63)〔美〕R·T.诺兰等:《伦理学与现实生活》,北京,华夏出版社,1988 年版。

(64)〔捷〕弗·布罗日克:《价值与评价》,北京,知识出版社,1988 年版。

(65)〔美〕布鲁纳:《布鲁纳教育论著选》,北京,人民教育出版社,1989 年版。

(66)〔美〕安东妮·奥罗姆:《政治社会学》,上海,上海人民出版社,1989 年版。

(67)〔美〕丹尼尔·贝尔:《资本主义文化矛盾》,北京,生活·读书·新知三联书店,1989 年版。

(68)〔俄〕乌申斯基:《人是教育的对象》(上),北京,人民教育出版社,1989 年版。

(69)〔匈〕阿格妮丝·赫勒:《日常生活》,重庆,重庆出版社,1990 年版。

(70)〔美〕罗尔斯:《正义论》,上海,上海译文出版社,1991 年版。

(71)〔苏〕A·M.弗里德曼、K·H.沃尔科夫:《中小学教师应用心理学》,北京,人民教育出版社,1993 年版。

(72)〔美〕戴维·伊斯顿:《政治体系》,北京,商务印书馆,1993 年版。

(73)〔美〕麦金泰尔:《德性之后》,北京,中国社会科学出版社,1995 年版。

(74)〔法〕托克维尔:《论美国的民主》,北京,商务印书馆,1996 年版。

(75)〔德〕海德格尔:《形而上学导论》,北京,商务印书馆,1996 年版。

(76)〔德〕鲁道夫·奥伊肯:《生活的意义与价值》,上海,上海译文出版社,1997 年版。

(77)〔英〕帕特丽夏·怀特:《公民品德与公共教育》,北京,教育科学出版社,1998 年版。

(78)〔法〕皮埃尔·布迪厄、〔美〕华康德:《实践与反思:反思社会学导论》,北京,中央编译出版社,1998 年版。

(79)〔德〕彼得·科斯洛夫斯基:《后现代文化》,北京,中央编译出版社,1999 年版。

(80)〔德〕康德:《实践理性批判》,北京,商务印书馆,1999 年版。

(81)〔美〕蒂里希:《蒂里希选集》,上海,上海三联书店,1999 年版。

(82)〔巴西〕保罗·弗莱雷:《被压迫者教育学》,上海,华东师范大学出版社,2001 年版。

（83）〔加〕马克斯·范梅南：《教学机智：教育智慧的意蕴》，北京，教育科学出版社，2001年版。

（84）〔美〕杜威：《民主主义与教育》，北京，人民教育出版社，2001年版。

（85）〔日〕青木昌彦：《比较制度分析》，上海，上海远东出版社，2001年版。

（86）〔英〕怀特海：《教育的目的》，北京，生活·读书·新知三联出版社，2002年版。

（87）〔英〕麦克·F·D.扬：《知识与控制：教育社会学新探》，上海，华东师范大学出版社，2002年版。

（88）〔美〕霍尔、戴维斯：《道德教育的理论与实践》，杭州，浙江教育出版社，2002年版。

（89）〔德〕诺贝特·埃利亚斯：《个体的社会》，南京，译林出版社，2003年版。

（90）〔英〕彼得斯：《道德发展与道德教育》，杭州，浙江教育出版社，2003年版。

（91）〔加〕威尔·金里卡：《当代政治哲学》（下），上海，上海三联书店，2004年版。

（92）〔美〕尼尔·波兹曼：《娱乐至死》，桂林，广西师范大学出版社，2004年版。

（93）〔美〕乔尔·斯普林格：《脑中之轮：教育哲学导论》，北京，北京大学出版社，2005年版。

（94）〔匈〕雅诺什·科尔奈：《社会主义体制：共产主义政治经济学》，北京，中央编译出版社，2007年版。

（95）〔美〕奈尔·诺丁斯：《教育哲学》，北京，北京师范大学出版社，2008年版。

四、报刊论文

（1）王邦余：《略论道德教育价值取向的偏斜及对策》，《汉中师院学报》（哲学社会科学版）1993年第3期。

（2）王效仿：《对思想政治教育过程基本矛盾的思考》，《思想教育研究》1996年第6期。

（3）葛新斌：《试论"灌输教育"的困境与出路》，《教育评论》1997年第1期。

（4）杨生平：《关于思想政治教育概念的理解问题》，《首都师范大学学报（社会科学版）》1998年第6期。

（5）柯然：《论解放思想》，《新华文摘》1998 年第 1 期。

（6）王啸：《道德教育中灌输的实质及其根源》，《教育评论》1998 年第 2 期。

（7）鲁洁：《教育：人之自我建构的实践活动》，《教育研究》1998 年第 9 期。

（8）王俊拴：《我国公民政治参与范式转换的新取向》，《陕西师范大学学报（哲学社会科学版）》1999 年第 6 期。

（9）孙喜亭：《德育要拒斥任何意义上的"传递""灌输"吗?》，《中国教育学刊》2000 年第 5 期。

（10）刘建军：《论思想政治教育的个人价值》，《教学与研究》2001 年第 8 期。

（11）高云：《构建"人本思想政治工作"的良好格局》，《长白学刊》2000 年第 4 期。

（12）吴君：《关于"灌输"的本质定位和实践走向的思考》，《探索》2000 年第 2 期。

（13）王树荫、高峰、陈迎：《近年来思想政治教育学科理论研究述评》，《教学与研究》2000 年第 9 期。

（14）吴向东：《对人的全面发展内涵的解释》，《教学与研究》2001 年第 4 期。

（15）李萍：《思想政治工作的时代诠释》，《高校理论战线》2001 年第 9 期。

（16）孙其昂：《党的思想政治教育的实质是政治教育》，《南京林业大学学报（人文社会科学版）》2001 年第 6 期。

（17）浦蕊：《教育与生活》，《教育研究与实验》2001 年第 2 期。

（18）陈晏清：《重建新世纪的价值观》，《天津社会科学》2001 年第 1 期。

（19）沈壮海：《通识教育视野中的学校德育》，《思想·理论·教育》2002 年第 7、8 期。

（20）孙迎光：《占有化德育与生活化德育》，《道德与文明》2002 年第 2 期。

（21）董浩军：《论思想政治理论需要与思想政治教育》，《广西社会科学》2002 年第 4 期。

（22）张海军、王效仿：《思想政治教育需要及其激发和培养探析》，《南京农专学报》2001 年第 1 期。

（23）邱柏生：《思想政治教育新解》，《思想教育研究》2002 年第 9 期。

（24）孟伟：《新时期思想政治工作的内涵和功能定位》，《理论前沿》2002 年第 8 期。

（25）李萍、钟明华：《公民教育：传统德育的历史性转型》，《教育研究》2002 年第 10 期。

（26）高峰：《公民·公民教育·思想政治教育》，《东北师范大学学报（哲学社会科学版）》2002 年第 4 期。

（27）潘玉腾：《现代思想道德教育要发展人的主体性》，《福建师范大学学报（哲学社会科学版）》2002 年第 1 期。

（28）黄钊：《关于"思想政治教育学"学科名称的再思考》，《学校党建与思想教育》2003 年第 5 期。

（29）项久雨：《需要：思想政治教育价值生成的人性基础》，《西安石油学院学报》2003 年第 5 期。

（30）彭新知：《运用心理学原理，积极开展大学生思想政治工作》，《思想政治教育》2003 年第 4 期。

（31）苗伟伦：《公民教育：高校思想政治教育的历史转型》，《浙江海洋学院学报（人文科学版）》2004 年第 1 期。

（32）陈金明：《论主体性思想政治教育的现代建构》，《山西高等社会科学学报》2004 年第 5 期。

（33）王东莉：《论思想政治教育人文关怀价值建构的现实背景》，《浙江社会科学》2004 年第 6 期。

（34）迟希新：《道德灌输的认知心理学释义》，《教师教育研究》2004 年第 1 期。

（35）廖申白：《更新观念　加强品德教育》，《思想政治课教学》2004 年第 5 期。

（36）邓晓芒：《论中西本体论的差异》，《世界哲学》2004 年第 1 期。

（37）雷骥：《我国公民教育的基本内涵、特点和作用：兼论公民教育与思想政治教育的关系》，《郑州大学学报（哲学社会科学版）》2004 年第 3 期。

（38）傅安洲、阮一帆：《加强资源体系建设　实现思想政治工作体制创新》，《中国行政管理》2005 年第 10 期。

（39）薛晓阳：《学校德育道德境界的构成与问题》，《教育学报》2005 年第 5 期。

（40）成双凤、韩景云：《走出知识德育的误区》，《江苏大学学报（高教研究版）》2005 年第 1 期。

（41）张志伟：《〈纯粹理性批判〉中的本体概念》，《中山大学学报（社会科学版）》2005 年第 6 期。

（42）班建武：《道德灌输的本体论意义及当代危机》，《思想教育研究》2006
年第 9 期。

（43）王葎：《思想政治教育的黄金规则：论"人的根本就是人本身"》，《当
代教育论坛》2006 年第 1 期。

（44）李毅、李向阳：《加强文化思潮研究 增强先进思想文化的引导力》，
《思想理论教育导刊》2006 年第 7 期。

（45）卞桂平：《弘扬主体性：当代思想政治教育的价值取向》，《南通大学
学报（教育科学版）》2006 年第 1 期。

（46）陈国杰：《论思想政治教育的"人本发展观"》，《中国农业教育》2006
年第 2 期。

（47）王忠桥、张国启：《从学科建设的视野看主体性思想政治教育的价
值》，《思想·理论·教育》2006 年第 7~8 期上半月。

（48）徐志远、曹杰、王咏梅：《社会化与主体化：思想政治教育的发展趋
势》，《当代教育论坛》2004 年第 7 期。

（49）柳俊杰、张冬冬：《浅议主体性思想政治教育》，《河北农业大学学报
（农林教育版）》2006 年第 4 期。

（50）刘建军：《实现科学发展：思想政治教育新的历史使命》，《学校党建
与思想教育》2007 年第 12 期（上）。

（51）汪晖：《去政治化的政治、霸权的多重构成与六十年代的消逝》，《开放
时代》2007 年第 2 期。

（52）孙其昂：《论思想政治教育的现代转型：基于社会、历史、系统视野的
考察》，《思想教育研究》2007 年第 8 期。

（53）雷骥：《传统思想政治教育人性基础的哲学反思》，《河南师范大学学
报（哲学社会科学版）》2007 年第 2 期。

（54）张耀灿、邵献平：《思想政治教育组织的科层困境及其消解》，《武汉理
工大学学报（社会科学版）》2007 年第 3 期。

（55）林建成：《关于思想政治工作的两点认识》，《思想政治工作研究》2007
年第 7 期。

（56）邱柏生、蔡志强：《素质的内涵及其综合维度》，《思想教育研究》2007
年第 9 期。

（57）贾未舟：《马克思主义理论与思想政治教育专业的学科合法性命题》，
《江汉论坛》2008 年第 1 期。

（58）汪晖：《在西方中心的世界中，保持中国文化自主性：文化、社会价值
如何转化为政治实践》，《绿叶》2008 年第 1 期。

（59）王树荫：《论思想政治教育形式、内容与效果的辩证关系》，《马克思主义研究》2008 年第 7 期。

（60）冯凡彦：《人心价值秩序：思想政治教育的本体之维》，《思想教育研究》2008 年第 9 期。

（61）龙静云：《内化：思想政治教育成功的标志》，《长江日报》2000 年 4 月 19 日。

（62）沈壮海：《把知识教育与思想政治教育结合起来》，《中国教育报》2004 年 10 月 19 日。

（63）《中共中央关于构建社会主义和谐社会若干重大问题的决议》，《人民日报》2006 年 10 月 19 日。

（64）沈壮海：《思想政治教育需要文化营养》，《中国教育报》2008 年 1 月 14 日。

六、外文资料

（1）Walter C.Parker，1996：*Educating the Democratic Mind*，State University of New York Press.

（2）Eamonn Callan，1997：*Creating Citizens: Political Education and Liberal Democracy*，Clarendon Press.

（3）Borge Bakken，2000：*The Exemplary Society*，Oxford University Press.

（4）Jaeyoun Won：*The Making of Post-socialist Individuals in China*，http://proquest.calis.edu.cn.

索　引